王阳明全集

全译本

石玉 译著

二

天津出版传媒集团
天津古籍出版社

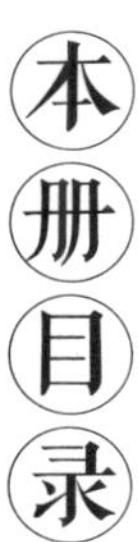

卷之四　文录一

卷之五　文录二

卷之六　文录三

卷之七　文录四

卷之八　文录五

卷之四　文录一

书一

始正德己巳至庚辰

与辰中诸生

己巳

谪居两年，无可与语者，归途乃得诸友，何幸何幸！方以为喜，又遽尔别去，极怏怏也。绝学之余，求道者少；一齐众楚，最易摇夺。自非豪杰，鲜有卓然不变者。诸友宜相砥砺夹持，务期有成。近世士夫亦有稍知求道者，皆因实德未成而先揭标榜，以来世俗之谤，是以往往隳堕无立，反为斯道之梗。诸友宜以是为鉴，刊落声华，务于切己处着实用力。

译文

在被贬谪的地方住了两年，没有可以一起说话的人；在回来的路上才遇到诸位朋友，这是多么幸福啊！才因为这件事高兴，突然又要分别，太令人沮丧了。圣人之学如今只剩下残余，求道的人也很少；不能有什么成就，最容易发生动摇而改变决心。本就不是才能出众的人，几乎没人能卓越到不改变。诸位朋友应该互相勉励、帮助，一定要有所成就。近来的读书人也稍微有一些知道应该求道的，不过都因为在没有形成实在的德行之前就标示、宣传，以致招来世俗的毁谤，因此常常动摇而倒塌，反而成了大道的障碍。诸位朋友应当以此为借鉴，抛弃浮夸的声誉，务必在与自身关系密切的地方实实在在地下功夫。

前在寺中所云静坐事，非欲坐禅入定。盖因吾辈平日为事物纷拿，未知为己，欲以此补小学收放心一段功夫耳。明道云："才学便须知有着力处，既学便须知有着力处。"诸友宜于此处着力，方有进步，异时始有得力处也。"学要鞭辟近里着己。""君子之道，暗然而日章。""为名与为利，虽清浊不同，然其利心则一。""谦受益。""不求异于人，而求同于理。"此数语宜书之壁间，常目在之。举业不患妨功，惟患夺志。只如前日所约，循循为之，亦自两无相碍。所谓知得洒扫应对，便是精义入神也。

译文

此前在寺中谈论静坐的事，并不是要坐禅入定。大概是因为我们这些人平时被事物弄得混乱不堪，不知道为自身思考，便想用静坐来弥补小学中收放心灵功夫的不足。明道先生说："刚学的时候就必须要知道在哪里下功夫，已经学了也必须要知道在哪里下功夫。"诸位朋友应当在自己身上下功夫，才能有所进步，以后才会有效果明显的地方。"治学要切中要害。""君子的道深藏不露而日益彰明。""求功名和求利禄虽然清浊不同，但切中其本心是一样的。""谦虚使人受益。""不奢求自己能异于常人，而希望能与道理相一致。"这几句话应当写在墙壁上，经常看看它们。执着于科举应试，不担心它妨害建功立业，只担心它改变人的志向。只要像前些天约定的那样，循序渐进地学习，两者也自然会不相防碍的。所谓知道了如何洒水、扫地、酬对、应付，对精辟义理的理解也就达到了神化的境地。

答徐成之

辛未

汝华相见于逆旅，闻成之启居甚悉，然无因一面，徒增悒怏。吾乡学者几人，求其笃信好学如吾成之者谁欤？求其喜闻过、忠告善道如吾成之者谁欤？过而莫吾告也，学而莫吾与也，非吾成之思而谁思欤？嗟吾成之，幸自爱重！

译文

和汝华在旅馆里相见，听到很多关于成之居家生活的事，却没有缘由见上一面，只能白白增加忧郁和不快。同乡中求学的这几个人，要寻求像我们成之这样信仰坚定、深思好学的人，还会有谁呢？要寻求像我们成之这样高兴听到别人指出自己的过失、愿意得到别人的忠心劝告和善意引导的人，还会有谁呢？有过失没有不告诉我的，学到了没有不给与我的，不是我们成之这样思考，还能有谁这样思考呢？我们的成之啊，这样的自我珍爱与重视是多么可贵呀！

自人之失其所好，仁之难成也久矣。向吾成之在乡党中，刻厉自立，众皆非笑，以为迂腐，成之不为少变。仆时虽稍知爱敬，不从众非笑，然尚未知成之之难得如此也。今知成之之难得，则又不获朝夕相与，岂非大可憾欤！修己治人，本无二道，政事虽剧，亦皆学问之地，谅吾成之随在有得，然何从一闻至论，以洗凡近之见乎？爱莫为助。近为成之思进学之功，微觉过苦。先儒所谓志道恳切，固是诚意，然急迫求之，则反为私己，不可不察也。日用间何莫非天理流行，但此心常存而不放，则义理自熟，孟子所谓“勿忘勿助”“深造自得”者矣。学问之功何可缓？但恐着意把持振作，纵复有得，居之恐不能安耳。成之之学，想亦正不如此。以仆所见，微觉其有近似者，是以不敢不尽，亦以成之平时之乐闻，且欲以是求教也。

译文

自从人失去了追求的目标，无论花费多少时间都很难实现仁了。我们成之从前在家乡时，刻苦自励，独立自强，众人都讥笑他，成之却不为他们稍作改变。我那时虽然稍稍知道爱护与尊敬，不跟从众人讥笑，但还不知道成之的所作所为是那么难得。如今了解了成之的难能可贵，却又不能朝夕相处，难道不是大可遗憾的吗！自我修身与治理他人原本没什么不同，政府事务虽然繁多，但也都充满了学问，料想我们成之随时随地都会有所收获，然而怎样才能一听到正确精辟的理论便可以去除平庸浅薄的见解呢？实在是有心相助却无能为力呀。最近为成之思考治学所下的功夫，稍微觉得过于刻苦了。先儒所说的有志于道的恳切态度固然是一种真诚，然而急迫地追求它，反倒会成为一种自私利己，不可以不明察。日常应用中没有什么不是天理在广泛传布，只要这颗心常常记挂而不放下，义理自然就会精熟。这正是孟子所说的“时时刻刻地记住它，却也不能违背规律地帮助它生长”“深入地钻研，自然有所心得”。治学的功夫怎么能够迟缓呢？只怕刻意的控制，使之保持振作的精神，纵然又有所收获，处于那样的状态恐怕也无法安定。成之治学，想必也不是这样的。以我所看到的，只是稍微觉得有些相似的地方，因此不敢不尽我所言。这也是因为成之平时乐意听到别人的不同意见，并且想要从中得到启迪。

答黄宗贤应原忠

辛未

昨晚言似太多，然遇二君，亦不得不多耳。其间以造诣未熟，言之未莹则有之，然却自是吾侪一段的实工夫，思之未合，请勿轻放过，当有豁然处也。圣人之心，纤翳自无所容，自不消磨刮。若常人之心，如斑垢驳杂之镜，须痛加刮磨一番，尽去其驳蚀，然后纤尘即见，才拂便去，亦自不消费力，到此已是识得仁体矣。若驳杂未去，其间固自有一点明处，尘埃之落，固亦见得，亦才拂便去。至于堆积于驳蚀之上，终弗之能见也。此学利困勉之所由异，幸弗以为烦难而疑之也。凡人情好易而恶难，其间亦自有私意气习缠蔽，在识破后，自然不见其难矣。古之人至有出万死而乐为之者，亦见得耳。向时未见得向里面意思，此工夫自无可讲处。今已见此一层，却恐好易恶难，便流入禅释去也。昨论儒释之异，明道所谓“敬以直内”则有之，“义以方外”则未。毕竟连“敬以直内”亦不是者，已说到八九分矣。

译文

昨天晚上的话似乎太多了，然而遇到你们两位，也不能不多说。这其中因为造诣不够纯熟而导致言语不够明白的地方还是有的，但这本是我辈一段切实功夫的展示，如果所想有不一样的地方，请不要轻易放过，自然会有开阔通达的地方。圣人的心，自然没有丝毫的障蔽，自然不用磨光削刮。若是普通人的心，就如同斑点、污垢相混杂的镜子，必须要狠狠地削刮打磨一番，除去它所有的斑驳侵蚀，然后才能很容易地见到上面细小的灰尘，才能一掸就去掉，也就自然不用费力了，到这里就已经是明白仁的本体了。如果不去除斑点和污垢，镜子中间本还有一点明亮的地方，尘埃落下，固然也能看到，也是一掸就行。不过，至于那些堆积在斑点、污垢处的灰尘，终究还是看不到了。这正是学知利行和困知勉行有所不同的原因，希望不要因为复杂困难而质疑它。人都是喜欢容易而厌恶困难的，其间也自然会受到私心和习俗的纠缠与蒙蔽，在识破后，自然也看不到它的困难之处。古人甚至有出于万死之中却依然以之为乐的，也是发现了这个道理。以前不明白向里面的意思，这种功夫自然没有可说的地方。如今已经看到了这一层，却担心因为喜欢容易而厌恶困难的本性就坠入到禅学、佛家里去了。昨天讨论儒家和佛家的不同，明道先生所说的“恭敬使他内心正直”有不同，“合义使他行事端方不苟”就没有。最终连“恭敬使他内心正直”也不是真正的意图，已经说到八九分的程度了。

答汪石潭内翰

辛未

承批教，连日疮甚，不能书，未暇请益。来教云：“昨日所论乃是一大疑难。”又云：“此事关系颇大，不敢不言。”仆意亦以为然，是以不能遽已。夫喜怒哀乐，情也。既曰不可，谓未发矣。喜怒哀乐之未发，则是指其本体而言性也。斯言自子思，非程子而始有。执事既不以为然，则当自子思《中庸》始矣。喜怒哀乐之与思，与知觉，皆心之所发。心统性情。性，心体也；情，心用也。程子云：“心，一也。有指体而言者，寂然不动是也；有指用而言者，感而遂通是也。”斯言既无以加矣。执事姑求之体用之说，夫体用一源也，知体之所以为用，则知用之所以为体者矣。

译文

承蒙批示教诲，连日来疮疾严重，不能回信，没能得空请教。来信说：“昨天所讨论的乃是一大疑难。”又说：“这件事关系重大，不敢不说。”我的意思也认为这是对的，因此不能匆忙。喜、怒、哀、乐是性情。既然说不可，就意味着没有表达。喜、怒、哀、乐没有表达，便是针对本体来说性情。这种言论源自子思，并不是从程子开始的。执事您既然认为它不正确，便是从子思的《中庸》开始就否定了。喜、怒、哀、乐在思想和感觉上的体现，全都来自心的表达。心统率性情。性是心内在的体，情是心表象的用。程子说：“心是个统一体。有指体来说的，心是寂静不动的；有指用来说的，心有所感，万事皆通。”这句话已经说得再明白不过了。执事您姑且只关注心的体用之说，体与用同出一源，知道体所以为用的道理，就能明白用所以为体的道理。

虽然，体微而难知也，用显而易见也。执事之云，不亦宜乎？夫谓“自朝至暮，未尝有寂然不动之时”者，是见其用而不得其所谓体也。君子之于学也，因用以求其体。凡程子所谓既思，即是已发，既有知觉，即是动者，皆为求中于喜怒哀乐未发之时者言也，非谓其无未发者也。朱子于未发之说，其始亦尝疑之，今其集中所与南轩论难辩析者，盖往复数十而后决，其说则今之《中庸注疏》是也，其于此亦非苟矣。独其所谓“自戒惧而约之，以至于至静之中；自谨独而精之，以至于应物之处”者，亦若过于剖析。而后之读者遂以分为两节，而疑其别有寂然不动、静而存养之时，不知常存戒慎恐惧之心，则其工夫未始有一息之间，非必自其不睹不闻而存养也。吾兄且于动处加工，勿使间断。动无不和，即静无不中，而所谓寂然不动之体，当自知之矣。未至而揣度之，终不免于对塔说相轮耳。然朱子但有知觉者在，而未有知觉之说，则亦未莹。吾兄疑之，盖亦有见，但其所以疑之者，则有因噎废食之过，不可以不审也。君子之论，苟有以异于古，姑毋以为决然，宜且循其说而究之，极其说而果有不达也，然后从而断之，是以其辩之也明而析之也当。盖在我者，有以得其情也。今学如吾兄，聪明超特如吾兄，深潜缜密如吾兄，而犹有未悉如此，何邪？吾兄之心，非若世之立异自高者，要在求其是而已，故敢言之无讳。有所未尽，不惜教论，不有益于兄，必有益于我也。

译文

即使如此，体细微而难以知晓，用明显而容易发现。执事所说的不也是适当的吗？所说的“从早晨到日暮，从没有寂静不动的时候”是见到了用而没有明白体。君子治学，凭借用而探求体。凡是程子所说的已经思考，便是已经表达，已经知道、觉察，便是动了，都是为了契合喜、怒、哀、乐尚未表达时的状态而说的，并不是说没有要表达的东西。朱子对于尚未表达的说法，开始也怀疑过，如今他文集中有与南轩讨论诘难辨析的部分，大概来回往复了数十次才作出决断，而他的主张便是今天《中庸注疏》中所记载的，他在这方面也不是敷衍了事的。唯独他所说的“自己戒慎、恐惧而加以约束，以达到至静的状态；自己慎独而精益求精，以达到顺应事物的地步”，又好像剖析过度了。于是后来的读者将它分成两部分，从而怀疑另有寂静不动、静默而存心养性的时候，不知道要常常保持戒慎、恐惧的心，则他的功夫不曾有一刻的间断，而不是一定要自己不看、不听的存心养性。老兄应该在动处下功夫，不要让它间断。动没有不和谐的，也就是静没有不中的的，而所说的寂静不动的本体，自己也就会知道了。没有达到就揣摩猜测它，最终难免是对塔说相轮，只看表面，不知实情。然而朱子只有知道、觉察的存在，却没有知道、觉察的讲说，则也是不明白的。老兄怀疑它，也是很有见地的，只是对它怀疑的原因，就不免因噎废食了，不可以不细察。君子论述事物，如果观点不同于古人，姑且不要以为是定论，应该循着他的说法探究下去，达到了他学说的终极而果真有达不到的地方，再作出判断，这样才会辨析得明了，分析得恰当。大概对我来说，能够凭借这些学到一些道理。老兄如此博学、聪明超凡、深沉缜密却还会这样不明白，是为什么呢？老兄的本心不是要做世上那种标新立异、自高自大的人，而是要探求其中的规律，因此我才敢直言而没有忌讳。有说不到的地方，还请您多多指教，对于老兄没有什么，但对我一定会有好处。

寄诸用明

辛未

得书，足知迩来学力之长，甚喜！君子惟患学业之不修，科第迟速，所不论也。况吾平日所望于贤弟，固有大于此者，不识亦尝有意于此否耶？便中时报知之。

译文

收到来信，足以知道近来治学功力的长进，特别欣喜！君子只担心学业不进步，科举中第的快与慢是不作讨论的。况且我平日对贤弟所寄予的期望，本来就比现在大得多，不知是否也曾在这方面有意呢？方便的时候报告我知。

阶、阳诸侄，闻去岁皆出投试，非不喜其年少有志，然私心切不以为然，不幸遂至于得志，岂不误却此生耶？凡后生美质，须令晦养厚积，天道不翕聚则不能发散，况人乎？花之千叶者无实，为其华美太发露耳。诸贤侄不以吾言为迂，便当有进步处矣。

译文

听说阶、阳诸位侄儿去年都出去投身科举考试了，我并非不喜欢人们年少有志，不过私下里认为这样实在是不正确。如果不幸实现了志向，岂不是耽误了这一生吗？凡是具有良好资质的后生，一定要让他们暗暗地修养，厚实地积累，天道不会聚就不能发散，何况是人呢？花生千叶的没有果实，因为它的华美太显露了。诸位贤侄如果不认为我的话迂腐，就应当有所进步了。

书来劝吾仕，吾亦非洁身者，所以汲汲于是，非独以时当敛晦，亦以吾学未成。岁月不待，再过数年，精神益弊，虽欲勉进而有所不能，则将终于无成，皆吾所以势有不容已也。但老祖而下，意皆不悦，今亦岂能决然行之？徒付之浩叹而已！

译文

来信劝我走仕途，我也不是非要保持清白的人，不过之所以在学业上努力追求，不只是因为此时应当韬光养晦，也是因为我尚未学成。岁月不等人，再过几年，我的精神更加凋蔽了，即使想要努力前进，能力也不允许了，则最终将一事无成，这都是我决不能容忍的事情。只是自古代圣贤以下，他们的主张都不能令人满意，如今怎能毅然决然地前行呢？只能交给深沉的叹息了！

答王虎谷

辛未

承示“别后看得一‘性’字亲切，孟子云：‘尽其心者，知其性也。知其性，则知天矣。’”此吾道之幸也。喜慰何可言！“弘毅”之说极是，但云“既不可以弃去，又不可以减轻；既不可以住歇，又不可以不至”，则是犹有不得已之意也。不得已之意与自有不能已者，尚隔一层。程子云：“知之而至，则循理为乐，不循理为不乐。”自有不能已者，循理为乐者也，非真能知性者未易及此。知性则知仁矣，仁，人心也。心体本自弘毅，不弘者，蔽之也，不毅者，累之也。故烛理明则私欲自不能蔽累，私欲不能蔽累，则自无不弘毅矣。弘非有所扩而大之也，毅非有所作而强之也，盖本分之内，不加毫末焉。曾子“弘毅”之说，为学者言，故曰“不可以不弘毅”。此曾子穷理之本，真见仁体而后有是言。学者徒知不可不弘毅，不知穷理，而惟扩而大之以为弘，作而强之以为毅，是亦出于一时意气之私，其去仁道尚远也。此实公私义利之辩，因执事之诲而并以请正。

译文

来信提到“分别后看一个‘性’字亲切，孟子说：‘充分扩张善良的本心，就是懂得了人的本性。懂得了人的本性，就懂得了天命。’”这是我辈大道的荣幸。欣喜、宽慰，还能用什么言语表达呢！关于“弘毅”的说法很正确，只是说“既不可以放弃，又不可以减轻；既不可以停歇，又不可以达不到”则还有无可奈何的意思。无可奈何的意思与自身不能停止的意思还隔着一层。程子说：“知识到了极致，便是遵循道理就快乐，不遵循道理就不快乐。”自身不能停止便是遵循道理就快乐，不是真正能了解性的人是不容易明白这些的。知道了性就知道了仁。仁就是人心。心体原本是弘大而刚毅的，不弘大是因为受到了遮蔽，不刚毅是因为遭到了拖累。因此考察事理通透，私欲自然不能遮蔽和拖累，私欲不能遮蔽和拖累，自然就没有不弘大、不刚毅了。弘大并非是由扩大而成的，刚毅也不是通过作为变强的，它们大概是内部的属性，不需要添加一丝一毫。曾子对“弘毅”的解说是对学者们说的，所以说“不可以不弘大而刚毅”。这是曾子探究道理的本原，真正发现仁的本体之后才有这样的话。学者们只知道不可以不弘大而刚毅，却不知道探究道理，然后仅以扩大为弘，以通过有所作为变强为刚毅，也是出于一时私欲的情绪，离仁道还差得远呢。这其实是公私义利的分辨，借着执事的教诲而请一并指正。

与黄宗贤

辛未

所喻皆近思切问，足知为功之密也，甚慰！夫加诸我者，我所不欲也，无加诸人；我所欲也，出乎其心之所欲，皆自然而然，非有所强，勿施于人，则勉而后能：此仁恕之别也。然恕，求仁之方，正吾侪之所有事也。子路之勇，而夫子未许其仁者，好勇而无所取裁，所勇未必皆出天理之公也。事君而不避其难，仁者不过如是。然而不知食辄之禄为非义，则勇非其所宜勇，不得为仁矣。然勇为仁之资，正吾侪之所尚欠也。鄙见如此，明者以为何如？未尽，望便示。

译文

所说的都是对当前问题的思考和恳切的提问，足以知道所下功夫的细密，甚是宽慰！施加在我身上的，如果是我不想要的，不要加在别人身上；我想要的，从心出发想要的，都是自然而然的，没有强迫，不施加别人身上，则努力之后可以：这是仁与恕的区别。不过，恕是追求仁的方法，正是我辈为之奋斗的事。子路勇武，而夫子不认为他仁，喜好勇武却没有选择，所勇敢面对的事未必都出于天理的公心。侍奉君主却不逃避困难，仁义的人不过就是这样。然而不知道领专权者的俸禄并不是义举，则这里的勇就不应该勇，不能看作是仁。不过，勇是仁的条件，正是我辈还欠缺的。在下的见解就是这样，圣明的人以为怎样呢？没有说完，望方便时指正。

二

壬申

使至，知近来有如许忙，想亦因是大有得力处也。仆到家，即欲与曰仁成雁荡之约，宗族亲友相牵绊，时刻弗能自由。五月终，决意往，值烈暑，阻者益众且坚，复不果。时与曰仁稍寻傍近诸小山，其东南林壑最胜绝处，与数友相期，候宗贤一至，即往。又月余，曰仁凭限过甚，乃翁督促，势不可复待，乃从上虞入四明，观白水，寻龙溪之源，登杖锡，至于雪窦，上千丈岩以望天姥、华顶，若可睹焉。欲遂从奉化取道至赤城，适彼中多旱，山田尽龟裂，道傍人家彷徨望雨，意惨然不乐，遂从宁波买舟还余姚。往返亦半月余，相从诸友亦微有所得，然无大发明。其最所歉然，宗贤不同兹行耳。归又半月，曰仁行去，使来时已十余日。思往时在京，每恨不得还故山，往返当益易，乃今益难。自后精神意气当日不逮前，不知回视今日又何如也？念之可叹可惧！留居之说，竟成虚约。亲友以曰仁既往，催促日至，滁阳之行，难更迟迟，亦不能出是月。闻彼中山水颇佳胜，事亦闲散。宗贤有惜阴之念，明春之期，亦既后矣。此间同往者，后辈中亦三四人，习气已深，虽有美质，亦消化渐尽。此事正如淘沙，会有见金时，但目下未可必得耳。

译文

使者到来，知道最近很是繁忙，想必也是因为找到了效果明显的地方。我到家后，便打算和曰仁赴雁荡山的约会，怎奈宗族里的亲友使我不能脱身，无时无刻都没有自己的时间。五月底，决意前往，正赶上酷暑，阻拦我的人更多了，还很坚决，又没成行。当时与曰仁稍稍寻得了附近的几座小山，堪称东南地区树林和山谷最好的游览胜地，与几位朋友相约定，等宗贤一到，就立即前往。又过了一个多月，曰仁写明有效期限的保证书已过期太久了，他的父亲督促他回家，情势已不能再等了，于是从上虞进入四明，观赏白水，寻找龙溪的源头，登上杖锡，到达雪窦山的顶峰，登上千丈岩，远望天姥山和华顶，好像可以看见。于是打算从奉化去赤城，恰好当地发生了干旱，山上的田地全都有了裂纹，道旁的人家都心神不定地盼望着雨水，我们的心里也非常悲伤，于是从宁波雇船返回余姚。往返也用了半个多月，一起跟从的诸位朋友也稍稍有一些收获，不过没有大的创造性的阐发。最不令人满意的还是宗贤没能一起游览。回来后又过了半个月，曰仁也走了，使来时已过了十多天。回想以前在京城的时候，总是遗憾不能回到家乡，往返应当更容易，而如今更难了。从此以后，精神、情绪都不如以前了，不知回看今天又当如何呢？想起来真是既可叹又可怕呀！留居故里的说法最后成了实现不了的约定。亲友们借着曰仁已经离开，每天都来催促，去滁阳的安排，难以再拖延，这个月内肯定要出发了。听说那里的山水很是优美，也没什么事情。宗贤有爱惜光阴的念头，明年春天的约会，也往后放了。这里一同前往的，后辈中也有三四个人，习气养成已深，即使有美好的资质，也逐渐消融殆尽了。这种事正好比淘沙，会有见到金子的时候，但眼下可不一定能得到。

三

癸酉

滁阳之行，相从者亦二三子，兼复山水清远，胜事闲旷，诚有足乐者。故人不忘久要，果能乘兴一来耶？

译文

出行滁阳，跟从的也有两三个人，再加上山水清静幽远，美好的事情悠闲放达，实在是让人快乐。老朋友不忘以前的约定，真的能乘兴一起前来吗？

得应原忠书，诚如其言，亦大可喜。牵制文义，自宋儒已然，不独今时。学者遂求脱然洗涤，恐亦甚难，但得渐能疑辩，当亦终有觉悟矣。自归越后，时时默念年来交游，益觉人才难得，如原忠者，岂易得哉？

译文

收到应原忠的信，果然像他说的，太让人高兴了。受到文义的约束，从宋儒开始就这样了，不只是今天。于是学者们追求超脱、消除，恐怕也是挺难的，只是如果能够逐渐地质疑、分辨，最终应该会醒悟的。自从回到越地以后，每时每刻都在默默思考这些年的交游，更感到人才难得，像原忠这样的人，难道容易遇到吗？

京师诸友，迩来略无消息。每因己私难克，辄为诸友忧虑一番；诚得相聚一堂，早晚当有多少砥砺切磋之益！然此在各人，非可愿望得。

译文

在京师的诸位朋友，最近没有什么消息。每当由于自己的私欲难以克服时，就动不动会为诸位朋友忧虑一番；如果能够相聚在一起，那么随时都会有许多相互勉励的好处！不过这件事在于每一个人，不是仅凭愿望就能成的。

四

癸酉

春初，姜翁自天台来。得书，闻山间况味，悬企之极！且承结亭相待，既感深谊，复愧其未有以副也。甘泉丁乃堂夫人忧，近有书来索铭，不久且还增城。道途邈绝，草亭席虚，相聚尚未有日。仆虽相去伊迩，而家累所牵，迟迟未决，所举遂成北山之移文矣。应原忠久不得音问，想数会聚？闻亦北上，果然否？此间往来极多，友道则实寥落。敦夫虽住近，不甚讲学；纯甫近改北验封，且行；曰仁又公差未还；宗贤之思，靡日不切。又得草堂报，益使人神魂飞越，若不能一日留此也，如何如何！去冬解册吏到，承欲与原忠来访，此诚千里命驾矣，喜慰之极！日切瞻望，然又自度鄙劣，不足以承此。曰仁入夏当道越中来此，其时得与共载，何乐如之！

译文

初春的时候，姜翁从天台来。收到书信，听闻山间的情况和情味，十分想念！且承蒙建造亭子待客的礼遇，既感到深深的情谊，又为不能相称而感到惭愧。甘泉遭逢堂夫人的丧事，最近有书信来索要铭文，不久后还要返回增城。路途遥远，茅草亭，无人坐，相聚之日遥遥无期。我虽然相距不远，但被家事牵绊，迟迟没能作出决定，所作所为便成了一篇《北山移文》。应原忠好久没有寄过信了，想多次聚会吗？听说也北上了，真的还是假的？这里彼此间的往来非常多，但真正朋友间的交往其实很少。敦夫虽然住得近，但不怎么讲求学问；纯甫最近改任北验封司，而且很快就要出发了；曰仁出公差还没回来；宗贤的思索，每天都很切实。又得到草堂的禀报，更让人的精神飞向了远方，仿佛一天都不能留在这里了，该怎么办呢！去年冬天，解册吏来到，继续想要和原忠来拜访，这确实是动身于千里之外呀，无比的欣喜与宽慰！每天都在热切的盼望，然而又自觉浅陋，不足以承受这样的情谊。曰仁入夏后应当取道越地而来到这里，到时能够与他共同出行，还有什么快乐能像这样呢！

五

癸酉

书来，及纯甫事，恳恳不一而足，足知朋友忠爱之至。世衰俗降，友朋中虽平日最所爱敬者，亦多改头换面，持两端之说，以希俗取容，意思殊为衰飒可悯。若吾兄真可谓信道之笃而执德之弘矣，何幸何幸！

译文

收到书信，涉及纯甫的事，诚挚殷切的样子不胜枚举，足以知道朋友间的忠诚、友爱能达到怎样的程度。世道衰败，习俗堕落，朋友中即使平时最受敬爱的人，也大多改头换面，游移于两种学说之间，以求通过讨好别人使自己安身，这样的势头实在是颓废失落而令人怜悯。像老兄这样的，真可以说是信道坚定、守德宏大，多么幸运啊！

仆在留都，与纯甫住密迩，或一月一见，或间月不一见，辄有所规切，皆发于诚爱恳恻，中心未尝怀纤毫较计。纯甫或有所疏外，此心直可质诸鬼神。其后纯甫转官北上，始觉其有恝然者。寻亦痛自悔责，以为吾人相与，岂宜有如此芥蒂？却是堕入世间较计坑陷中，亦成何等胸次？当下冰消雾释矣。其后人言屡屡而至，至有为我愤辞厉色者，仆皆惟以前意处之，实是未忍一日而忘纯甫。盖平日相爱之极，情之所钟，自如此也。旬月间，复有相知自北京来，备传纯甫所论。仆窃疑有浮薄之徒，幸吾党间隙，鼓弄交构，增饰其间，未必尽出于纯甫之口。仆非矫为此说，实是故人情厚，不忍以此相疑耳。仆平日之厚纯甫，本非私厚；纵纯甫今日薄我，当亦非私薄。然则仆未尝厚纯甫，纯甫未尝薄仆也，亦何所容心于其间哉？

译文

我在留都时，与纯甫住得很近，有时一个月见一次面，有时隔月也不见一次，动辄就有劝诫谏正，都是出于真诚、恳切的爱护，心中没有一丝一毫的计较。纯甫有时会疏远见外，我的心真的可以向鬼神发誓。此后，纯甫北上为官，才发觉其冷淡的态度。很快便痛加后悔与自责，以为我们人与人相处，怎么能有这样的积怨呢？简直是坠入了人世间计较的陷坑中，又成了怎样狭隘的心胸？当下事物就消失瓦解了。此后，总有人一而再，再而三地询问我，甚至有的人对我言辞激烈、表情愤怒，我都用以前的方式来对待他们，实在是不忍心哪怕只有一天忘记纯甫。大概是平时爱戴至深，情感集中于此，自然就这样了。十多天里，又有一位知己从北京回来，详细地说了纯甫所说的话。我偷偷怀疑有轻薄的人，希望我们之间产生空隙，便播弄是非，在其中增补修饰，不一定都出自纯甫之口。我不是纠正这些说法，实际上是故人情谊深厚，不忍因此就互相猜疑。我平时厚待纯甫，本不是私情深厚；纵然纯甫今日对我冷淡，应当也不是因为私情。这样我不曾厚待纯甫，纯甫也不曾对我冷淡，又能将心放在哪里呢？

往往见世俗朋友，易生嫌隙，以为彼盖苟合于外，而非有性分之契，是以如此，私窃叹悯。自谓吾党数人，纵使散处敌国仇家，当亦断不至是。不谓今日亦有此等议论，此亦惟宜自反自责而已。孟子云："爱人不亲，反其仁；行有不得者，皆反求诸己。"自非履涉亲切，应未识斯言味永而意恳也。

译文

往往见普通朋友，容易因不满而产生仇怨，认为他们只是表面上姑且相合，而不是性情上的默契，因此才会这样，我只能私下里叹息、忧愁。自以为我们几个志同道合的人，即使散居在敌对的国家、有仇怨的家庭，也不会断交到如此地步。不料今天也会有这样的议论，这就应该自我反思、自我诘问了。孟子说："我所爱的人不亲近我，便要反问是否自己的仁爱还不够；任何行为如果得不到预期的效果，就反过来问问自己。"如果不是多次亲身体验，应该不会明白这句话意味深长而又言辞恳切。

仆近时与朋友论学，惟说"立诚"二字。杀人须就咽喉上着刀，吾人为学，当从心髓入微处用力，自然笃实光辉。虽私欲之萌，真是洪炉点雪，天下之大本立矣。若就标末妆缀比拟，凡平日所谓学问思辩者，适足以为长傲遂非之资，自以为进于高明光大，而不知陷于狼戾险嫉，亦诚可哀也已！以近事观之，曾见得吾侪往时所论，自是向里。此盖圣学的传，惜乎沦落湮埋已久，往时见得，犹自恍惚。仆近来无所进，只于此处看较分晓，直是痛快，无复可疑，但与吾兄别久，无告语处耳。

译文

我近来与朋友讨论学问，只说"立诚"两个字。杀人必须在咽喉上下刀，我们治学，应当从心的深处、细致深刻的地方下功夫，自然会坚定、实在、光明灿烂。纵然有私欲的萌芽，也会像大火炉里放进一点雪，马上就融化了，天下最根本的东西已经树立了。如果用枝节、装饰、点缀来打比方，凡是平时所说的学问、思辨的东西，恰好是提供了滋长傲气、掩饰错误的资本，自以为迈向了高明光大，却不知陷入了暴戾、险恶、忌妒的境地，也实在是令人哀叹！以最近发生的事来看，我辈以前讨论的东西，本就是含而不露的。这大概是圣学真传，只可惜沉沦、埋没已经很久了，以前看到后，还感到迷茫。我最近没什么进步，只在这一点上看得比较清楚，简直太痛快了，不再觉得可疑，只是与老兄分别太久，没有地方说罢了。

原忠数聚论否？近尝得渠一书，所见迥然与旧不同，殊慰殊慰！今亦寄一简，不能详细，见时望并出此。归计尚未遂，旬月后且图再举。会其未定，临楮耿耿！

译文

原忠多次聚会、讨论吗？最近曾收到他的一封信，所持见解与以前有很大的差别，太令人欣慰了！如今也寄去一封信，不能详细说了，希望见面时能一并拿出来。回乡的安排还没实现，十多天后将再次提出。时间没定下，面对信笺，心中感到不安！

六

丙子

宅老数承远来，重以嘉贶，相念之厚，愧何以堪！令兄又辱书惠，礼恭而意笃，意家庭旦夕之论，必于此学有相发明者，是以波及于仆，喜幸之余，愧何以堪！别后工夫，无因一扣，如书中所云，大略知之。“用力习熟，然后居山”之说，昔人尝有此，然亦须得其源。吾辈通患，正如池面浮萍，随开随蔽。未论江海，但在活水，浮萍即不能蔽，何者？活水有源，池水无源。有源者由己，无源者从物，故凡不息者有源，作辍者皆无源故耳。

译文

家里的老人多次承蒙从远处来，又带来厚赠，相挂念的深情厚谊，用什么才能承受这种愧疚呢！您的兄长又寄来书信，礼节恭敬而情意深厚，意思是家庭每天讲论的东西，必定在这门学问中有创造性的阐发，因此影响到我，欣喜、庆幸之余，用什么才能承受这种愧疚呢！分别后的时间，没有缘由再次求教，如信中所说，大致有所了解。“下功夫熟知，然后住在山里”的说法，以前的人也有，然而也必须有源头。我们这些人的通病，就像水池表面的浮萍，一边开一边隐藏。不要说江海，只要在活水中，浮萍就不会隐藏，为什么呢？活水有源头，池水没有。有源头的由着自己，没有的跟从外物，因此凡是不停歇的都有源头，时作时歇的都没有源头。

七

戊寅

得书，见相念之厚，所引一诗，尤恳恻至情，读之既感且愧，几欲涕下。人生动多牵滞，反不若他流外道之脱然也，奈何奈何！近收甘泉书，颇同此憾。士风日偷，素所目为善类者，亦皆雷同附和，以学为讳。吾人尚栖栖未即逃避，真处堂之燕雀耳。原忠闻且北上，恐亦非其本心。仕途如烂泥坑，勿入其中，鲜易复出，吾人便是失脚样子，不可不鉴也。承欲枉顾，幸甚幸甚！好事多阻，恐亦未易如愿，努力图之！笼中病翼，或能附冥鸿之末而归，未可知也。

译文

收到来信，见到了想念之情的深厚，所征引的一首诗，尤其诚恳痛切，感人至深，读了既感动又惭愧，几乎要落下泪来。人生行动多有羁留，反不如出家人超脱无累，能怎么样呢！最近收到甘泉的信，颇有相同的遗憾之感。士人的风气日益衰败，平时看起来善良的人，也都随声附和，把学习看作是忌讳的东西。我们这些人还忙碌不安地没有即刻逃避，真是大祸临头还不知道呀。原忠听说即将北上，恐怕也不是他的本心。做官的路就像烂泥坑，不要进入其中，很少能有再轻易出来的，我们便是失足的样子，不可不当作借鉴。承蒙想要屈尊来看我，太幸运了！好的事情多有阻挠，恐怕也不能轻易如愿，努力争取！笼中病鸟，或许能跟在高飞的鸿雁之后一起返回，还不知道行不行呢。

与王纯甫

壬申

别后，有人自武城来，云纯甫始到家，尊翁颇不喜，归计尚多抵牾。始闻而惋然，已而复大喜。久之，又有人自南都来者，云纯甫已莅任，上下多不相能。始闻而惋然，已而复大喜。吾之惋然者，世俗之私情；所为大喜者，纯甫当自知之。吾安能小不忍于纯甫，不使动心忍性，以大其所就乎？譬之金之在冶，经烈焰，受钳锤。当此之时，为金者甚苦，然自他人视之，方喜金之益精炼，而惟恐火力锤锻之不至。既其出冶，金亦自喜其挫折锻炼之有成矣。某平日亦每有傲视行辈、轻忽世故之心，后虽稍知惩创，亦惟支持抵塞于外而已。及谪贵州三年，百难备尝，然后能有所见，始信孟氏“生于忧患”之言非欺我也。尝以为“君子素其位而行，不愿乎其外。素富贵，行乎富贵；素贫贱，行乎贫贱；素患难，行乎患难，故无入而不自得”，后之君子，亦当素其位而学，不愿乎其外。素富贵，学处乎富贵；素贫贱、患难，学处乎贫贱、患难，则亦可以无入而不自得。向尝为纯甫言之，纯甫深以为然，不审迩来用力却如何耳？

译文

分别后，有人从武城来，说纯甫才到家，您的父亲非常不高兴，回乡的打算还有很多矛盾。刚开始听时非常遗憾，后来又非常高兴。又过了很久，又有人从南都来，说纯甫已经到职，上下不大和睦。刚开始听时非常遗憾，后来又非常高兴。我感到遗憾，是因为世间的私情；我非常高兴，纯甫自己应当是知道的。我怎能会因为一些小事就忍不住对纯甫发作，不使他震动心意、坚忍性情，大有成就呢？比方冶炼金子，要经烈焰煅烧，受钳、锤锻打。这个时候，作为金子很是“痛苦”，但在他人看来，正喜欢金子更加精纯，而就怕火力、锻打得不够。冶炼过后，金子也会对自己经受了挫折与锻炼之后有所成就而“高兴”。我平时也经常有傲慢地看待同辈、轻视忽略世俗人情的心，后来虽然稍稍知道惩戒，也只是表面上勉强维持、搪塞罢了。等到贬谪贵州的三年，尝遍了千辛万苦，然后才能有所见识，才相信孟子所说的“忧愁患害足以使人生存”并没有骗我。曾以为“君子就现在所处的地位去做他应该做的事，不希望去做本分以外的事。处在富贵的地位，就做富贵地位应该做的事；处在贫贱的地位，就做贫贱地位应该做的事；处在患难的地位，就做患难地位应该做的事。君子守道安分，无论在什么地位都是自得的”，后来的君子，也应该就现在所处的地位去学他应该学的东西，不要希望去学本分以外的东西。处在富贵的地位，就学习如何处在富贵的地位；处在贫贱、患难的地位，就学习如何处在贫贱、患难的地位。这样守道安分，无论在什么地位都是自得的。以前曾对纯甫说过这些话，纯甫认为很是正确，不知道近来下的功夫怎样了？

近日相与讲学者，宗贤之外，亦复数人。每相聚，辄叹纯甫之高明。今复遭时磨砺若此，其进益不可量，纯甫勉之！

译文

近日互相讲习学问的人，宗贤之外，也还有几个人。每次相聚，动辄就慨叹纯甫的高明。如今又遭到这样的磨炼，进步是不可限量的，纯甫努力！

汪景颜近亦出宰大名，临行请益。某告以变化气质，居常无所见，惟当利害、经变故、遭屈辱，平时愤怒者，到此能不愤怒，忧惶失措者，到此能不忧惶失措，始是能有得力处，亦便是用力处。天下事虽万变，吾所以应之，不出乎喜怒哀乐四者。此为学之要，而为政亦在其中矣。景颜闻之，跃然如有所得也。甘泉近有书来，已卜居萧山之湘湖，去阳明洞方数十里耳。书屋亦将落成，闻之喜极。诚得良友相聚会，共进此道，人间更复有何乐？区区在外之荣辱得丧，又足挂之齿牙间哉？

译文

汪景颜最近也要出任大名的长官了，临行时前来请教。我告诉他变化气质，平时看不到，只有面对利害、经历变故、遭受屈辱时，平时愤怒的人，到这个时候能不愤怒，忧惧失措的人，到这个时候能不忧惧失措，才是效果明显的地方，也是下功夫的地方。天下的事情虽然千变万化，但我们能表现出来的，不外乎喜、怒、哀、乐这四种反应。这是治学的关键，而处理政事的要领也在其中。景颜听后，欣然仿佛很有收获的样子。甘泉最近有信来，说已择地居住在萧山的湘湖，离阳明洞才数十里。书屋也快要落成了，听后特别高兴。真的能和志同道合的朋友相聚会，在大道上共同进步，人间还有比这更快乐的事吗？在下在外的荣辱得失还值得一提吗？

二

癸酉

纯甫所问，辞则谦下，而语意之间，实自以为是矣。夫既自以为是，则非求益之心矣。吾初不欲答，恐答之亦无所入也。故前书因发其端，以俟明春渡江而悉。既而思之，人生聚散无常，纯甫之自是，盖其心尚有所惑而然，亦非自知其非，而又故为自是以要我者，吾何可以遂已？故复备举其说，以告纯甫。

译文

纯甫的问题，言辞谦逊，而语意之间其实是自以为正确的。既然是自以为正确，那就不要指望在心上有所增益。起初我不想回答，恐怕答了也没什么用。因此前面的信只开了个头，以便等到明年春天渡江后再详细地说。既而又想，人生聚散无常，纯甫的自以为正确，大概是他的心还有疑惑造成的，也不是自己就知道不对，而又故意自以为正确以便请求我，我怎么可以就这样认为呢？因此又全面地列出这些说法，以便告诉纯甫。

来书云："学以明善诚身，固也，但不知何者谓之善？原从何处得来？今在何处？其明之之功当何如？入头当何如？与诚身有先后次第否？诚是诚个甚的？此等处细微曲折，仅欲扣求启发，而因献所疑，以自附于助我者。"反复此语，则纯甫近来得力处在此，其受病处亦在此矣。纯甫平日，徒知存心之说，而未尝实加克治之功，故未能动静合一，而遇事辄有纷扰之患。今乃能推究若此，必以渐悟往日之堕空虚矣，故曰纯甫近来用功得力处在此，然已失之支离外驰而不觉矣。夫心主于身，性具于心，善原于性，孟子之言性善是也。善即吾之性，无形体可指，无方所可定，夫岂自为一物，可从何处得来者乎？故曰受病处亦在此。纯甫之意，盖未察夫圣门之实学，而尚狃于后世之训诂，以为事事物物，各有至善，必须从事事物物求个至善，而后谓之明善，故有“原从何处得来？今在何处？”之语。纯甫之心，殆亦疑我之或堕于空虚也，故假是说以发我之蔽，吾亦非不知感纯甫此意，其实不然也。夫在物为理，处物为义，在性为善，因所指而异其名，实皆吾之心也。心外无物，心外无事，心外无理，心外无义，心外无善。吾心之处事物，纯乎理而无人伪之杂，谓之善，非在事物有定所之可求也。处物为义，是吾心之得其宜也，义非在外可袭而取也。格者，格此也；致者，致此也。必曰事事物物上求个至善，是离而二之也。伊川所云“才用彼，即晓此”是犹谓之二。性无彼此，理无彼此，善无彼此也。纯甫所谓“明之之功当何如？入头处当何如？与诚身有先后次第否？诚是诚个甚的？”且纯甫之意，必以明善自有明善之功，诚身又有诚身之功也。若区区之意，则以明善为诚身之功也。夫诚者，无妄之谓。诚身之诚，则欲其无妄之谓；诚之之功，则明善是也。故博学者，学此也；审问者，问此也；慎思者，思此也；明辨者，辨此也；笃行者，行此也：皆所以明善而为诚之之功也。故诚身有道，明善者，诚身之道也；不明乎善，不诚乎身矣，非明善之外别有所谓诚身之功也。诚身之始，身犹未诚也，故谓之明善。明善之极，则身诚矣。若谓自有明善之功，又有诚身之功，是离而二之也，难乎免于毫厘千里之谬矣。其间欲为纯甫言者尚多，纸笔未能详悉，尚有未合，不妨往复。

译文

来信说：“治学是为了明善及诚身，本来就是这样，只是不知道什么叫作善？原本从什么地方得来？现在在什么地方？它使之明确的功夫当是怎样的？入门的地方在哪？与诚身有先后次序吗？诚要诚到什么程度？这些地方细小弯曲，仅仅想求教启发，于是献出自己的疑惑，以归附于帮助我的人。”反复读这些话，则纯甫近来效果明显的地方在这里，他的错误也在这里。纯甫平时只知道存心的学说，却没有切实地加上克制私欲的功夫，因此不能动静合一，而遇事动辄就会有纷乱的祸患。如今能这样推求研究，必然因为已经逐渐领悟到以前已坠落到空虚中，因此说纯甫近来效果明显的地方在这里，然而已经迷失在支离破碎、心向外物的状态中而不能有所察觉了。心由身体来主宰，性具备在心中，善的本原是性，孟子所说的性善就是这个意思。善就是我们的性，没有形状或结构可以指认，没有方向或位置可以确定，难道它不是一种自成的事物吗？能从什么地方得来呢？因此说他的错误也在这里。纯甫的意思，大概是没有察觉圣门的实学，而是还拘泥于后代的训诂，认为种种事物都有它们的至善，必须从种种事物中求得至善，而后才能说明善，因此有“原本从什么地方得来？现在在什么地方？”的话。纯甫的心，大概也怀疑我坠入了空虚之中，因此借着这个说法揭开我的遮蔽，我也不是不知道纯甫的这个意思，其实不是这样的。事物的内在是理，对待事物的方式是义，性的内在是善，因为所指不同而名称各异，其实质都是我的心。心外没有物，心外没有事，心外没有理，心外没有义，心外没有善。我的心对待事物的方式，纯粹是理而不掺杂人为的东西，叫作善，而不是一种有固定位置可以探求的事物。对待事物的方式是义，是我的心恰到好处的反应，义不是可以在心外沿袭取用的。所谓格，就是格这个；所谓致，就是致这个。一定要说种种事物上求得至善，就是分离成两种东西了。伊川所说的“刚用那个，就明白了这个”，还是把它们区分开了。性不分彼此，理不分彼此，善不分彼此。纯甫所说的“它使之明确的功夫当是怎样的？入门的地方在哪？与诚身有先后次序吗？诚要诚到什么程度？”表明纯甫的意思，一定是明善自有明善的功夫，诚身又有诚身的功夫。要是在下的意思，则以明善作为诚身的功夫。诚是不作诈伪的意思。诚身的诚，则是想要不作诈伪的意思；诚身的功夫则是明善。因此广博学习的人，学这个；详细求教的人，问这个；慎重思考的人，想这个；明白辨别的人，辨这个；切实力行的人，行这个：都是用来明善而诚身的功夫。因此诚身有大道，明善就是诚身的大道；不明善，就不能诚身，不是明善之外还有别的诚身的功夫。开始诚身时，身体还没有诚，因此叫作明善。明善的极致，就是身诚。如果说既有明善的功夫，又有诚身的功夫，就是分离成两种东西了，难免会有失之毫厘、谬以千里的错误。这其中想和纯甫说的话还有很多，写下来的不能详尽，还有不一致的地方，不妨书信往还交流。

三

甲戌

得曰仁书，知纯甫近来用功甚力，可喜可喜！学以明善诚身，只兀兀守此昏昧杂扰之心，却是坐禅入定，非所谓“必有事焉”者矣，圣门宁有是哉？但其毫厘之差，千里之谬，非实地用功，则亦未易辩别。后世之学，琐屑支离，正所谓“采摘汲引，其间亦宁无小补？”然终非积本求原之学。句句是，字字合，然而终不可入尧舜之道也。

译文

收到曰仁的信，知道纯甫最近很用功，太让人高兴了！研习明善、诚身，只静止地守着昏沉、杂乱的心，只是坐禅入定，不是所说的“一定要培养它”，圣门难道会这样吗？只是毫厘之间的差别便会产生千里般的谬误，不是实实在在地下功夫，是很难辨别出来的。后代治学，琐碎细小，支离破碎，正是所说的“摘录、吸取，这中间难道没有些许补充吗？”然而终究不是积累根本、探求本原的学问。每一句都正确，每个字都契合，然而终究还是入不了尧舜的大道。

四

甲戌

屡得汪叔宪书，又两得纯甫书，备悉相念之厚，感愧多矣！近又见与曰仁书，贬损益至，三复赧然。夫趋向同而论学或异，不害其为同也；论学同而趋向或异，不害其为异也。不能积诚反躬而徒腾口说，此仆往年之罪，纯甫何尤乎？因便布此区区，临楮倾念无已。

译文

多次收到汪叔宪的信，又两次收到纯甫的信，全面了解了相互挂念的深厚情谊，感到了太多的愧疚！近来又看到给曰仁的信，贬抑更甚，惭愧再三。趋向相同而论学有时不同，不影响它们的相同；论学相同而趋向有时不同，不影响它们的不同。不能积累诚意反过来要求自己，而白白地空费口舌，这是我以前的罪过，纯甫有什么错？因方便宣告我的真情挚意，临纸想念不尽。

寄希渊

壬申

所遇如此，希渊归计良是，但稍伤急迫，若再迟二三月，托疾而行，彼此形迹泯然，既不激怒于人，亦不失己之介矣。圣贤处末世，待人应物，有时而委曲，其道未尝不直也。若己为君子，而使人为小人，亦非仁人忠恕恻怛之心。希渊必以区区此说为太周旋，然道理实如此也。区区叨厚禄，有地方之责，欲脱身潜逃固难。若希渊所处，自宜进退绰然，今亦牵制若此，乃知古人挂冠解绶，其时亦不易值也。

译文

遇到这样的情况，希渊要回去的计划非常正确，只是稍显急迫，如果再推迟两三个月，以生病为借口出行，彼此的行为都不留痕迹，既不会激怒别人，也不会丧失自己的骨气。圣贤处于衰败的世道中，待人接物，有时也会隐晦曲折，但他的大道未尝不是直的。如果自己是君子，而让别人成为小人，也不是仁人所具有的忠恕恻隐之心。希渊一定会认为在下的说法过于相机进退，然而道理确实是这样的。在下接受厚禄，有守备地方的责任，想要脱身潜逃实在是太难了。像希渊所处的环境，自然应该是进退都很宽裕，如今却也被约束到这样的程度，便可知古人辞官，它的时机也是不容易遇到的。

二

壬申

向得林苏州书，知希颜在苏州，其时守忠在山阴矣。近张山阴来，知希颜已还山阴矣，而守忠又有金华之出。往岁希颜居乡而守忠客祁，今兹复尔。二友之每每相违，岂亦有数存焉邪？为仁由己，固非他人所能与，而相观砥砺之益，则友诚不可一日无者。外是子雍、明德辈，相去数十里，决不能朝夕继见，希颜无亦有独立无与之叹欤？曩评半圭，诚然诚然！方今山林枯槁之士，要亦未可多得，去之奔走声利之场者则远矣。人品不齐，圣贤亦因材成就。孔门之教，言人人殊，后世儒者，始有归一之论，然而成德达材者鲜，又何居乎？希颜试于此思之，定以为何如也？

译文

以前收到林苏州的信，知道希颜在苏州，当时守忠已经在山阴了。最近张山阴来，得知希颜已返会山阴，而守忠又要到金华去。往年希颜住在家乡而守忠客居祁地，如今又出现了这个局面。两位朋友总是这样离别，难道其中也是有定数的吗？为仁在于自身，本来不是他人所能给与的，而相互勉励是有益的，则确实每天都需要朋友的帮助。此外是子雍、明德一辈，相距数十里，决不可能每天都见面，希颜不也有孤立无助的叹息吗？以前评价半圭先生，确实是这样啊！如今已成为山林中面容憔悴的人，要旨也没得到多少，却也远离了忙碌于名利场的人。人品不一样，圣贤也因材施教。孔门的教诲，本来每个人的说法都不相同，后代的儒者才有归于一统的主张，然而成就品德或成就才能的人很少，又是怎么回事呢？希颜试着想想这个问题，到底以为怎么样呢？

三

癸酉

希颜茕然在疚，道远，无因一慰。闻友朋中多言希颜孝心纯笃，哀伤过节，其素知希颜者，宜为终身之慕，毋徒毁伤为也。

译文

希颜孤单地面对痛苦和忧伤，路途遥远，无法前去安慰。听到很多朋友说希颜的孝心十分厚重，已哀伤过度。那些平时了解希颜的人，都劝他做一辈子都怀念父母的人，不要白白地伤害自己。

守忠来，承手札，喻及出处，此见希颜爱我之深，他人无此也。然此义亦惟希颜有之，他人无此也。牵于世故，未能即日引决，为愧为怍，然亦终须如希颜所示耳。患难忧苦，莫非实学，今虽倚庐，意思亦须有进。向见季明德书，观其意向甚正，但未及与之细讲耳。“学问之道无他，求其放心而已”，盖一言而足。至其功夫节目，则愈讲而愈无穷者。孔子犹曰“学之不讲，是吾忧也”，今世无志于学者无足言，幸有一二笃志之士，又为无师友之讲明，认气作理，冥悍自信，终身勤苦而卒无所得，斯诚可哀矣。

译文

守忠来到，承接手书，告诉我出处，可见希颜对我的深厚情义，对其他人是不这样的。然而这种情义也只是希颜才有，其他人不是这样的。受到俗事的牵绊，未能当日作出裁决，实在感到惭愧，然而最终还是会像希颜展示的那样。患难与忧苦，没有不是实学的，如今虽然在守丧，但思想也必须要有进步。以前看到季明德的来信，发现他思想的方向十分正确，只是还没来得及和他详细地说。“学问之道没有别的，就是找回来那丧失了的善心罢了”，大概这一句话就足够了。至于功夫的项目，则越讲越没有穷尽。孔子都说“学问不讲习，是我的忧虑呀”，如今世上没有志向学习的人没什么可说的，幸好还有一两位志向坚定的人，却又没有老师、朋友为他讲述阐明，将气当作理，糊涂、蛮横还自信，终身勤苦最终却没有所得，实在是太悲哀了。

读礼之余，与明德相论否？幸以其所造者示知。某无大知识，亦非好为人言者，顾今之时，人心陷溺已久，得一善人，惟恐其无成，期与诸君共明此学，固不以自任为嫌而避之。譬之婚姻，聊为诸君之媒妁而已。乡里后进中有可言者，即与接引，此本分内事，勿谓不暇也。

译文

守丧的闲暇，与明德相互讨论了吗？希望能把成果展示给我们。我没有什么大学问，也不是喜欢说三道四的人，只是看到如今的时局，人心处于水深火热之中已经很久了，能有一位善良的人，只怕他没有成就，因此期待与诸位朋友共同明了这门学问，因此也就不回避自觉承担重任的嫌疑了。这就好比婚姻，姑且作诸位朋友的媒人吧。乡里后学中有能教诲的，就让我来作引导，这本是分内的事，不要说没有时间呀。

楼居已完否？糊口之出非得已，然其间亦有说。闻朋友中多欲希颜高尚不出，就中亦须权其轻重。使亲老饘粥稍可继，则不必言高尚，自不宜出。不然，却恐正其私心，不可不察也。

译文

楼房完工了吗？为维持生活不得不外出，不过其间也有可以说的地方。

听说朋友中大多希望希颜保持高尚，不外出，但对于其中的情况应权衡它的轻重。如果双亲年老，还能有稀饭可吃，就不必说高尚，自然也不应该外出。否则，恐怕正是一种私心，不可以不明察。

四

己卯

正月初二得家信，祖母于去冬十月背弃，痛割之极！縻于职守，无由归遁。今复恳疏，若终不可得，将遂为径往之图矣。

译文

正月初二收到家里寄来的信，祖母已于去年冬天十月去世，如刀割一般心痛到了极点！受到职守的束缚，无法逃避。如今再上恳求的奏折，如果还是不可以，就作直接离开的打算了。

近得郑子冲书，闻与当事者颇相抵牾。希渊德性谦厚和平，其于世间荣辱炎凉之故，视之何异飘风浮霭，岂得尚有芥蒂于其中耶？即而询之，果然出于意料之外，非贤者之所自取也。虽然，有人于此，其待我以横逆，则君子必自反曰："我必无礼。"自反而有礼，又自反曰："我必不忠。"希渊克己之功日精日切，其肯遂自以为忠乎？往年区区谪官贵州，横逆之加，无月无有。迄今思之，最是动心忍性、砥砺切磋之地。当时亦止搪塞排遣，竟成空过，甚可惜也！

译文

最近收到郑子冲的信，听说与当权者矛盾很深。希渊德性谦厚、平和，对于世间荣辱、炎凉的变故，看着它们与狂风、浮云有什么不同吗，难道还会有什么在意的吗？立即去询问，果然出乎意料之外，不是贤者自己造成的。即使如此，有人在这里，对待我强暴无礼，君子必定自我反省说："必定是我无礼。"自己反省后有礼，又自我反省说："必定是我不忠厚。"希渊克制自己的功夫一天天地精湛、恳切，难道肯认为自己忠厚了吗？以前在下贬官贵州时，所遭遇的强暴无礼的举动，每个月都有。到今天回想起来，这里最是我震动心意、坚忍性情、勉励切磋的地方。当时也只是搪塞、排遣，最后白白地过去，太可惜了！

闻教下士甚有兴起者，莆故文献之区，其士人素多根器。今得希渊为之师，真如时雨化之而已，吾道幸甚！近有责委，不得已，不久且入闽。苟求了事，或能乘便至莆一间语，不尽不尽。

译文

听说所教授的士子中有很多因感动而奋起的，莆田历来是文献充盈的地方，那里的士人本来就很有禀赋。如今以希渊为老师，真好像及时雨一样感化他们，这是我们大道之学的幸运！最近有责任委派，没办法，不久也将去福建。贪求快些结束事务，或许能顺便到莆田说说话，有太多想说的了。

与戴子良

癸酉

汝成相见于滁，知吾兄之质，温然纯粹者也。今兹乃得其为志，盖将从事于圣人之学，不安于善人而已也，何幸何幸！有志者事竟成，吾兄勉之！学之不明，已非一日，皆由有志者少。好德，民之秉彝，可谓尽无其人乎？然不能胜其私欲，竟沦陷于习俗，则亦无志而已。故朋友之间，有志者甚可喜，然志之难立而易坠也，则亦深可惧也。吾兄以为何如？宗贤已南还，相见且未有日。京师友朋，如贵同年陈佑卿、顾惟贤，其他如汪汝成、梁仲用、王舜卿、苏天秀，皆尝相见。从事于此者，其余尚三四人，吾见与诸友当自识之，自古有志之士未有不求助于师友。匆匆别来，所欲与吾兄言者，百未及一。沿途歆叹雅意诚切，怏怏相会未卜，惟勇往直前，以遂成此志是望。

译文

与汝成在滁州相见，知道老兄的品质是温和朴实的。如今知道了您的志向，要投身于圣人之学，而不安于只作一个善人，多么值得庆幸啊！有志向的人最终必然会成功，老兄努力！学术不昌明，已经不是一天两天的事，都是因为有志向的人太少了。美好的道德是百姓秉持的常道，能说没人追求吗？然而不能战胜私欲，最终沦陷在习俗中，则也是没有大志向的表现。因此朋友之间，如果有志向宏大的人是很值得欣喜的，然而志向难立却容易堕落，便也令人深深地畏惧。老兄以为怎么样呢？宗贤已返回南方，还不知道什么时候能相见。京师的朋友，比如您的同年陈佑卿、顾惟贤和其他的人，比如汪汝成、梁仲用、王舜卿、苏天秀，都曾见过。投身于这件事的人，还有三四个，我觉得诸位朋友应当自己认识一下，自古以来的有志之士没有不求助于老师和朋友的。匆匆告别，想要对老兄说的话，还不到百分之一。沿途中钦羡赞叹美好的意愿真诚恳切，何时相会不可预知，闷闷不乐，只能勇往直前，期盼能成就这个伟大的志向。

与胡伯忠

癸酉

某往在京，虽极歆慕，彼此以事，未及从容一叙，别去以为憾，期异时相遇，决当尽意剧谈一番耳。昨未出京师，即已预期彭城之会，谓所未决于心，在兹行矣。及相见，又复匆匆而别，别又复以为恨，不知执事之心亦何如也？

译文

我以前在京城时，尽管非常羡慕，但因彼此都有事，因此来不及从容叙谈。分开后甚感遗憾，期待他时再相遇，一定要好好谈论一次。昨天还没出京师，就已定下了在彭城相会，自称没有下的决心就在这次出行中实现。等到相见的时候，又再一次匆匆分别，分别之后又感到遗憾，不知道执事的心又是怎样的呢?

君子与小人居，决无苟同之理，不幸势穷理极而为彼所中伤，则安之而已。处之未尽于道，或过于疾恶，或伤于愤激，无益于事，而致彼之怨恨仇毒，则皆君子之过也。昔人有言："事之无害于义者，从俗可也。"君子岂轻于从俗，独不以异俗为心耳。与恶人居，"如以朝衣朝冠坐于涂炭者"，伯夷之清也。"虽袒裼裸裎于我侧，彼焉能浼我哉"，柳下惠之和也。君子以变化气质为学，则惠之和，似亦执事之所宜从者。不以三公易其介，彼固未尝无伯夷之清也。"德輶如毛，民鲜克举之。我仪图之，惟仲山甫举之，爱莫助之"，仆于执事之谓矣。正人难得，正学难明，流俗难变，直道难容。临笔惘然，如有所失，言不尽意，惟心亮。

译文

君子和小人在一起，绝对没有随便认同的道理，不幸因形势窘迫而被他们诬蔑、伤害，就安定下来罢了。生活不能符合道义，或因憎恶坏人而有过失，或因愤怒激动而受伤害，都对事情没有益处，反而会招致怨恨和毒害，便都是君子的过错了。以前的人说："如果事情对义理没有损害，那么遵从习俗就可以了。"君子难道轻视遵从习俗吗，只不过是不把异端的习俗放在心上。和坏人在一起，"好比穿戴着礼服礼帽坐在泥路或者炭灰之上"，这是伯夷的纯洁。"你纵然在我旁边赤身露体，怎么能沾污我呢"，这是柳下惠的平和。君子以自我变化气质为学，那么柳下惠的平和似乎也是适合执事学习的。不因三公的地位改变骨气，他未尝没有伯夷的纯洁。"德轻得就像羽毛一样，但是人们很少能把它举起来。我心中想到的只有一个人，那就是只有仲山甫能举起来，我对他真是爱其德却不能有所帮助呀"，这正是我对执事的评价。正直的人很难找到，正统的学问很难明了，流传的习俗很难改变，耿直的道理不容易被接受。下笔之时不禁忧思，仿佛失去了什么，言语不能表达所有的意思，只盼心中体谅。

与黄诚甫

癸酉

立志之说，已近烦渎，然为知己言，竟亦不能舍是也。志于道德者，功名不足以累其心；志于功名者，富贵不足以累其心。但近世所谓道德，功名而已；所谓功名，富贵而已。“仁人者，正其谊不谋其利，明其道不计其功。”一有谋计之心，则虽正谊明道，亦功利耳。诸友即索居，曰仁又将远别，会中须时相警发，庶不就弛靡。诚甫之足，自当一日千里，任重道远，吾非诚甫谁望邪？临别数语，彼此暗然，终能不忘，乃为深爱。

译文

关于立志的说法，已接近繁琐了，然而为知己说，最终还是不能放弃。以道德为志向的人，功名不足以拖累他的心；以功名为志向的人，富贵不足以拖累他的心。不过近代所说的道德，不过是功名罢了；所说的功名，不过是富贵罢了。“仁义的人，端正大义而不谋求私利，畅明大道而不算计功绩。”一旦有了谋划、算计的心，即使是讲求大义与大道，也是功利的。诸位朋友即已孤身独居，曰仁又将去远方，聚会中需要不时互相警醒和启发，大概可以不致松懈和浪费。诚甫的步伐，自然会一日千里，任务重，路途远，不是诚甫，我还能期望谁呢？临别写下几句话，彼此沉默，终了不致相忘，便是深爱。

二

丁丑

区区正月十八日始抵赣，即兵事纷纷。二月往征漳寇，四月班师，中间曾无一日之暇，故音问缺然。然虽扰扰中，意念所在，未尝不在诸友也。

养病之举，恐已暂停，此亦顺亲之心，未为不是。不得以此日萦于怀，无益于事，徒使为善之念不专。何处非道，何处非学，岂必山林中耶？希颜、尚谦、清伯登第，闻之喜而不寐。近尝寄书云："非为今日诸君喜，为阳明山中异日得良伴喜也。"吾于诚甫之未归亦然。

译文

在下于正月十八日刚刚抵达赣州时，战事就已忙乱一片。二月前往征讨漳州的贼寇，四月军队胜利归来，中间没有一天的闲暇，因此没有书信。然而即使是在纷乱之中，心里所想的还是诸位朋友。养病的举动，恐怕已经暂停下来，这也是孝顺父母的心，不见得不正确。不能以这些东西每日萦绕在心里，这没什么作用，只能使人为善的心无法专一。什么地方没有道，什么地方不是学，难道一定要在山林中吗？希颜、尚谦和清伯都已考取进士，听到后，高兴得都睡不着。近来曾寄信说："不是为了今天的各位而高兴，而是为了将来能在阳明山中有志同道合的伙伴而欣喜。"我对于诚甫还没有归来也是这样的想法。

答天宇书

甲戌

书来，见平日为学用功之概，深用喜慰！今之时，能稍有志圣贤之学，已不可多见，况又果能实用其力者，是岂易得哉？辱推拟过当，诚有所不敢居，然求善自辅，则鄙心实亦未尝不切切也。今乃又得吾天宇，其为喜幸，可胜言哉？厚意之及，良不敢虚，然又自叹爱莫为助，聊就来谕商榷一二。

译文

收到书信，见到平时学习用功的梗概，感到深深的欣喜与安慰！如今，能够稍稍有志向学习圣贤的人，已经不多见了，何况又是能确实下功夫的，难道是容易遇到的吗？承蒙推荐比拟有失恰当，确实不敢当，不过广求善良之士以辅助自己，则在下的心未尝不是急切的。如今又遇到我们天宇，所感到的喜悦和幸运，难道能用言语表达完吗？您的深情厚谊，我实在不敢怠慢，却又自叹力量不够，做不到，姑且就来信商讨一二。

天宇自谓“有志而不能笃”，不知所谓志者果何如？其不能笃者又谁也？谓“圣贤之学，能静可以制动”，不知若何而能静？静与动有二心乎？谓“临政行事之际，把捉摸拟，强之使归于道，固亦卒有所未能，然造次颠沛必于是”者，不知如何其为功？谓“开卷有得，接贤人君子便自触发”，不知所触发者何物？又“赖二事而后触发”，则二事之外，所作何务？当是之时，所谓志者，果何在也？凡此数语，非天宇实用其力不能有，然亦足以见讲学之未明，故尚有此耳。或思之有得，不厌寄示。

译文

天宇自称“有志向却不能坚持”，不知道所说的志向究竟是什么呢？不能坚持又是谁呢？说“圣贤的学问，如果能够静，就可以制约动”，不知道怎样才能够静？静与动本质上有分别吗？说“亲理政务、办理事情的时候，把持仿效，勉强使它归于大道，最终也不会发挥作用，而流离失所、生活困顿一定是它造成的”，不知道怎么才算有功绩？说“读书有收获，接触贤人、君子便自然会触动引发”，不知道触动引发的是什么？又说“依赖两件事而后能触动引发”，那么这两件事之外，还有必要做别的吗？写这些话的时候，所说的志向，真的还在吗？举凡这几句话，如果不是天宇真下了功夫，是不会有的，然而也足见讲求学问还没有昌明，所以还有这样的问题。如果经过思考还有所得，您寄来多少都不会满足的。

二

甲戌

承书惠感，感中间问学之意，恳切有加于旧，足知进于斯道也，喜幸何如！但其间犹有未尽区区之意者，既承不鄙，何敢不竭？然望详察，庶于斯道有所发明耳。

译文

接到书信后颇为感慨，感慨信中问学的意思，比以前还要诚恳殷切，足以知道在大道上的进步，多么令人欣喜和庆幸呀！可是信中还有未能完全表达在下意思的内容，既然承蒙不以我为浅陋，怎敢不竭尽全力？然而希望详细体察，大概才会对这个大道有创造性的阐发。

来书云："诚身以格物，乍读不能无疑，既而细询之希颜，始悉其说。"区区未尝有"诚身格物"之说，岂出于希颜邪？鄙意但谓君子之学以诚意为主，格物致知者，诚意之功也，犹饥者以求饱为事，饮食者，求饱之事也。希颜颇悉鄙意，不应有此，或恐一时言之未莹耳，幸更细讲之。

译文

来信中说："以诚身来格物，开始读时不能没有疑惑，然后仔细向希颜询问，才知道了所说的意思。"在下从没有"以诚身来格物"的说法，难道是出自希颜吗？我的意思只是说君子的学问以真诚为主，格物致知也是真诚的功夫，犹如饥饿的人以追求吃饱为大事，饮食就是追求吃饱的大事。希颜非常熟悉我的意思，不应有这样的说法，或许恐怕是一时没有说明白，幸好能再细细地讲一讲。

又云："《大学》一书，古人为学次第，朱先生谓'穷理之极，而后意诚'，其与所谓'居敬穷理''非存心无以致知'者，固相为矛盾矣。盖'居敬''存心'之说，补于传文，而圣经所指，直谓其穷理而后心正。初学之士，执经而不考传，其流之弊，安得不至于支离邪？"《大学》次第，但言"物格而后知至，知至而后意诚"。若"穷理之极，而后意诚"，此则朱先生之说如此。其间亦自无大相矛盾，但于《大学》本旨，却恐未尽合耳。"非存心无以致知"，此语不独于《大学》未尽，就于《中庸》"尊德性而道问学"之旨，亦或有未尽。然此等处言之甚长，非面悉不可。后之学者，附会于补传而不深考于经旨，牵制于文义而不体认于身心，是以往往失之支离而卒无所得，恐非执经而不考传之过也。

译文

又说："《大学》这部书，古人治学的次序，朱先生说'穷究事物的道理达到极致，此后自心所发的意念就会诚实'，这与所说的'自己要保持谨慎敬重的态度，对事物要探究它的道理''不是心里怀有意念便无法致知'本来就互相矛盾。大概'自己要保持谨慎敬重的态度''心里怀有意念'的说法仅见于补充的传文之中，而圣人的经典所指的直接就是探究事物的道理，然后内心正直。初学者拿着经书却不考察传文，这种相沿袭而造成的弊病，怎能不达到支离破碎的程度？"《大学》的次序，只是说"事物的真理研析穷究明白以后，知识就无所不极尽了；知识推极到无所不尽的地步以后，自心所发的意念就自然真诚不妄了"。像"穷究事物的道理达到极致，此后自心所发的意念就会诚实"则是朱先生这样说。这里面也没什么大矛盾，但关于《大学》的本旨，恐怕不能完全吻合。"不是心里怀有意念便无法致知"，这句话不只在《大学》中没有说透，就是对于《中庸》"恭敬地奉持所受于天的性理，同时讲求学问而致知"的本旨，或许也没有说透。然而这样的地方会说得很长，不能不当面详细讲述。后来的学者，附会补充的传文而不深深考察经典的本旨，受到文义的约束而不从身心的角度去体会、认识，因此常常有支离破碎的过失而最终没什么收获，这恐怕不是拿着经书却不考察传文的过错。

又云："不由穷理而遽加诚身之功，恐诚非所诚，适足以为伪而已矣。"此言甚善，但不知诚身之功又何如作用耳，幸体认之！

译文

又说："不通过穷究事物的道理而匆忙地学习诚身的功夫，恐怕诚也不是真的诚，恰恰足以说明是虚假的。"这句话说得很好，只是不知道诚身的功夫有怎样的作用，幸好还可以体会、认识它！

又言："譬之行道者，如大都为所归宿之地，犹所谓至善也。行道者不辞险阻艰难，决意向前，犹存心也。如使斯人不识大都所在而泛焉欲往，其不南走越而北走胡几希矣。”此譬大略皆是，但以不辞险阻艰难，决意向前，别为存心，未免牵合之苦，而不得其要耳。夫不辞险阻艰难，决意向前，此正是诚意之意。审如是，则其所以问道途，具资斧，戒舟车，皆有不容已者。不然，又安在其为决意向前，而亦安所前乎？夫不识大都所在而泛焉欲往，则亦欲往而已，未尝真往也。惟其欲往而未尝真往，是以道途之不问，资斧之不具，舟车之不戒。若决意向前则真往矣，真往者，能如是乎？此最工夫切要者，以天宇之高明笃实而反求之，自当不言而喻矣。

译文

又说：“比方说行路的人，如果以大都为最终要去的地方，犹如所说的至善。行路的人不推辞艰难险阻，决计向前，犹如存心。如果让这个人不知道大都在哪而泛泛地朝想要去的地方前进，那么不向南奔越地而北走胡地的人是极少的。”这个比方大意是正确的，但以不推辞艰难险阻，决计向前，别为存心，不免有牵强凑合的苦恼，而不得其要领。不推辞艰难险阻，决计向前，这正是诚意中的意。知道了这个，就会明白咨询道路、筹备路费、准备车船，都是对自己不宽容的地方。否则，又怎能既要决计向前而又安于眼前的状况呢？不知道大都在哪而泛泛地朝想要去的地方前进，则也是想去罢了，不是真去。正因为只是想去而不是真去，因此不咨询道路、不筹备路费、不准备车船。如果决计向前，就要真的前往，真前往，能这样吗？这是功夫最切实、重要的地方，凭天宇的高明、踏实，反回去探求，自当不说就会明白。

又云：“格物之说，昔人以扞去外物为言矣。扞去外物则此心存矣，心存则所以致知者，皆是为己。”如此说，却是“扞去外物”为一事，“致知”又为一事。“扞去外物”之说，亦未为甚害，然止捍御于其外，则亦未有拔去病根之意，非所谓“克己求仁”之功矣。区区格物之说，亦不如此。《大学》之所谓“诚意”，即《中庸》之所谓“诚身”也；《大学》之所谓“格物致知”，即《中庸》之所谓“明善”也。博学、审问、慎思、明辩、笃行，皆所谓明善而为诚身之功也，非明善之外别有所谓诚身之功也。格物致知之外，又岂别有所谓诚意之功乎？《书》之所谓“精一”，《语》之所谓“博文约礼”，《中庸》之所谓“尊德性而道问学”，皆若此而已。是乃学问用功之要，所谓毫厘之差，千里之谬者也。

译文

又说：“格物这种说法，以前的人用抵御外物来解释。抵御外物则这颗心就存了下来，心存下来则致知就都是为自己了。”这样说，却是“抵御外物”为一件事，“致知”又为另一件事了。“抵御外物”的说法，也不是特别有害，然而仅仅在外抵御，也没有拔除病根的意思，不是所说的“克制自己以求仁”的功夫。在下对格物的说法，也不是这样的。《大学》所说的“诚意”，就是《中庸》所说的“诚身”；《大学》所说的“格物致知”，就是《中庸》所说的“明善”。广博的学习、详细的求教、慎重的思考、明白的辨别、切实的力行，都是所说的明善是诚身的功夫，不是明善之外还有别的诚身的功夫。格物致知之外，难道还另有所说的诚意的功夫吗？《尚书》所说的“精心体察，专心守住”，《论语》所说的“广泛地学习，再用礼节加以约束”，《中庸》所说的“恭敬地奉持所受于天的性理，同时讲求学问而致知”，都是这样的。这是治学用功的关键，正是所说的毫厘的差别会带来千里般的谬误。

心之精微，口莫能述，亦岂笔端所能尽已！喜荣擢，北上有期矣。倘能迂道江滨，谋一夕之话，庶几能有所发明，冗遽中不悉。

译文

心的精深微妙，嘴不能叙述，难道能全部写出来吗？光荣擢升，令人欣喜，北上的时间有日期了。如果能绕道江滨，谋求一次简短的谈话，大概就能有创造性的阐发，繁忙、急迫中不能尽说。

寄李道夫

乙亥

此学不讲久矣。鄙人之见，自谓于此颇有发明，而闻者往往诋以为异，独执事倾心相信，确然不疑，其为喜慰，何啻空谷之足音！

译文

这种学问不讲已经很久了。在下的见解，自以为在这方面有很多创造性的阐发，可听的人常常骂它是异端，只有执事诚心诚意地相信，坚定而不怀疑，这样的欣喜与安慰，岂止是极难得的言论啊！

别后时闻士夫传说，近又徐曰仁自西江还，益得备闻执事任道之勇、执德之坚，令人起跃奋迅。“士不可以不弘毅，任重而道远”，诚得弘毅如执事者二三人，自足以为天下倡。彼依阿偻儞之徒虽多，亦奚以为哉？幸甚幸甚！

译文

分别之后时常听到士人的转告，近来徐曰仁又从西江返回，更能全面了解执事肩负重任的勇武和固守道德的坚定，令人精神奋发。“士人不可以不弘大而刚毅，因为他负担沉重，路途遥远”，如果真的能有两三个像执事这样弘大而刚毅的人，自然足以为天下所倡导。那些阿谀奉承的人虽然多，又能做什么呢？太令人庆幸了！

比闻列郡之始，即欲以此学为教，仁者之心自然若此。仆诚甚为执事喜，然又甚为执事忧也。学绝道丧，俗之陷溺，如人在大海波涛中，且须援之登岸，然后可授之衣而与之食。若以衣食投之波涛中，是适重其溺，彼将不以为德而反以为尤矣。故凡居今之时，且须随机导引，因事启沃，宽心平气以薰陶之，俟其感发兴起，而后开之以其说，是故为力易而收效溥。不然，将有扞格不胜之患，而且为君子爱人之累，不知尊意以为何如耶？病疏已再上，尚未得报。果遂此图，舟过嘉禾，面话有日。

译文

听说各郡开始的时候，就想用这种学问来教化别人，仁者的心天然就是这样。我确实特别为执事高兴，然而又特别为执事担忧。学问断绝、大道沦丧，习俗深陷泥淖而无法自拔，人仿佛处在大海波涛之中，亟需牵引上岸，然后才可以给他衣服和食物。如果将衣服和食物投放到波涛中，就会加重他的陷溺，他将不认为这是德，反而是要怨恨的。因此凡是处于当今的时刻，必须要根据实际情况进行竭诚的引导，安心平和地熏染陶冶，等到他感奋激发而起兴后，再用新说开导他，因此费力少而收效广大。否则，将有受不了而抵触的祸患，并且会受到君子爱护他人的拖累，不知道您的意见认为怎么样呢？因病乞归的奏疏已经第二次递上去了，还没有回报。如果真能实现这个计划，我将乘船途经嘉禾，咱们当面说话的日子也就不远了。

与陆原静

丙子

书来，知贵恙已平复，甚喜！书中勤勤问学，惟恐失坠，足知进修之志不怠，又甚喜。异时发挥斯道，使来者有所兴起，非吾子谁望乎？所问《大学》《中庸》注，向尝略具草稿，自以所养未纯，未免务外欲速之病，寻已焚毁。近虽觉稍进，意亦未敢便以为至，姑俟异日山中与诸贤商量共成之，故皆未有书。其意旨大略，则固平日已为清伯言之矣。因是益加体认研究，当自有见，汲汲求此，恐犹未免旧日之病也。

译文

收到书信，得知您的病已平稳康复，非常欣喜！信中诚恳地求教学问，就怕废弛，足以知道进德修业的志向不懈怠，又非常欣喜。他日阐发大道，让后来人因感动而奋起，不是您还能指望谁呢？您问的《大学》《中庸》的注解，以前曾大略完成了一份草稿，自以为修养还不够纯正，不免有只重表面、贪求速成的毛病，因此很快就焚毁了。近来虽然觉得稍稍有些长进，但也不敢就认为已经彻底明白了意思，因此要等到他日到山中与诸位贤友商量后共同完成，也因此没有成书。它的要旨大略，就是平时已经对清伯所说的。因为增加了体会、认识方面的研究，所以会有自己的见解，急切地寻求这些内容，恐怕难免还会犯以前的毛病。

“博学”之说，向已详论，今犹牵制若此，何邪？此亦恐是志不坚定，为世习所挠之故。使在我果无功利之心，虽钱谷兵甲、搬柴运水，何往而非实学？何事而非天理？况子、史、诗、文之类乎？使在我尚存功利之心，则虽日谈道德仁义，亦只是功利之事，况子、史、诗、文之类乎？“一切屏绝”之说，是犹泥于旧习，平日用功未有得力处，故云尔。请一洗俗见，还复初志，更思平日饮食养身之喻，种树栽培灌溉之喻，自当释然融解矣。“物有本末，事有终始，知所先后，则近道矣。”吾子之言，是犹未是终始本末之一致也，是不循本末终始天然之序，而欲以私意速成之也。

译文

“博学”的说法，以前已经详细论述过了，如今仍然这样拘泥，怎么回事呢？这恐怕也是志向不坚定，被世上的习俗扰动造成的吧。假使我真的没有功利心，纵然是做会计、当兵、搬柴、运水，去做什么不是实学呢？什么事不蕴含天理呢？何况子、史、诗、文一类的东西呢？假使我还存有功利心，则即使每天都谈论道德仁义，也只还是功利的事，何况子、史、诗、文一类的东西呢？“一切屏绝”的说法，是仍然拘泥于旧有的习俗，平时下的功夫没有明显的效果，因此会这样说。请全面清除世俗的浅见，恢复开始的志向，更思考平时饮食、养生的譬喻，思考种树、栽培、灌溉的譬喻，自然会消融化解的。“凡物都有本有末，凡事都有终结和开始，能够明白本末、终始的先后次序，就切合大学的道理了。”您的话，终始、本末还没有一致，是不遵循本末、终始天然的先后次序，而想要凭借己意速成的做法。

二

戊寅

尚谦至，闻原静志坚信笃，喜慰莫逾！人在仕途，如马行淖田中，纵复驰逸，足起足陷，其在驽下，坐见沦没耳。乃今得还故乡，此亦譬之小歇田塍。若自此急寻平路，可以直去康庄，驰骋万里，不知到家工夫却如何也？自曰仁没后，吾道益孤，致望原静者亦不浅。子夏，圣门高弟，曾子数其失，则曰："吾过矣！吾离群而索居亦已久矣。"夫离群索居之在昔贤，已不能无过，况吾侪乎？以原静之英敏，自应未即摧堕。山间切磋砥砺，还复几人？深造自得，便间亦可写寄否？

译文

尚谦来到，听说原静志向坚定、信念笃实，没有什么能比这个更令人欣喜与安慰的了！人做官，就如同马在烂泥田中行走，纵使驰骋、奔跑，足起足陷，也只能在驽马之下，眼睁睁看着沉没下去。如今能够返回故乡，这也好比在田埂上稍事歇息。如果从此急迫地寻找坦途，可以直接奔向康庄大道，驰骋万里，不知到家后功夫怎么样？自从曰仁去世后，我的大道更加孤单，以至于深深地期望原静。子夏，圣贤门下的高足，曾子责备他的过失，子夏则说："我错了！我离开朋友同志，独自居住的时间也太长了。"离开朋友同志，独自居住在古代贤人已经不能没有过错，何况我们这些人呢？以原静的聪慧卓识，自应不会被立即摧毁坠落。在山间互相勉励切磋的，还有几个人呢？经过进一步的学习和研究，不断前进，以达到精深的境地，方便的时候也可以写下寄来吗？

尚谦至此，日有所进。自去年十二月到今已八逾月，尚未肯归视其室。非其志有所专，宜不能声音笑貌及此也。区区两疏辞乞，尚未得报，决意两不允则三，三不允则五、则六，必得而后已。若再一举辄须三月，二举则又六七月矣。计吾舟东抵吴越，原静之旆当已北指幽冀，会晤未期，如之何则可！

译文

尚谦来到这里，每天都有长进。自去年十二月到现在已经超过八个月了，还不肯回去看看家人。如果不是志向如此专注，言谈与表情应该达不到这样的状态。在下两次上疏请辞乞休，还没有得到回复，决心两次不被允许就三次，三次不被允许就五次、六次，必须得到批准之后再停止。如果上疏一次动辄必须三个月，第二次上疏就总共要六七个月。估计我的船东抵吴越之地时，原静的旗子当已北指幽燕之地了。会面无期，怎样才可以呢！

与希颜台仲明德尚谦原静

丁丑

闻诸友皆登第，喜不自胜，非为诸友今日喜，为野夫异日山中得良伴喜也。入仕之始，意况未免摇动，如絮在风中，若非粘泥贴网，恐自张主未得，不知诸友却何如？想平时工夫，亦须有得力处耳。野夫失脚落渡船，未知何时得到彼岸。且南赣事极多掣肘，缘地连四省，各有抚镇，乃今亦不过因仍度日，自古未有事权不一而能有成者。告病之兴虽动，恐成虚文，未敢轻举，欲俟地方稍靖。今又得诸友在，吾终有望矣。曰仁春来颇病，闻之极忧念。昨书来，欲与二三友去田雪上，因寄一诗，今录去，聊同此怀也。

译文

听说诸位朋友都已考中进士，喜悦之情无法克制，不是为了诸位朋友的今日欣喜，而是为了乡间中的人他日能在山中获得志同道合的伙伴而欣喜。做官伊始，情趣不免摇摆，如同柳絮在风中，若不是粘上泥土或贴在网上，恐怕自己的主张便发挥不出来，不知诸位朋友怎么样呢？想像平时下的功夫，也必须有效果明显的地方。乡间的人失足落在渡船上，不知何时才能到达彼岸。且南赣的事还有很多被阻挠的地方，只因该地连接着四个省，各有镇抚的官员，于是今天也不过因袭旧制过日子，自古以来，就没有职权不统一而能成功的事。告病的办理虽然动了，但恐怕已成空文，未敢轻举妄动，打算等到地方上稍微安定些。如今又有诸位朋友在，我终于有希望了。曰仁春天以来病得很重，听闻之后非常忧虑、挂念。昨天有信来，打算与两三位朋友去湖州耕种，因此寄上一首诗，如今已录抄离去，聊表相同的胸怀。

与杨仕德薛尚谦

丁丑

即日已抵龙南，明日入巢，四路兵皆已如期并进，贼有必破之势。某向在横水，尝寄书仕德云："破山中贼易，破心中贼难。"区区剪除鼠窃，何足为异？若诸贤扫荡心腹之寇，以收廓清平定之功，此诚大丈夫不世之伟绩。数日来谅已得必胜之策，捷奏有期矣。何喜如之！

译文

当天已抵达龙南，明天白天进入巢，四路兵马都已按照期限共同前进，贼人已有必被击破的态势。我在横水的时候曾寄信给仕德说："击破山中的贼寇容易，击破心中的贼寇很难。"在下铲除小规模的叛乱，有什么足以感觉奇特的？如果诸位贤士能扫荡心中的贼寇，收获肃清、平定的功绩，那确实是大丈夫非凡的丰功伟绩。几天来料想已有了必胜的策略，胜利的奏报指日可待了，还有什么比这件事更令人高兴的呢！

日孚美质，诚可与共学。此时计已发舟，倘未行，出此同致意。廨中事以累尚谦，想不厌烦琐，小儿正宪，犹望时赐督责。

译文

日孚资质美好，的确可以与之共同学习。这个时候估计船已开出，倘若还没走，出示这封信共同致意。公廨里的事情已经拖累尚谦了，希望不要厌烦琐碎，我儿子正宪，还希望时时予以督促责备。

寄闻人邦英邦正

戊寅

昆季敏而好学，吾家两弟得以朝夕亲资磨励，闻之甚喜。得书，备见向往之诚，尤极浣慰。家贫亲老，岂可不求禄仕？求禄仕而不工举业，却是不尽人事而徒责天命，无是理矣。但能立志坚定，随事尽道，不以得失动念，则虽勉习举业，亦自无妨圣贤之学。若是原无求为圣贤之志，虽不业举，日谈道德，亦只成就得务外好高之病而已。此昔人所以有“不患妨功，惟患夺志”之说也。夫谓之夺志，则已有志可夺；若尚未有可夺之志，却又不可以不深思疑省而早图之。每念贤弟资质之美，未尝不切拳拳。夫美质难得而易坏，至道难闻而易失，盛年难遇而易过，习俗难革而易流。昆玉勉之！

译文

兄弟聪明好学，我们两位老弟整日都能得到亲身磨炼，听到之后，特别高兴。收到信后，完全见到了向往的热诚，感到特别宽慰。家境贫寒，双亲年老，怎能不追求居官食禄？追求居官食禄却不擅长应试科举，就是做事不尽力而只责怪天命，没有这样的道理。只要志向坚定，随着事物的变化而尽道义，不因得失而动心，则即使努力学习应试科举，也自然不会妨碍学习圣贤的学问。如果原本就没有成为圣贤的志向，即使不学习应试科举，每天只谈论道德，也只能落得个不干正经事、好高骛远的毛病。这就是前人说“不担心妨害功绩，只担心被迫改变志向”的原因。说被迫改变志向，则是已经有志向才可以改变，如果还没有可以被迫改变的志向，则不可以不深思、质疑、觉悟而早点计划。每每念及贤弟资质的美好，未尝不是恳切诚挚。美好的资质难以获得却容易败坏，大道难以听到却容易失去，好的年华难以遇到却容易过去，习俗难以革除却容易流传。兄弟努力！

二

戊寅

得书，见昆季用志之不凡，此固区区所深望者，何幸何幸！世俗之见，岂足与论？君子惟求其是而已。“仕非为贫也，而有时乎为贫”，古之人皆用之，吾何为独不然？然谓举业与圣人之学相戾者，非也。程子云“心苟不忘，则虽应接俗事，莫非实学，无非道也”，而况于举业乎？谓举业与圣人之学不相戾者，亦非也。程子云“心苟忘之，则虽终身由之，只是俗事”，而况于举业乎？忘与不忘之间，不能以发，要在深思默识，所指谓不忘者，果何事耶？知此则知学矣。贤弟精之熟之，不使有毫厘之差，千里之谬，可也。

译文

收到来信，看到兄弟志向的不平凡，这本是在下所深切期望的，多么令人庆幸啊！世俗的见解，难道足以和它讨论吗？君子只是追求正确的东西罢了。“做官不是因为贫穷，但有时候也因为贫穷”，古人都这样用，我们为什么就不行呢？然而说科举应试与圣人的学问相违背是错误的。程子说“心如果不忘，即使是应酬接待这样的俗事，也没有不是实学的，没有不是道的”，而何况科举应试呢？说科举应试与圣人的学问不相违背也是错误的。程子说“心如果忘了，即使终身按照心来行事，也只是俗事”，而何况科举应试呢？忘和不忘之间，不能靠启发，关键在于深入思考并暗中记住，所说的不忘的东西，究竟是什么事呢？知道这个就知道治学了。贤弟如果对它精湛纯熟，就可以不会因毫厘的差别造成千里般的谬误了。

三

庚辰

书来，意思甚恳切，足慰远怀，持此不懈，即吾立志之说矣。“源泉混混，不舍昼夜，盈科而后进，放乎四海，有本者如是。”立志者，其本也。有有志而无成者矣，未有无志而能有成者也。贤弟勉之！色养之暇，怡怡切切，可想而知。交修罔怠，庶吾望之不孤矣。地方稍平，退休有日，预想山间讲习之乐，不觉先已欣然。

译文

收到书信，心意非常恳切，足以慰藉远方的心，秉持着，坚持不懈，就是我关于立志的主张。“有本源的泉水滚滚地往下流，昼夜不停，把洼下之处注满，又继续向前奔流，一直流到海洋，有本源的便像这样。”立志，就是根本。有有志向而没有成功的，没有没有志向却能成功的。老弟努力！侍奉双亲的闲暇，和顺恳挚，一想就可以知道。交相修治不能懈怠，大概我的期望就不会孤单了。等地方上的事稍稍平定后，退隐休养就有盼头了，提前想想山间讲授学习的乐趣，不自觉地先高兴起来了。

与薛尚谦

戊寅

沿途意思如何？得无亦有走作否？数年切磋，只得立志辩义利。若于此未有得力处，却是平日所讲尽成虚语，平日所见皆非实得，不可以不猛省也。经一蹶者长一智，今日之失，未必不为后日之得，但已落第二义。须从第一义上着力，一真一切真。若这些子既是，更无讨不是处矣。

译文

沿途情趣怎样？有什么纰漏吗？多年切磋学习，只获得了立下志向，辨别道义与利益。如果在这个地方效果不明显，那么平时所讲习的就都成了空话，平时所看到的也都不是实实在在的东西了，不可以不深刻反省。经历过一次挫折的人就会长出一分智慧，今天的损失，未必以后不会获得，只是这已经是第二层意思了。必须在第一层意思上下功夫，一切法的不虚妄和不变异即是真如。如果这些已经是这样了，就不要讨论它的不是了。

此间朋友聚集渐众，比旧颇觉兴起。尚谦既去，仕德又往，欧阳崇一病归，独惟乾留此，精神亦不足。诸友中未有倚靠得者，苦于接济乏人耳。

译文

这里的朋友越聚越多，比以前觉得更加感动而奋起。尚谦已经离开，仕德也走了，欧阳崇一因病回去了，只有惟乾留在这，精神头儿也不太足。诸位朋友中没有能够依靠的人，没有物质上的援助，很是苦恼。

乞休本至今未回，未免坐待。尚谦更静养几月，若进步欠力，更来火坑中乘凉如何？

译文

乞求休养的奏本至今没有批回，不免还要坐等。尚谦已静养了几个月，如果进步缺乏动力，不如改为到火坑中乘凉怎样？

二

得书，知日孚停舟郁孤，迟迟未发，此诚出于意望之外。日孚好学如此，豪杰之士必有闻风而起者矣。何喜如之！何喜如之！

译文

收到书信，得知日孚在郁孤台停船，时间过去了很久都没有开船，这实在是出乎意料之外。日孚特别好学，才能出众的人必会一听到消息就立刻起来响应的。如果到了，该多么高兴呀？

昨见太和报效人，知欧、王二生者至，不识曾与一言否？欧生有一书，可谓有志。中间述子晦语颇失真，恐亦子晦一时言之未莹尔。大抵工夫须实落做去，始能有见，料想臆度，未有不自误误人者矣。

译文

昨天见到在太和效力的人，知道欧、王两人已到，不知道和他们说话了没有？欧生有一封信，可以说有志向。中间叙述子晦的话太过失去本意，恐怕也是子晦一时所说，不太清楚造成的。大概功夫必须下得实实在在，才能有见谛，猜测、揣度，没有不自己犯错还耽误他人的。

此间贼巢乃与广东山后诸贼相连，余党往往有从遁者，若非斩绝根株，意恐日后必相联而起，重为两省之患，故须更迟迟旬日，与之剪除。兵难遥度，不可预料，大抵如此。

译文

这里贼寇的老巢和广东山后的贼寇有联系，未消灭尽的党羽常常从这里逃遁，如果不斩草除根，恐怕以后必然会相互联系而兴起，重新成为两省的祸患，因此需要再延长十天，将其铲除。兵事难以作长远推测，无法预料，大概就是这样。

小儿劳诸公勤勤开诲，多感多感！昔人谓教小儿有四益，验之果何如耶？正之闻已到，何因复归？区区久顿于外，徒劳诸友往返，念之极切悬悬！今后但有至者，须诸君为我尽意吐露，纵彼不久留，亦无负其来可也。

译文

小孩子劳烦各位殷勤开导教诲，多么感动啊！以前的人说教育小孩有四种好处，体验之后怎么样呢？听说正之已经到了，是什么原因又回去了呢？在下长期困顿在外，总是让诸位朋友白费力气地来回奔波，想起来就十分不安！今后只要有来到的，各位务必全都说出来，纵使不能久留，也不能辜负了来这一趟。

三

日来因兵事纷扰，贱躯怯弱，以此益见得功夫有得力处。只是从前大段未曾实落用力，虚度虚说过了。自今当与诸君努力鞭策，誓死进步，庶亦收之桑榆耳。

译文

近来由于兵事混乱，身体虚弱，从这里更加可以看出功夫深厚，效果就会明显。只是以前大部分都没有实实在在地下过功夫，白白地度过，空谈了许多。从今天开始，当与诸位努力鞭策，发誓到死也要进步，或许还会有所收获。

日孚停馆郁孤，恐风气太高，数日之留则可，倘更稍久，终恐早晚寒暖欠适。区区初拟日下即回，因从前征剿，撤兵太速，致遗今日之患，故且示以久屯之形，正恐后之罪今，亦犹今之罪昔耳。但从征官属已萌归心，更相倡和，已有不必久屯之说。天下事不能尽如人意，大抵皆坐此辈，可叹可叹！

译文

日孚停下来住在郁孤台上，恐怕风太大，停留几天还可以，倘若时间再稍微长一些，终究会感到早晚冷热不适的。在下起初拟定这几天就回去，只因以前的征讨，撤兵太快，致使留下了今日的祸患，因此考虑了长期驻屯的情形，正是怕以后怪罪今天，正如今天怪罪当初一样。不过从征官员的属吏已经萌发回去的心，互相附和、呼应，已经有了不会长期驻屯的主张。天下的事不可能都令人满意，大概都是因为这样的人，令人叹息呀！

闻仕德失调，意思何如？大抵心病愈则身病亦自易去，纵血气衰弱，未便即除，亦自不能为心患也。

译文

听闻仕德失于调养，势头怎么样了？大概心病好了，身上的病自然就容易去除了，纵然气血衰弱，不便立刻就好，也不会成为心头的疾患了。

小儿劳开教，驽骀之质，无复望其千里，但得帖然于皂枥之间，斯已矣。门户勤早晚，得无亦厌琐屑否？不一。

译文

小孩子烦劳开导、教育，低下的资质，无法希望他有驰骋千里的能力，只能顺从服气地待在马厩里也就足够了。关键在于每天要勤快，是不是也厌烦了琐碎的事呢？不一一说明了。

寄诸弟

戊寅

屡得弟辈书，皆有悔悟奋发之意，喜慰无尽！但不知弟辈果出于诚心乎？亦谩为之说云尔。

译文

多次收到兄弟们的信，都有悔过、醒悟、奋发图强的意思，不胜欢喜与慰藉！只是不知道兄弟们是否确实出于真心？不会是欺骗我的话吧。

本心之明，皎如白日，无有有过而不自知者，但患不能改耳。一念改过，当时即得本心。人孰无过，改之为贵。蘧伯玉，大贤也，惟曰“欲寡其过而未能”；成汤、孔子，大圣也，亦惟曰“改过不吝，可以无大过”而已。人皆曰“人非尧舜，安能无过”，此亦相沿之说，未足以知尧舜之心。若尧舜之心而自以为无过，即非所以为圣人矣。其相授受之言曰：“人心惟危，道心惟微，惟精惟一，允执厥中。”彼其自以为人心之惟危也，则其心亦与人同耳。危即过也，惟其兢兢业业，尝加精一之功，是以能允执厥中而免于过。古之圣贤时时自见己过而改之，是以能无过，非其心果与人异也。“戒慎不睹，恐惧不闻”者，时时自见己过之功。吾近来实见此学有用力处，但为平日习染深痼，克治欠勇，故切切预为弟辈言之，毋使亦如吾之习染既深而后克治之难也。

译文

本心是明亮的，好像白天的太阳一样又白又亮，没有有过错却自己不知道的，只苦于不能改变。错误的念头一旦改过，立刻就能得到本心。人谁没有过错，改过来就是可贵的。蘧伯玉，大贤人，只是说“想减少过错却还没能做到”；成汤、孔子，大圣人，也只是说“改正错误，态度坚决，不犹豫，就可以没有大的过错”。人们都说“人不是尧舜，怎能没有过错”，这也是沿袭下来的说法，不足以了解尧舜的心。如果尧舜的本心自认为没有过错，也就成不了圣人了。大家交给并接受的话说：“人心是危险难安的，道心却微妙难明。惟有精心体察，专心守住，才能坚持一条不偏不倚的路。”那些自以为人心是危险难安的人，他们的心和别人也是一样的。危险就是过错，只有做事谨慎、勤恳，再加上精心体察、专心守住的功夫，才能坚持一条不偏不倚的路而免于过错。古代圣贤随时都能看到自己的过错并进行改正，因此可以没有过错，而不是人心与别人的不一样。“在没人看得见的地方也要小心谨慎，在没人听得到的地方也要恐惧敬畏”就是随时都能看到自己的过错并进行改正的功夫。我最近确实发现这种学问有值得下功夫的地方，只因平时的沾染，积习难返，缺乏勇气来克制私欲，因此恳挚地先为兄弟们讲出来，不要像我一样沾染深了以后就难以克制了。

人方少时，精神意气既足鼓舞，而身家之累尚未切心，故用力颇易。迨其渐长，世累日深，而精神意气亦日渐以减，然能汲汲奋志于学，则犹尚可有为。至于四十五十，即如下山之日，渐以微灭，不复可挽矣，故孔子云：“四十五十而无闻焉，斯亦不足畏也已。”又曰：“及其老也，血气既衰，戒之在得。”吾亦近来实见此病，故亦切切预为弟辈言之。宜及时勉力，毋使过时而徒悔也。

译文

人年少的时候，精神、气概非常容易振作，而家庭的拖累还没有十分痛切，因此下功夫非常容易。等到渐渐长大，世间的拖累日益加深，而精神、气概也渐渐减退，然而如果能努力追求，奋发向学的心志，则还可以有所作为。至于四五十岁的人，就像正在落山的太阳，渐渐地衰败灭绝，不再可以挽回了，因此孔子说："一个人到了四五十岁还没有什么名望，也就不值得惧怕了。"又说："等到年老了，血气已经衰弱，便要警戒，莫贪求无厌。"我近来也确实见到了这样的毛病，因此恳挚地先为兄弟们讲出来。应当及时努力，不要错过时机后白白地后悔。

与安之

己卯

闻安之肯向学，不胜欣愿！得奋励如此，庶不负彼此相爱之情也。留都时，偶因饶舌，遂致多口，攻之者环四面。取朱子晚年悔悟之说，集为《定论》，聊借以解纷耳。门人辈近刻之雩都，初闻甚不喜，然士夫见之，乃往往遂有开发者，无意中得此一助，亦颇省颊舌之劳。近年篁墩诸公尝有《道一》等编，见者先怀党同伐异之念，故卒不能有入，反激而怒。今但取朱子所自言者表章之，不加一辞，虽有褊心，将无所施其怒矣。尊意以为何如耶？聊往数册，有志向者一出指示之。所须文字，非不欲承命，荒疏既久，无下笔处耳。贫汉作事大难，富人岂知之！

译文

听说安之肯心向治学，实在是太美好了！能这样发奋勉励，大概不会辜负彼此爱护的情谊。在留都时，偶然由于多嘴，导致很多人的口头攻击，四面受敌。选取朱子晚年悔悟后的学说，集结为《定论》一书，姑且用来排解纷乱。门人们近来将它在雩都刊刻，刚听说时特别不高兴，然而士人看到后，常常有所启发，无意中能得到这个帮助，也很能省去口舌的辛劳。近年来篁墩一带的士人曾撰有《道一》等著作，看到的人首先就怀着跟自己意见相同就袒护，跟自己意见不同就攻击的念头，因此最终也不能理解他们，反而因激动而发怒。如今只取朱子自己说的话，并将其显扬，不加别人的任何一句话，即使有心胸狭窄的人，也将没有地方释放他的怒火。您的意思认为怎么样呢？闲谈过去的几册，还望有志向的人进行指导明示。所需要的文字，不是不想受命，只因荒废生疏很久了，不知道该从哪下笔。贫苦人做事非常难，富贵的人怎么会知道呢？

答甘泉

己卯

旬日前，杨仕德人来，领手教及《答子莘书》，具悉造诣用功之详，喜跃何可言！盖自是而吾党之学归一矣，此某之幸，后学之幸也。

译文

十日前，杨仕德前来，领受手书及《答子莘书》，具体了解了成就与用功的详情，欢喜雀跃怎能用言语表达！大概从此以后我们的治学就归于统一了，这是我的幸运，也是后学的幸运。

来简勤勤训责仆以久无请益，此吾兄爱仆之厚，仆之罪也。此心同，此理同，苟知用力于此，虽百虑殊途，同归一致。不然，虽字字而证，句句而求，其始也毫厘，其末也千里。老兄造诣之深、涵养之久，仆何敢望？至其向往直前，以求必得乎此之志，则有不约而契、不求而合者。其间所见，时或不能无小异，然吾兄既不屑屑于仆，而仆亦不以汲汲于兄者，正以志向既同。如两人同适京都，虽所由之途间有迂直，知其异日之归终同耳。向在龙江舟次，亦尝进其《大学》旧本及格物诸说，兄时未以为然，而仆亦遂置不复强聒者，知兄之不久自当释然于此也。乃今果获所愿，喜跃何可言！昆仑之源，有时而伏流，终必达于海也。仆窭人也，虽获夜光之璧，人将不信，必且以谓其为妄为伪。金璧入于猗顿之室，自此至宝得以昭明于天下，仅亦免于遗璧之罪矣。虽然，是喻犹二也。夜光之璧，外求而得也；此则于吾所固有，无待于外也，偶遗忘之耳；未尝遗忘也，偶蒙翳之耳。

译文

来信多次责备我好久不去请教了，这是老兄对我的深厚情意，是我的罪过。这样的心相同，这样的道理相同，如果知道在这里下功夫，即使有各种想法、不同途径，也会同归于一处的。否则，即使每个字都有证据，每句话都求出处，开始时差了毫厘，最终也会有千里之别的。老兄造诣深厚、修养持久，我怎敢奢望呢？至于向往一直向前，以追求必须要实现这个志向，就会有不约定就会契合、不寻求就会符合的情况。这中间的一些见解，或许时常不能没有小小的不同，但之所以老兄既不会介意我，我对老兄也不会忧惶不安，正是因为志向已然相同。如同两人共同前往京都，虽然所走的路有时会有曲直的不同，但知道他日都会到达同一个终点的。以前在龙江停船时，也曾进上《大学》旧本及有关格物的各种说法，老兄当时不认为正确，而我也放下来，不再唠叨不休，因为知道老兄不久后自然会领悟它的。如今果然如愿以偿，欢喜雀跃怎能用言语表达！源自昆仑的水，有时潜流于地下，但最终必然会达于大海。我是个穷人，即使获得了夜光璧，人们也不会相信，必定会说我疯了，或者金璧是假的。金璧进入猗顿这样富豪的家中，从此这种顶级宝物便会显明于天下，也可以免除金璧遗失的罪过。纵然是这样，这个比喻与实际还有所区别。夜光璧是从外部求得的，这门学问则是我内在本来就有的，不需要外物，只是偶尔遗忘了。其实也不曾遗忘，只是偶尔被遮蔽罢了。

叔贤所进超卓，海内诸友实罕其俦。同处西樵，又资丽泽，所造可量乎？仆年未半百，而衰疾已如六七十翁，日夜思归阳明，为夕死之图，疏三上而未遂。欲弃印长往，以从大夫之后，恐形迹大骇，必俟允报，则须冬尽春初乃可遂也。一一世事，如狂风骤雨中落叶，倏忽之间，宁复可定所耶？

两承楚人之诲，此非骨肉，念不及此，感刻！祖母益耄，思一见，老父亦书来促归，于是情思愈恶。所幸吾兄道明德立，宗盟有人，用此可以自慰。其诸所欲请，仕德能有述，有所未当，便间不惜指示。

译文

叔贤的进步高超卓越，海内的朋友中实在是很少有能和他匹敌的。同在西樵处，又借助朋友间的切磋，所达到的成就可以度量吗？我的年龄还没到半百，而老病已经让我像六七十岁的老人了，日夜思念回到阳明，为死亦无憾打算，三次上疏却没有结果。想要放弃官印，长久地走了，只因做了大夫之后，恐怕举动与神色大惊，一定要等允许的报告，则必须等到冬天过去、春天来到才能如愿。一件一件世上的事，如同狂风暴雨中的落叶，顷刻之间，怎会还有安定的地方？两次承蒙楚人的教诲，不是骨肉之情，不会感念到这样的地步，感激之情，铭刻于心！祖母更是到了八九十岁的年纪，想要见上一面，老父亲也来信催促回去，于是思念之情更加严重了。所幸运的是老兄道义显明，品德正直，同宗有这样的人，可以自我安慰了。其中各种想要请教的话，仕德能够讲述，有不恰当的地方，方便的时候不要吝惜指示。

二

庚辰

得正月书，知大事已毕，当亦稍慰纯孝之思矣。近承避地发履冢下，进德修业，善类幸甚！传闻贵邑盗势方张，果尔，则远去家室，独留旷寂之野，恐亦未可长也。某告病未遂，今且蹙告归省，去住亦未可必。悠悠尘世，毕竟作何税驾？当亦时时念及，幸以教之！叔贤志节远出流俗。渭先虽未久处，一见知为忠信之士，乃闻不时一相见，何耶？英贤之生，何幸同时共地！又可虚度光阴，容易失却此大机会？是使后人而复惜后人也。二君曾各寄一书，托宋以道转致，相见幸问之。

译文

收到正月时的信，知道大事已经完毕，应当也能稍稍安慰至孝的思念了。最近承蒙避居在发履冢下，提高品德，修行功业，善良的人真是太幸运了！传闻您所在的地方盗贼的势头正旺盛，如果真是这样，则远离住宅，独自留在空旷、寂静的野地里，恐怕也不是长久之计。在下告病还乡没有通过，现在急迫地禀告回乡探望双亲，离开住的地方也不是必须的。辽阔无际的尘世，终究哪里是归宿呢？也当每时每刻地挂念，幸好还有人教诲！叔贤的志向与节操远远高出世间平庸的人。渭先虽没有长时间地相处，但一看就是忠诚信实的人，听说随时就会见一面，怎么样呢？德才杰出的人，能处于同时同地，是多么幸运呀！又能够虚度光阴，轻易失去这样重大的机会吗？这会让后人再次惋惜后人的。两人曾各自寄来一封信，托宋以道转赠，相见的时候希望问一下。

答方叔贤

己卯

近得手教及与甘泉往复两书，快读一过，洒然如热者之濯清风，何子之见超卓而速也，真可谓一日千里矣。《大学》旧本之复，功尤不小，幸甚幸甚！其论象山处，举孟子“放心”数条，而甘泉以为未足，复举“东西南北海有圣人出，此心此理同”及“宇宙内事皆己分内事”数语。甘泉所举，诚得其大，然吾独爱西樵子之近而切也。见其大者，则其功不得不近而切，然非实加切近之功，则所谓大者，亦虚见而已耳。自孟子道性善、心性之原，世儒往往能言，然其学卒入于支离外索而不自觉者，正以其功之未切耳。此吾所以独有喜于西樵之言，固今时对证之药也。古人之学，切实为己，不徒事于讲说。书札往来，终不若面语之能尽，且易使人溺情于文辞，崇浮气而长胜心。求其说之无病，而不知其心病之已多矣。此近世之通患，贤知者不免焉，不可以不察也。杨仕德去，草草复此，诸所欲言，仕德能悉。

译文

最近收到手札及与甘泉往来的两封信，快速读了一遍，清爽的感觉就好像浑身燥热的人沐浴在清凉的风中一样，为什么你的见解能如此卓越而快速，真可以说是一日千里。《大学》旧本的复原，功劳尤其不小，太值得庆幸了！它讨论象山的地方，举出了孟子“失其本心”的几条内容，而甘泉认为还不够，又举出了“纵使东西南北四海的圣人都出来，这样的心、这样的道理也是相同的”及“宇宙以内的事都是我自己分内的事”等几句话。甘泉举出的话，确实彰显了它的大，然而我只爱西樵子的亲近、切实。能见到大的人，他的功夫必须亲近、切实，然而如果不是真的具有亲近、切实的功夫，则所说的大，也只是浮浅的见解罢了。自从孟子阐发性善及心性的本原，世上的儒者常常可以讲说，然而他们的治学最终还是支离破碎、注重表面，自己却没能发觉的，这正是因为功夫不切实造成的。我之所以只喜爱西樵的话，是因为它是现在针对病根下的药。古人的学问，切实是为了自己，不只是要用在讲述解说上。信件往来，终究不如见面说得透彻，而且容易使人沉湎在遣词造句中，崇尚浮躁轻率，滋长好胜的心。追求语言上的完美，却不知道心病已经很多了。这是近代的通病，贤达智慧的人也难免，不能不知道。杨仕德走了，匆忙回复了这些，想说的话，仕德都知道。

与陈国英

庚辰

别久矣，虽彼此音问阔疏，而消息动静时时及闻。国英天资笃厚，加以静养日久，其所造当必大异于畴昔，惜无因一面叩之耳。凡人之学，不日进者必日退。譬诸草木，生意日滋则日益畅茂；苟生意日息，则亦日就衰落矣。国英之于此学，且十余年矣，其日益畅茂者乎？其日就衰落者乎？君子之学，非有同志之友日相规切，则亦易以悠悠度日，而无有乎激励警发之益。山中友朋，亦有以此学日相讲求者乎？孔子云“德之不修，学之不讲，是吾忧也”，而况于吾侪乎哉！

译文

分别很久了，虽然彼此间不怎么通信，但消息、动静总是能听到。国英天资忠实厚道，加上长时间的静心修养，所达到的成就必然大不同于以前，可惜没有缘由当面求教。人的治学，如果不是每天都有进步，就必定会有退步。这就好比草木，生命力每天都在增长，则日益旺盛繁茂；如果生命力日益停止，则一天天就会衰败。国英对于这门学问，已经十多年了，是日益旺盛繁茂呢？还是一天天地衰败呢？君子治学，如果没有志同道合的人每天互相劝诫谏正，就很容易懒散度日，且没有激励、警醒、启发的好处。山中的朋友，也有用这门学问每天互相讲习探求的吗？孔子说“道德不培养，学问不讲习，是我的忧虑呀”，何况我辈呢！

复唐虞佐

庚辰

承示诗二韵五章，语益工，兴寄益无尽，深叹多才，但不欲以是为有道者称颂耳。“撤讲慎择”之喻，爱我良多，深知感怍，但区区之心亦自有不容已者。圣贤之道，坦若大路，夫妇之愚，可以与知。而后之论者忽近求远，舍易图难，遂使老师宿儒皆不敢轻议。故在今时，非独其庸下者自分以为不可为，虽高者特达，皆以此学为长物，视之为虚谈赘说，亦许时矣。当此之时，苟有一念相寻于此，真所谓“空谷足音，见似人者喜矣”。况其章缝而来者，宁不忻忻然以接之乎？然要其间，亦岂无滥竽假道之弊？但在我不可以此意逆之，亦将于此以求其真者耳。正如淘金于沙，非不知沙之汰而去者且十九，然亦未能即舍沙而别以淘金为也。孔子云：“与其进也，不与其退也，唯何甚？”孟子云：“君子之设科也，来者不拒，往者不追。”苟以是心至，斯受之而已矣。盖不愤不启者，君子施教之方；有教无类，则其本心焉耳。多病之躯，重为知己忧，惓惓惠喻及此，感爱何有穷已！然区区之心，亦不敢不为知己一倾倒也。行且会面，悉所未尽。

译文

承蒙展示的诗篇两韵五章，文辞更加工整，寄托在诗中的情感更加没有穷尽，深深地叹服才能众多，只是不想将这作为有道的地方而称赞颂扬。“减少讲解、慎重选择”的说法，对我十分爱护，深深地知道感激和惭愧，但在下的心也有不能容忍的地方。圣贤的道路，像大路一样平而宽广，即使是愚笨的夫妇，也能够了解。而后来讨论的人，忽略近处的，向远处探求，舍弃容易的，图谋困难的，于是令学问高深的老辈学者都不敢轻易议论。因此在如今，不只是那些平庸低下的人自以为做不到，即使是高明、通达的人，也把这种学问看作是多余的东西，将它视为空谈赘述，也有一段时间了。在这个时候，如果有一丝研究它的想法，真的都是所说的“在空旷的山谷里听到脚步声，见到像人的东西都欣喜”。何况那些儒者前来，岂能不欣喜地接待呢？然而他们当中难道没有滥竽充数、假借道学的毛病吗？但在我不能用这个想法抵触他们，也将从中找寻真正求道的人。这正像在沙子里淘金，不是不知道十分之九的沙子都要被淘汰，却也不能放弃沙子去别处淘金呀。孔子说：“我们赞成他的进步，不赞成他的退步，何必做得太过呢？”孟子说：“君子开设课程，去的不追问，来的不拒绝。”如果达到了这样的心，这些就能承受了。大概不到他想求明白而不得的时候就不去开导他，是君子进行教育的方法；对任何人都给予教育，不分高低贵贱，则是他们本心的所在。多病的身体，深深地为知己所担忧，恳切诚挚地告诉这些内容，感激爱戴之情怎会有穷尽！然而在下的心，也不敢不为知己倾吐。即将见面，说尽未说的话。

卷之五　文录二

书二

始正德辛巳至嘉靖乙酉

与邹谦之

辛巳

别后德闻日至，虽不相面，嘉慰殊深。近来此意见得益亲切，国裳亦已笃信，得谦之更一来，愈当沛然矣。适吴守欲以府志奉渎，同事者于中、国裳、汝信、惟浚，遂令开馆于白鹿。醉翁之意盖有在，不专以此烦劳也。区区归遁有日，圣天子新政英明，如谦之亦宜束装北上。此会宜急图之，不当徐徐而来也。蔡希渊近已主白鹿，诸同志须仆已到山，却来相讲，尤妙。此时却匆匆不能尽意也，幸以语之！

译文

分别之后，每天都能听到贤德的消息，虽然不能相互见面，但这让我深感欣慰！最近以来，这种见解得以更加真切，国裳也已经深信不疑，恰逢谦之再一来，更加应当充盈盛大了。恰逢吴知府要编修府志，共同参与这件事的有于中、国裳、汝信、惟浚，于是知府下令在白鹿洞开设方志馆。醉翁之意大概是有所存在，而不专门因这件事而打扰众人。在下避世隐居已有多日，圣明天子的新政卓越而充满智慧，像谦之你这样的人也应该收拾行装北上入都。这样的机会应当赶快谋求，不要不紧不慢地来。蔡希渊已于近日主持白鹿洞，诸位志同道合的人为等我已经到达山中，反而前来相互讲述各自的观点，尤其美妙！这个时刻却又因急急忙忙而不能尽兴，所幸还能够说出来！

二

乙酉

乡人自广德来，时常得闻动履，兼悉政教之善，殊慰倾想。远使吊赙，尤感忧念之深。所喻“猝临盘错，盖非独以别利器，正以精吾格致之功耳”，又能以怠荒自惧，其进可知矣。近时四方来游之士颇众，其间虽甚鲁钝，但以良知之说略加点缀，无不即有开悟，以是益信得此二字真吾圣门正法眼藏。谦之近来所见，不审又如何矣？南元善益信此学，日觉有进，其见诸施设，亦大非其旧，便间更相奖掖之，固朋友切磋之心也。方治葬事，使还，草草疏谢不尽。

译文

同乡的人从广德来，时常能够听到费力相助的事，加之知悉政策、教化方面的好，很是宽慰我的思念之情。为远方的人出钱吊唁，更加深了我的忧伤怀念之情。您所说的“突然面对盘根错节的局面，大概不仅能使才能变得别致，而且正可以使我格致的功夫更加精湛”，同时又能对怠惰、荒废感到恐惧，这样的进步是显而易见的。近来有很多从四面八方来游学的人士，他们中间虽然有非常粗率、迟钝的人，但用良知学说稍加衬托，没有不立刻开窍醒悟的，由此我更加坚信“良知”两个字真的是我们圣学的正法眼藏。谦之最近看到的，不知又怎么样呢？南元善更坚信这种学说，每天都觉得有进步。他将这些学说观点付诸实践后，也与过去大不相同了。南元善还顺便与同好互相推许扶持，以巩固朋友间相互研讨勉励的信念。刚刚操办完葬礼，使者回还，匆匆感谢不尽。

与夏敦夫

辛巳

不相见者几时，每念吾兄忠信笃厚之资，学得其要，断能一日千里。惜无因亟会，亲睹其所谓历块过都者，以为快耳。

译文

我们已经好久没有相见了！每每念及兄长忠实、诚信、笃定、敦厚的禀赋，若能学会它的要旨，进步一定能够一日千里。可惜没有条件赶快相会，以便亲眼目睹所谓的历块过都，这将是一件多么快乐的事呀！

昔夫子谓子贡曰：“赐也，汝以予为多学而识之者与？”对曰：“然，非与？”子曰：“非也。予一以贯之。”然则圣人之学乃不有要乎？彼释氏之外人伦、遗物理而堕于空寂者，固不得谓之明其心矣。若世儒之外务讲求考索，而不知本诸其心者，其亦可以谓穷理乎？此区区之心，深欲就正于有道者，因便辄及之，幸有以教我也。

译文

昔日孔子问子贡：“你以为我是多多地学习又能够记得住的吗？”子贡说：“对呀，难道不是吗？”孔子说：“不是的，我只是有一个基本的观念来贯串它。”那么圣人的学术反倒没有要旨了吗？那种佛家所讲的将人的伦常置之于外、抛弃事理而坠落于无生无灭的东西，原本就不能称之为澄澈人心灵的道理。至于俗儒在正业之外研习、探索，却不知道以心灵为根本，难道也能称之为穷究事物的道理吗？在下的心特别想得到懂得世间大道的人的修正，顺便就能达到，有人教导我，这是多么幸运啊！

区区两年来，血气亦渐衰，无复用世之志。近始奉敕北上，将遂便道归省老亲，为终养之图矣。冗次不尽所怀。

译文

在下两年以来，精血和气息也日渐衰弱，无法恢复为世所用的志向。最近开始奉敕令北上，将顺便取道回家探望老人和亲友，为奉养父母以终其天年作打算。冗长的书写也无法说尽我心中所想的事。

与朱守忠

辛巳

乍别忽旬余，沿途人事扰扰，每得稍暇，或遇景感触，辄复兴怀。赍诏官来，承手札，知警省不懈，幸甚幸甚！此意不忘，即是时时相见，虽别非别矣。道之不明，皆由吾辈明之于口而不明之于身，是以徒腾颊舌，未能不言而信，要在立诚而已。向日谦虚之说，其病端亦起于不诚。使能如好好色，如恶恶臭，亦安有不谦不虚时邪？虞佐相爱之情甚厚，别后益见其真切，所恨爱莫为助。但愿渠实落做个圣贤，以此为报而已，相见时以此意规之。谦之当已不可留，国裳亦时时相见否？学问之益，莫大于朋友切磋，聚会不厌频数也。明日当发玉山，到家渐可计日，但与守忠相去益远，临纸怅然！

译文

刚刚分别，忽然就有十多天了，一路上人间世事纷繁扰乱，每当能有稍许空闲，或是遇到景物而感叹，便又会引起感触。带着诏书前来上任，承蒙来信，知道您警悟自省从不松懈，这是非常值得庆幸的啊！这样的意念没有忘记，便是时时刻刻的互相见面，即使是分别也与没分别一样。大的道理不能明晰，都是因为我们嘴上说得明白，身体却不能明白地实践，因此只传播口舌言语，并不能做到不说什么就会得到别人的信任，其关键就在于树立诚信。从前虚心不自满的说法，其问题的根源也是因为没有诚信。假使能像喜爱美好的面容、厌恶恶心的气味一样，能有不谦恭不虚心的时候吗？虞佐和我互相尊敬、友爱的情意十分深厚，分别之后更能发现这种感情的真切，所遗憾的就是心中虽然关切同情，却没有力量相帮助。只希望他能确实做一个圣贤的人，并用这作为报答吧，相互见面的时候要用这个意思来规劝他。谦之应当已经留不住了，国裳也能时时刻刻相互见面吗？学问增长的途径，没有比朋友间的切磋更重要的了，无论怎样频繁的聚会都不算多。明天应当出发到玉山，到家的日子也逐渐可以计算了，只是和守忠你的距离更加遥远了。面对纸张书写之时，我感到怅然若失！

与席元山

辛巳

向承教札及《鸣冤录》，读之，见别后学力所到，卓然斯道之任，庶几乎天下非之而不顾，非独与世之附和雷同、从人悲笑者相去万万而已。喜幸何极！中间乃有须面论者，但恨无因一会。近闻内台之擢，决知必从铅山取道，而仆亦有归省之便，庶得停舟途次，为信宿之谈。使人候于分水，乃未有前驱之报。驻信城者五日，怅怏而去。天之不假缘也，可如何哉？

译文

此前收到您的来信和《鸣冤录》，读过之后，见识了分别之后您学问功力所达到的境界，弘扬大道重任的卓越水平几乎达到了纵然天下人都否定也不必顾及的程度。这已不仅仅与世间随声附和，互相雷同，随他人悲伤、欢笑而情绪变化的人有天壤之别那么简单了。多么令人欢喜和庆幸啊！书中间仍有需要当面讨论的内容，只因没有理由见上一面而遗憾。最近听说您要被提拔为御史，知道您一定会从铅山取道通过，而在下也有回乡探亲的便利，大概能够在停船住宿的地方谈上两个晚上。于是派人在水路分开的地方等候，竟然没有先行队伍的报告。我在信城待了五天，惆怅不乐而离去。上天不赐予机缘，又能怎么样呢？

大抵此学之不明，皆由吾人入耳出口，未尝诚诸其身。譬之谈饮说食，何由得见醉饱之实乎？仆自近年来始实见得此学，真有百世以俟圣人而不惑者。朋友之中，亦渐有三数辈笃信不回，其疑信相半，顾瞻不定者，多以旧说沉痼，且有得失毁誉之虞，未能专心致志以听，亦坐相处不久，或交臂而别，无从与之细说耳。

译文

大概这门学问之所以不能显明，完全是因为我们仅仅做到了听过之后再用嘴说出去，却从来没有真心实意地亲身实践过。比方说只用嘴谈论饮酒吃饭，又怎么能够知道喝醉吃饱的实际状态呢？在下从最近几年才开始亲身领悟这门学问，真有历经百世以等待圣人出现而不致迷惑的感觉。朋友之中，也逐渐有几个人忠实地确信而义无反顾。那些将信将疑、瞻前顾后、犹疑不定的人大多将其视为陈旧的说法和难以改掉的坏习惯，同时也有关于获得、失去、毁谤、赞誉的忧虑，因此不能专心致志地。当然也是因为相处时间不长，或相距很近却又分别，总之无法和他们仔细地说。

象山之学简易直截，孟子之后一人，其学问思辩、致知格物之说，虽亦未免沿袭之累，然其大本大原断非余子所及也。执事素能深信其学，此亦不可不察。正如求精金者必务煅炼足色，勿使有纤毫之杂，然后可无亏损变动。盖是非之悬绝，所争毫厘耳。

译文

象山的学问简单易学，直截了当，他是孟子之后唯一的圣人；他的学问、思辩和致知格物的学说，虽然也不免受因袭传统的拖累，但他大的根本、大的原则决不是我们所能达到的。执事您平时能对象山的学问深信不疑，而这也不能不知道。正如要得到精炼的金子，一定要煅炼到成色足足的，不能让它有丝毫的杂质，然后才可以没有缺损和变动。大概是与非之所以相差得很远，所争的不过在毫厘之间罢了。

用熙近闻已赴京，知公故旧之情极厚，倘犹未出，亦劝之学问而已。存心养性之外，无别学也。相见时，亦望遂以此言致之。

译文

最近听说用熙已经赶往京城，知道您和他旧友的情谊十分深厚，倘若还没有出发，也要劝他追求学问。除了保存赤子之心、修养善良心性之外，没有别的什么学问了。互相见面的时候，也希望能将这样的话告诉他。

答甘泉

辛巳

世杰来，承示《学庸测》，喜幸喜幸！中间极有发明处，但于鄙见尚大同小异耳。“随处体认天理”是真实不诳语，鄙说初亦如是，及根究老兄命意发端处，却似有毫厘未协，然亦终当殊途同归也。修齐治平，总是格物，但欲如此节节分疏，亦觉说话太多。且语意务为简古，比之本文，反更深晦，读者愈难寻求，此中不无亦有心病。莫若明白浅易其词，略指路径，使人自思得之，更觉意味深长也。高明以为何如？致知之说，鄙见恐不可易，亦望老兄更一致意，便间示知之。此是圣学传心之要，于此既明，其余皆洞然矣。意到恳切处，不得不直，幸不罪其僭妄也。

译文

世杰前来，承上并展示出《学庸测》，实在是令人欢喜庆幸！这中间有很多创造性阐发的地方，只是与我的观点大同小异罢了。“随处体认天理”是真实不欺人的话，我的观点开始也是这样，等到寻根追究您语意的开端时，却似乎又有极细微的不一样，不过最终也是殊途同归了。修身、齐家、治国、平天下，总都属于格物，但要像这样一节一节的分开疏离，也会觉得话说得太多；而且语意还务必追求简洁古朴，与《大学》《中庸》的原文相比，反而更加艰深晦涩，读它的人也越发难以寻求真谛。这其中也不是没有因为心引起的问题的。不如用明白、浅显、易懂的话，稍稍指明路径，让读者通过自己思考，得出结论，更会让人觉得含蓄深远而又耐人寻味。高明的您认为怎么样呢？关于致知的说法，在下的观点恐怕不能被改变，也希望老兄您说得再明白一些，方便的时候告诉我。这是圣学传心的要领，如果在这方面能够明了，那么其他方面就都能清楚明白了。意思到了诚恳殷切的地步，不得不直言相告，幸好您不会怪罪我的僭越妄为。

叔贤《大学》《洪范》之说，其用力已深，一时恐难转移，此须面论，始有可辩正耳，会间先一及之。去冬有方叟者过此，传示高文。其人习于神仙之说，谓之志于圣贤之学，恐非其本心。人便，草草不尽。

译文

叔贤对于《大学》《洪范》的理解，下的功夫已经非常深厚了，一时间恐怕很难转移变化，这需要当面讨论，才有可能辨析、纠正，趁此机会先说一下。去年冬天，有位姓方的老者从这里经过，给我看了他的文章。他本是学习神仙学问的，说自己有志于圣贤的学问，恐怕不是他的本心。随人方便，匆匆写下几笔，不能尽意。

答伦彦式

辛巳

往岁仙舟过赣，承不自满足，执礼谦而下问恳，古所谓敏而好学，于吾彦式见之。别后连冗，不及以时奉问，极切驰想。近令弟过省，复承惠教，志道之笃，趋向之正，勤惓有加，浅薄何以当此？悚息悚息！

译文

往年您的坐船经过赣州，承蒙不自己满足，行谦恭的礼节而恳切地向在下询问，古时所说的聪敏而好学，在我们彦式身上就能看到。分别以后，事情接连不断，来不及按时向您请教，想念十分迫切。最近您的兄弟经过本省，我再一次承蒙赐教，坚定的学道志向、正确的方向、超出常人的勤勉，这些令学识肤浅的我凭什么担当得起呢？惶恐惶恐！

谕及“学无静根”“感物易动”“处事多悔”，即是三言，尤是近时用工之实，仆罔所知识，何足以辱贤者之问！大抵三言者，病亦相因，惟学而别求静根，故感物而惧其易动，感物而惧其易动，是故处事而多悔也。心，无动静者也。其静也者，以言其体也；其动也者，以言其用也。故君子之学，无间于动静。其静也，常觉而未尝无也，故常应；其动也，常定而未尝有也，故常寂。常应常寂，动静皆有事焉，是之谓集义，集义故能无祇悔。所谓动亦定，静亦定者也，心一而已。静，其体也，而复求静根焉，是挠其体也；动，其用也，而惧其易动焉，是废其用也。故求静之心即动也，恶动之心非静也，是之谓动亦动，静亦动，将迎起伏，相寻于无穷矣。故循理之谓静，从欲之谓动。欲也者，非必声色货利外诱也，有心之私皆欲也。故循理焉，虽酬酢万变，皆静也。濂溪所谓“主静”，无欲之谓也，是谓集义者也。从欲焉，虽心斋坐忘，亦动也。告子之强制正助之谓也，是外义者也。虽然，仆盖从事于此而未之能焉，聊为贤者陈其所见云尔。以为何如？便间示知之。

译文

说到“学习没有宁静的根基”“受外物感应容易产生扰动”“处理事情多有悔过”，就这三句话，尤其显现了您最近下的功夫实实在在，我没有太多的了解，怎么能够辱没贤者的疑问呢？大概这三句话，问题也是彼此沿袭的。因治学中特别要追求宁静的根基，因此受外物感应时惧怕其容易产生扰动；又因受外物感应时惧怕其容易产生扰动，因此处理事情多有悔过。心是没有动静之分的。说它静，是用来指它的“体”；说它动，是用来指“用”，因此君子治学不分动与静。这种静，常能感觉到而从来没有消失过，因此常有反应；这种动，常常是固定却从来没有呈现过，因此常常是静寂的。常有反应与常常静寂，动与静都在运转，这就是所说的集义，集义才能没有什么不好的。所说的动也是一定的，静也是一定的，因为心是一样的。静是体，而又追求静根，是干扰它的本体；动是用，而害怕它容易产生扰动，是废除了它用的价值。因此求静的心就是动，厌恶动的心不是静，这就是所说的动也是动，静也是动，将面对起落，相继不断以至于无穷。因此遵循规律叫作静，顺从自己的欲望叫作动。这里所说的欲望，不一定是歌舞、女色、钱财、私利这些外在的诱惑，只要有私心就都是欲望。因此如果遵循规律，纵然需要应对的场面千变万化，都还是静。濂溪先生所说的“主静”就是没有欲望的意思，也是集义的意思。如果顺从欲望，即使是心境虚静纯一或是坐忘，也还是动。告子的强制正助就是这个意思，是外在的义。尽管如此，我大概致力于这样的事却还没有取得成功，姑且为贤德的人陈述一下我的见解。您认为怎么样呢？方便的时候请告知我。

与唐虞佐侍御

辛巳

相与两年，情日益厚，意日益真，此皆彼此所心喻，不以言谢者。别后又承雄文追送，称许过情，末又重以傅说之事，所拟益非其伦，感怍何既！虽然，故人之赐也，敢不拜受！果如是，非独进以有为，将退而隐于岩穴之下，要亦不失其为贤也已，敢不拜赐！昔人有言：“投我以木桃，报之以琼瑶。”今投我以琼瑶矣，我又何以报之？报之以其所赐，可乎？

译文

相互交往两年，情意一天比一天深厚，心意一天比一天真挚，这些都是彼此心里明白的，不必用言语来表示感谢。分别之后又承蒙您大作的跟随相送，赞许的话已超过实际，末尾又重新叙说傅说的故事，所比拟的更不是同一类人，令我感到无尽的惭愧！纵然如此，这是老朋友的馈赠，我又怎敢不拜谢接受。如果真的是这样，不只是上进将有所作为，纵然是将来退隐山洞，也不失为一位大贤，怎敢不拜谢赐予！以前的人说："送给我木桃，我回送给美玉。"如今送给我美玉，我又该用什么回赠呢？用他赐予的东西作为回报，可以吗？

说之言曰："学于古训乃有获。"夫谓学于古训者，非谓其通于文辞，讲说于口耳之间，义袭而取诸其外也。获也者，得之于心之谓，非外铄也。必如古训而学其所学焉，诚诸其身，所谓"默而成之，不言而信"，乃为有得也。夫谓"逊志务时敏"者，非谓其饰情卑礼于其外，汲汲于事功声誉之间也。其逊志也，如地之下而无所不承也，如海之虚而无所不纳也；其时敏也，一于天德，戒惧于不睹不闻，如太和之运而不息也。夫然，百世以俟圣人而不惑，溥博渊泉而时出之，言而民莫不信，行而民莫不悦，施及蛮貊而道德流于无穷，斯固说之所以为说也。以是为报，虞佐其能以却我乎？孟氏云："责难之谓恭。"吾其敢以后世文章之士期虞佐乎？颜氏云："舜何人也？予何人也？"虞佐其能不以说自期乎？人还，灯下草草为谢。相去益远，临楮怏悒！

译文

傅说曾说："学习古代遗训就会有所收获。"所谓学习古代遗训，并不是指通晓字句，在口耳间讲述解说，然后偶然间做件好事，只在表面上达到古训的要求。所说的收获，是指在心中有所收获，而不是得到了什么外力。一定要遵循古训，学习在其中能学到的东西，亲身践行诚信，达到所谓"安静无为而成就万事万物，无所言语而取信于他人"，这才是有所收获。所说的"虚心谦让，务必时刻要勤勉"，并不是说外在表现得掩饰真情、谦恭卑微，然后迫切地在事业与功绩、声望与名誉间追逐。这种虚心谦让，如同脚下的大地，没有什么不能承担的，如同大海的浩淼，没有什么不能容纳的；这种时刻勤勉，与天的德行一致，总是警惕并畏惧看不见或听不清，如同阴阳冲和之气的运行永不停息。这样的话，等待圣人以致百世都不会疑惑，周遍广远的深泉随时都会涌出，说的话民众没有不信的，所表现的行为民众没有不高兴的，推广到四方落后的部族，道德得到了无尽的传播，这就是傅说之所以是傅说的原因。用这些作为回报，虞佐您还能拒绝我吗？孟子说："勉励人做难做的事叫做'恭'。"我怎么能用后世的文章之士来期望虞佐呢？颜子说："舜是什么人？我又是什么人？"虞佐难道不能期望自己成为傅说吗？人回来了，在灯下草草写几句表示感谢。彼此的距离更远了，临纸都是郁郁不乐的！

答方叔贤

辛巳

承示《大学原》，知用心于此深密矣。道一而已，论其大本大原，则"六经""四书"无不可推之而同者，又不特《洪范》之于《大学》而已。此意亦仆平日于朋友中所常言者。譬之草木，其同者，生意也；其花实之疏密，枝叶之高下，亦欲尽比而同之，吾恐化工不如是之雕刻也。今吾兄方自喜以为独见新得，锐意主张是说，虽素蒙信爱如鄙人者，一时论说当亦未能遽入。且愿吾兄以所见者实体诸身，必将有疑；果无疑，必将有得；果无得，又必有见；然后鄙说可得而进也。学之不明，几百年矣，近幸同志如甘泉，如吾兄者，相与切磋讲求，颇有端绪。而吾兄忽复牵滞文义若此，吾又将谁望乎？君子论学，固惟是之从，非以必同为贵。至于入门下手处，则有不容于不辩者，所谓毫厘之差、千里之谬矣。致知格物，甘泉之说与仆尚微有异，然不害其为大同。若吾兄之说，似又与甘泉异矣。相去远，恐辞不足以达意，故言语直冒，不复有所逊让。近与甘泉书，亦道此，当不以为罪也。

译文

承蒙寄来《大学原》，知道在这方面用心是如此深奥而精密。道本是个统一体，如果谈论它的大的根本、大的原则，那么“六经”“四书”没有不能相互推衍而趋于相同的，又不只是《洪范》对于《大学》而已。这样的意思也是我平时在朋友中经常表达的。以草木为例，它们相同的地方是都具有生命；而花朵、果实的疏密，枝叶的高低，也要尽力相比而要求相同的话，我恐怕造化万物者是不会这样雕刻的。如今老兄才以之为独见新得而沾沾自喜，意志坚决地主张这一观点，即使是像我这样平时蒙受信任与爱戴的人，您也不能一时间立即明白我所说的话。况且希望老兄用所见到的东西于自身进行实践，一定会有疑惑；确实没有疑惑了，一定会有所得；确实没有可得的了，又一定会有新见，然后我的学说您就可以明白了。学问之不明，几乎有百年了，所幸近来有志同道合的人，如甘泉，如老兄你，互相切磋讲求，收获了许多头绪。而老兄忽然又如此拘泥于文义，我又能指望谁呢？君子论学，本是遵从事物的规律，并非一定要达到完全相同。至于入门下手的地方，则必须要进行分辨，正所谓差之毫厘，谬之千里。关于致知格物，甘泉与我还稍稍有些差异，不过不影响大部分的相同。老兄的观点好像又和甘泉不同。我们互相离得远，恐怕词句不能确定地表达出意思，因此言语直率鲁莽，不再有所谦让。最近给甘泉写信，也说到了这个问题，应当不会以此来怪罪我吧。

二

癸未

此学蓁芜，今幸吾侪复知讲求于此，固宜急急遑遑，并心同志，务求其实，以身明道学。虽所入之途稍异，要其所志而同，斯可矣。不肖之谬劣，已无足论。若叔贤之于甘泉，亦乃牵制于文义、纷争于辩说，益重世人之惑，以启呶呶者之口，斯诚不能无憾焉。忧病中不能数奉问，偶有所闻，因谦之去，辄附此，言无伦次。渭先相见，望并出此。

译文

这门学问已然荒芜，如今所幸我们同辈人再次知道要讲求它，本就应该急切匆忙，同心同志，务必追求切实，用自身彰显道学。尽管进入的途径稍有不同，但只要志向相同就可以了。在下的荒谬顽劣，已不值一提。像叔贤与甘泉，也受到了文义的约束，并在辩说上起了纷争，更加重了世人的疑惑，也引得人喋喋不休地议论，这实在令人感到遗憾。忧愁痛苦之中不能经常侍奉问候，偶然间有所耳闻，借着谦之离去而附言于此，言语间并没有条理。与渭先相见，希望把这封信一并给他看看。

与杨仕鸣

辛巳

差人来，知令兄已于去冬安厝，墓有宿草矣，无由一哭，伤哉！所委志铭，既病且冗，须朋友中相知深者一为之，始能有发耳。

译文

派人前来，得知您的兄长已在去年冬天安葬，墓地都长出了隔年的草，却没有机会去哭吊，太忧伤了！所委托撰写的墓志铭，在下既有病在身，又十分繁忙，必须有一位对您的兄长有深入了解的朋友一起参与，才能有所启发。

喻及“日用讲求功夫，只是各依自家良知所及，自去其障，扩充以尽其本体，不可迁就气习，以趋时好”。幸甚幸甚！果如是，方是致知格物，方是明善诚身；果如是，德安得而不日新，业安得而不富有！谓“每日自检，未有终日浑成片段”者，亦只是致知工夫间断。夫仁，亦在乎熟之而已。又云：“以此磨勘先辈文字同异，工夫不合，常生疑虑。”又何为其然哉？区区所论“致知”二字，乃是孔门正法眼藏，于此见得真的，直是建诸天地而不悖，质诸鬼神而无疑，考诸三王而不谬，百世以俟圣人而不惑。知此者，方谓之知道；得此者，方谓之有德。异此而学，即谓之异端；离此而说，即谓之邪说；迷此而行，即谓之冥行。虽千魔万怪，眩瞀变幻于前，自当触之而碎，迎之而解，如太阳一出，而鬼魅魍魉自无所逃其形矣。尚何疑虑之有，而何异同之足惑乎？所谓“此学如立在空中，四面皆无倚靠，万事不容染着，色色信他本来，不容一毫增减。若涉些安排，着些意思，便不是合一功夫”，虽言句时有未莹，亦是仕鸣见得处，足可喜矣，但须切实用力，始不落空。若只如此说，未免亦是议拟仿象，已后只做得一个弄精魄的汉，虽与近世格物者症侯稍有不同，其为病痛，一而已矣。诗文之习，儒者虽亦不废，孔子所谓“有德者必有言”也。若着意安排组织，未有不起于胜心者；先辈号为有志斯道，而亦复如是，亦只是习心未除耳。仕鸣既知致知之说，此等处自当一勘而破，瞒他些子不得也。

译文

说到“日常所用讲求的功夫，只是各自依照自家的良知所能达到的地步，自己去除障碍，扩充以完善本体，不能迁就风气和习俗，以趋附世俗的爱好”。实在是非常荣幸！如果真是这样，才是致知格物，才是明善诚身；如果真是这样，德性怎么会不日日更新，事业怎么会不越发富足？说“每天自我检视，没有良久而成一个片段”的，也只是间断的致知功夫。仁，也在于对致知的精熟。又说：“用这来反复琢磨先辈文字的异同，功夫不适合，经常产生疑虑。”又怎么会这样呢？在下所说的“致知”两个字，乃是孔门学说的正法眼藏，从这里发现本实，简直是建立在天地之间而没有抵触，询问鬼神而没有疑问，考之于三王都没有谬误，百世之后以待圣人出现都不会困惑。知道这些，才能称得上明白了道；得到这些，才能称得上具备了德。不学习这些东西，就是所谓的异端；离开这此东西来谈论，就是所谓的邪说；辨认不清这些东西，就是所谓的盲目行事。纵然有无数的妖魔鬼怪在眼前变幻，令人昏愦迷乱，只要有这些东西，自然会触碰到它们便会击碎，遇到它们便会解决，仿佛太阳一样，一出来，那些魑魅魍魉自然就无所遁形了。还有什么疑虑吗？还有什么不同足够令你迷惑吗？所说的“这种学问好像立在空中，四面都没有倚靠，什么事都不会沾染到它，颜色坚信他本来的面目，不容许丝毫的增添或减少。如果涉及一些安排，弄了一些意思，就不是合一的功夫”，尽管言语时常有些模糊，却也是仕鸣的见解所得，足以令人欣喜，只是需要切实用力，才不会落空。如果只这样说，不免也是拟议、模仿，以后只能做一个耍弄精神魂魄的人，尽管与近代以来追求格物的人的症状稍微有些不同，但它们的缺点是一样的。学习诗文，儒者尽管也不废止，孔子也有所谓的“有道德的人一定有名言”，但如果刻意安排、组织，便没有不因好胜之心而起的。先辈们号称有志于走这条路，却又这样做，也只是通过耳闻目见所得的意念没有消除罢了。仕鸣既然知道致知的学说，这样的地方自然应当一查勘便会击破，一点儿也不能瞒过去。

二

癸未

别后极想念，向得尚谦书，知仕鸣功夫日有所进，殊慰所期。大抵吾党既知学问头脑，已不虑无下手处，只恐客气为患，不肯实致其良知耳。后进中如柯生辈，亦颇有力量可进，只是客气为害亦不小。行时尝与痛说一番，不知近来果能克去否？书至，来相见，出此共勉之。前辈之于后进，无不欲其入于善，则其规切砥励之间，亦容有直情过当者，却恐后学未易承当得起。既不我德，反以我为仇者，有矣，往往无益而有损，故莫若且就其力量之所可及者诱掖奖劝之。往时亦尝与仕鸣论及此，想能不忘也。

译文

分别之后非常想念，先前收到尚谦的来信，知道仕鸣的功夫每天都有长进，实在是能够慰藉我对他的期待！大概我们这些人已经知道了做学问的要旨，已经不用担心没有下手的地方了，只是担心外气为祸患，不肯切实地致良知。后辈中像柯生他们，也非常有实力进步，只是也受到了外气不小的危害。出行的时候曾与他彻底地谈过一次，不知道近来果真能够去除掉吗？书信到后，前来相见，出示这封信与他共勉。前辈对于后辈的年轻人，没有不想让他们实现美好人生的，那么在对他们进行劝戒谏正、激励劝勉的时候，也要容许有直抒真情、表达过当的情况出现，只恐怕后辈不容易承担得起。不仅不感激我的恩惠，还反过来把我当成仇人，这样的人是有的，常常没有益处而有损害，因此不如暂且就他们力量所能达到的地方进行引导、扶持、奖励、劝勉。以前也曾和仕鸣讨论过这件事，想必不能忘了吧。

三

癸未

前者是备录区区之语，或未尽区区之心，此册乃直述仕鸣所得，反不失区区之见，可见学贵乎自得也。古人谓“得意忘言”，学苟自得，何以言为乎？若欲有所记札，以为日后印证之资，则直以己意之所得者书之而已，不必一一拘其言辞，反有所不达也。中间词语，时有未莹，病中不暇细为点检。

译文

前面是完备地记录了在下的言语，或许还没有完全表达在下的心意，这一册乃是直接阐述仕鸣的收获，反而不失在下的见解，可见治学最宝贵的在于自己能有所收获。古人就说过“既然已经知道了意思，就不需要明说了”，如果治学中自己有了收获，何必还要说出来呢？如果要记下一些东西，作为日后印证的凭据，就直接将自己的所得记录下来，不必一一拘泥于言辞，否则反而会达不到效果。我中间所说的话，时不时有模糊的地方，病中没有时间仔细检查。

与陆原静

辛巳

赍奏人回，得佳稿及手札，殊慰。闻以多病之故，将从事于养生，区区往年盖尝弊力于此矣，后乃知其不必如是，始复一意于圣贤之学。大抵养德养身，只是一事。原静所云“真我”者，果能戒谨不睹、恐惧不闻而专志于是，则神住、气住、精住，而仙家所谓长生久视之说，亦在其中矣。神仙之学与圣人异，然其造端托始，亦惟欲引人于道。《悟真篇后序》中所谓“黄老悲其贪着，乃以神仙之术渐次导之”者，原静试取而观之，其微旨亦自可识。

译文

送奏折的人回来，得到上好的书稿和信札，非常欣慰！听说由于多病的缘故，将要致力于养生，在下以往也曾这在方面下了很大的功夫，后来才知道不一定要这样，才又专心致志地研究圣贤之学了。大概养德与养身只是同样的一件事。原静所说的“真我”，如果真能在没人看得见的地方也小心谨慎，在没人听得到的地方也恐惧敬畏，并且专心致志于此的话，那么就会神住、气住、精住，而仙家所说的长生不老的理论，也包含在其中了。神仙的学说与圣人不同，但他们最先倡导的也只是要将人引入学道之中。《悟真篇后序》中所说的“黄老悲叹他的贪恋，便用神仙之术逐步地引导他”，原静可以试着取来看一看，其中的微言大义自然也可以明白。

自尧、舜、禹、汤、文、武，至于周公、孔子，其仁民爱物之心，盖无所不至，苟有可以长生不死者，亦何惜以示人？如老子、彭籛之徒，乃其禀赋有若此者，非可以学而至。后世如白玉蟾、丘长春之属，皆是彼学中所称述以为祖师者，其得寿皆不过五六十，则所谓长生之说，当必有所指矣。原静气弱多病，但遗弃声名，清心寡欲，一意圣贤，如前所谓“真我”之说。

不宜轻信异道，徒自惑乱聪明，弊精劳神，废靡岁月。久而不返，将遂为病狂丧心之人不难矣。昔人谓“三折肱为良医”，区区非良医，盖尝“三折肱”者，原静其慎听毋忽！

译文

从尧、舜、禹、商汤、周文王、周武王到周公、孔子，他们将仁爱施于人与万物的心大概没有到不了的地方，如果有能够长生不死的方法，公之于众又有什么舍不得的呢？像老子、彭篯这样的人，他们的禀赋就是这样，不是通过学习就能达到的。后世的白玉蟾、丘长春这类人，都是那种学问中被称作祖师的人，寿命也都不过五六十岁，那么所说的长生，一定是有特殊的意指。原静气弱多病，但放弃声誉和名望，清心寡欲，一心向往成为圣贤，如同前面提到的“真我”。因此不应该轻易相信不同的道法，这样只能白白地迷惑自己的听觉和视觉，使自己的精神变得疲惫，浪费人生的岁月。时间长了，不能迷途知返，将很容易成为一个丧心病狂的人。以前的人说“三次折断手臂就能成为好大夫”，在下并非好大夫，却也是“三次折断手臂”的人，原静当谨慎聆听，不要忽视这些话。

区区省亲本，闻部中已准覆，但得旨，即当长遁山泽。不久朝廷且大赉，则原静推封亦有日。果能访我于阳明之麓，当能为原静决此大疑也。

译文

在下回乡探亲的奏折，听说部中已批准，只要得到旨意，我就应当长年隐遁在深山大泽之中。不久之后朝廷就会有大的赐予，过不了多久朝廷就要提拔人才，那么原静被推荐封官也指日可待了。如果真的能到阳明山山麓来找我，我应当能为原静解决这个大疑问。

二

壬午

某不孝不忠，延祸先人，酷罚未敷，致兹多口，亦其宜然。及劳贤者触冒忌讳，为之辩雪，雅承道谊之爱，深切恳至，甚非不肖孤之所敢望也。“无辩止谤”，尝闻昔人之教矣，况今何止于是？四方英杰以讲学异同之故，议论方兴，吾侪可胜辩乎？惟当反求诸己：苟其言而是欤？吾斯尚有所未信欤？则当务求其是，不得辄是己而非人也。使其言而非欤？吾斯既已自信欤？则当益致其践履之实，以务求于自谦，所谓“默而成之，不言而信”者也。然则今日之多口，孰非吾侪动心忍性、砥砺切磋之地乎？且彼议论之兴，非必有所私怨于我，彼其为说，亦将自以为卫夫道也。况其说本自出于先儒之绪论，固各有所凭据，而吾侪之言骤异于昔，反若凿空杜撰者，乃不知圣人之学本来如是而流传失真。先儒之论所以日益支离，则亦由后学沿习乖谬，积渐所致。彼既先横不信之念，莫肯虚心讲究，加以吾侪议论之间，或为胜心浮气所乘，未免过为矫激，则固宜其非笑而骇惑矣。此吾侪之责，未可专以罪彼为也。

译文

我不孝顺、不忠诚，祸害延及先人，严酷的惩罚还不够，还招致了众人的口实，也就应该是这样。等到劳烦贤人抵触、冒犯本应顾忌的人，为我申辩昭雪，让我承受道德和友谊的关爱，深挚而恳切，真不是在下所敢期望的。“不申辩而止住毁谤”，曾听过前人这样的教诲，况且今日又何止于此呢？四面八方的英才因讲学异同的缘故，议论才刚刚热闹起来，我们这些人能够胜出吗？只有反过来向自身探求：如果这样说就对了吗？我们还有什么不信的呢？那么就应当务必追求其真正正确的部分，不能动不动就认为自己正确而说别人错误。假如这样说是错误的呢？我已经自我认同了吗？那么就应当更加投身实践去真切感受，务必做到谦虚，这正是所说的“安静无为而成就万事万物，无所言语而取信于他人”。那么当今众人的口实，哪里不是我辈震动心意、坚忍性情、砥砺切磋的地方呢？并且那些议论的兴起，不是一定和我有私人的怨恨，他们所说的，也自以为是捍卫道义。况且他们的学说本来就出自先儒的论述，本来就各自有凭证和依据，而我辈的言语突然与以前有很大的不同，反而倒像是凭空捏造、杜撰而成的，这是不知道圣人的学问本来就是这样，却在流行传布的过程中失去了真谛。先儒的学说一天比一天支离破碎，也是由后辈学人因袭荒谬，逐渐积累导致的。他们已然先横下了不相信的念头，不肯虚心讲求、探究，加上我辈在议论的时候，或许是因为有时被好胜之心和浮躁轻率乘机介入，不免过于奇异偏激，于是很容易遭人讥笑并令他们惊骇而疑惑。这是我辈的责任，不能只责怪他们。

嗟乎！吾侪今日之讲学，将求异其说于人邪？亦求同其学于人邪？将求以善而胜人邪？亦求以善而养人邪？知行合一之学，吾侪但口说耳，何尝知行合一邪？推寻所自，则如不肖者，为罪尤重。盖在平时，徒以口舌讲解，而未尝体诸其身，名浮于实，行不掩言。己未尝实致其知，而谓昔人致知之说未有尽，如贫子之说金，乃未免从人乞食。诸君病于相信相爱之过，好而不知其恶，遂乃共成今日纷纷之议，皆不肖之罪也。虽然，昔之君子，盖有举世非之而不顾，千百世非之而不顾者，亦求其是而已矣，岂以一时毁誉而动其心邪？惟其在我者有未尽，则亦安可遂以人言为尽非？伊川、晦庵之在当时，尚不免于诋毁斥逐，况在吾辈？行有所未至，则夫人之诋毁斥逐，正其宜耳。

译文

唉！我辈今天讲学，难道是追求与别人不同吗？还是追求与别人相同呢？是追求能很好地胜过他人吗？还是追求能很好地提高他人的修养呢？知行合一的学说，我辈只是嘴上说说，何尝知行合一过呢？推求寻找它的根源，在下的罪过最为严重。大概在平常，只是口头上讲解一番，却从未进行实践，名不副实，言行不符。自己实际上都没有做到致知，还说前人致知的学说没有说透，如同穷人谈论金子，也不免要向人行乞。各位朋友因过于相信和爱护而遭受损害，喜好就不知道它的可恶，于是共同促成了如今多而杂乱的议论，这都是在下的罪过。纵然如此，古代的君子，有致全世界都否定他而不顾，千世百代都否定他而不顾的，也还是要追求他的真理，怎能以一时的毁损与赞誉而动摇真心呢？只是我还有没做好的地方，怎么能认为别人说的都是错误的呢？伊川先生、晦庵先生在他们所处的时代还不免遭受毁谤和驱逐，何况是我们？行动有没做到的地方，遭人毁谤和驱逐，也是很恰当的。

凡今争辩学术之士，亦必有志于学者也，未可以其异己而遂有所疏外。是非之心，人皆有之，彼其但蔽于积习，故于吾说卒未易解。就如诸君，初闻鄙说时，其间宁无非笑诋毁之者？久而释然以悟，甚至反有激为过当之论者矣。又安知今日相诋之力，不为异时相信之深者乎？

译文

凡是今天争论辩解学术的人，也一定是有志于治学的，不能因为他们与自己不同就疏远和排斥。是非的心，每个人都有，他们只是受到了长期以来不良习惯的蒙蔽，因此还不能轻易理解我的学说。就如同你们诸位，刚开始听在下的主张时，中间就没有讥笑、毁谤的人吗？时间长了，疑虑与嫌隙消释领悟后，甚至反而出现了过激的言论。又怎么会知道今天互相诋毁的努力，不会被后人深信不疑呢？

衰绖哀苦中，非论学时，而道之兴废，乃有不容于泯默者，不觉叨叨至此，言无伦次，幸亮其心也。

译文

居丧悲哀痛苦之中，不是讨论学术的时候，而道学的兴盛和衰败不能容忍寂然无声，因此不知不觉中没完没了地说到这里，言语没有条理，所幸表达了自己的心。

致知之说，向与惟浚及崇一诸友极论于江西。近日杨仕鸣来过，亦尝一及，颇为详悉。今原忠、宗贤二君复往，诸君更相与细心体究一番，当无余蕴矣。孟子云：“是非之心，知也。”“是非之心，人皆有之。”即所谓良知也。孰无是良知乎？但不能致之耳。《易》谓“知至至之”。知至者，知也；至之者，致知也。此知行之所以一也。近世格物致知之说，只一“知”字尚未有下落，若“致”字工夫，全不曾道著矣。此知行之所以二也。

译文

致知的学说，以前曾与惟浚、崇一等诸位朋友在江西进行过透彻的讨论。最近杨仕鸣来过，也曾与他谈论一番，非常详细而全面。如今原忠和宗贤两人又离开了，各位更应互相仔细用心地体会思考一下，应该没有蕴藏其中而未全部显现的了。孟子说：“是非心属于智。”“是非心，每个人都有。”这就是所说的良知。谁没有这样的良知，只是不能达到罢了。《易》中说：“能预知事物如何进展而采取相应的行动。”能预知事物如何进展是“知”，能采取相应的行动是“致知”。这就是知行之所以一致的原因。近代以来的格物致知的学说只一个“知”字就还没有搞清楚，而研究“致”字的功夫则完全没有说明白。这就是知行之所以分离成两件事的原因。

答舒国用

癸未

来书足见为学笃切之志。学患不知要，知要矣，患无笃切之志。国用既知其要，又能立志笃切如此，其进也孰御？中间所疑一二节，皆工夫未熟，而欲速助长之为病耳。以国用之所志向，而去其欲速助长之心，循循日进，自当有至；前所疑一二节，自将涣然冰释矣，何俟于予言？譬之饮食，其味之美恶，食者当自知之，非人之能以其美恶告之也。虽然，国用所疑一二节者，近时同志中往往皆有之，然吾未尝以告也，今且姑为国用一言之。

译文

从来信中可以充分看到您治学的志向十分殷切。治学担心的是不知道要领，知道了要领，就担心没有殷切的志向。国用既知道治学要领，又能立下这样殷切的志向，你的进步谁能抵挡？中间所怀疑的一两节内容，都是功夫尚未成熟而想快速帮助它成长造成的问题。凭借国用的志向，去掉想要快速助长的心，每天都按顺序前进，自然会有抵达的那一天；前面所疑惑的一两节，自然将像冰一样消融，为什么还要等我来回答你呢？这就好比饮食，味道的好坏，当然是吃的人自己知道，而不是别人告诉他好与不好。纵然如此，国用对这一两节内容的疑惑，最近我们这些志同道合的人中常常都有，不过我还没有告诉他们，现在姑且为国用说几句吧。

夫谓“敬畏之增，不能不为洒落之累”，又谓“敬畏为有心，如何可以无心而出于自然，不疑其所行”，凡此皆吾所谓欲速助长之为病也。夫君子之所谓敬畏者，非有所恐惧忧患之谓也，乃戒慎不睹、恐惧不闻之谓耳。君子之所谓洒落者，非旷荡放逸、纵情肆意之谓也，乃其心体不累于欲，无入而不自得之谓耳。夫心之本体，即天理也。天理之昭明灵觉，所谓良知也。君子之戒慎恐惧，惟恐其昭明灵觉者或有所昏昧放逸，流于非僻邪妄而失其本体之正耳。戒慎恐惧之功无时或间，则天理常存，而其昭明灵觉之本体，无所亏蔽，无所牵扰，无所恐惧忧患，无所好乐忿懥，无所意必固我，无所歉馁愧怍。和融莹彻，充塞流行，动容周旋而中礼，从心所欲而不逾，斯乃所谓真洒落矣。是洒落生於天理之常存，天理常存生于戒慎恐惧之无间。孰谓敬畏之增乃反为洒落之累耶？惟夫不知洒落为吾心之体，敬畏为洒落之功，岐为二物而分用其心，是以互相抵牾，动多拂戾，而流于欲速助长。是国用之所谓“敬畏”者，乃《大学》之“恐惧”“忧患”，非《中庸》“戒慎恐惧”之谓矣。程子常言：“人言无心，只可言无私心，不可言无心。”戒慎不睹，恐惧不闻，是心不可无也。有所恐惧，有所忧患，是私心不可有也。尧舜之兢兢业业，文王之小心翼翼，皆敬畏之谓也，皆出乎其心体之自然也。出乎心体，非有所为而为之者，自然之谓也。敬畏之功无间于动静，是所谓“敬以直内，义以方外”也。敬义立而天道达，则不疑其所行矣。

译文

说“敬畏的增长，不能不受到洒脱的连累”，又说“敬畏是心的表达，怎么做才能不由心，而是出于自然且不怀疑它的行为呢”，凡是这些都是我所说的想快速帮助它成长造成的问题。君子所说的敬畏，并不是简单的恐惧、忧患，而是在没人看得见的地方也要小心谨慎，在没人听得到的地方也要恐惧敬畏。君子所说的洒脱，并不是指旷达放纵、任性尽情，而是身心不被欲望拖累，进入其中便有所收获的意思。心的本体就是天理；天理的显著与觉悟，就是所说的良知。君子的谨慎、敬畏是只怕天理的显著与觉悟或有所愚昧、放纵，因趋向邪恶、乖谬而失掉了它本体的正直。如果谨慎、敬畏的功夫没有因时间而中断，那么天理就会常存，而它显著与觉悟的本体也就没有什么能遮掩的，没有什么能牵绊困扰的，没有什么能令其恐惧忧患的，没有什么好逸怨恨的，没有意、必、固、我四种毛病，没有气馁和惭愧。融合莹洁，充盈盛行，举止动作、交际应酬合乎礼仪，从心所欲而不越出规矩，这才是所说的真洒脱。这样的洒脱缘于天理的常存，而天理的常存又缘于从不间断的谨慎与敬畏。谁说敬畏的增长不能不受到洒脱的连累的？只是不知道洒脱是我心的本体，敬畏是洒脱的功夫，将它们视作两种事物而分心，因此造成了矛盾，行动多有违逆而趋向于想要快速助长的心。国用所说的“敬畏”乃是《大学》中的恐惧和忧患，并非《中庸》中的“戒慎恐惧”。程子常说：“人们都说不应该由心，不过只可以说没有私心，而不可以说完全没有心。”在没人看得见的地方也要小心谨慎，在没人听得到的地方也要恐惧敬畏，这说明不可以没有心。有所恐惧，有所忧患，说明不可以有私心。尧舜的兢兢业业和文王的小心翼翼都是敬畏的意思，都是发自于他们心之本体的自然。发自于心之本体，不是为了有为而为，这就是所说的“自然”。敬畏的功夫和动与静没有分别，就是所说的“恭敬使他内心正直，合义使他行事端方不苟”。恭敬与合义建立起来，天道就实现了，就不会再怀疑自己的行为了。

所寄《诈说》，大意亦好，以此自励可矣，不必以责人也。君子不蕲人之信也，自信而已；不蕲人之知也，自知而已。因先茔未毕功，人事纷沓，来使立候，冻笔潦草无次。

译文

寄来的《诈说》，大概的意思也不错，可以用来自我勉励，不一定用它来苛责别人。君子不祈求别人相信，自己相信就好了；不祈求别人知道，自己知道就好了。由于先人的墓地还没有完工，各样的事情纷冗繁杂，来使还在站立等候，因此只能用冻结的笔潦草且语无伦次地写几句话。

与刘元道

癸未

来喻："欲入坐穷山，绝世故，屏思虑，养吾灵明，必自验至于通昼夜而不息，然后以无情应世故。"且云："于静求之，似为径直，但勿流于空寂而已。"观此，足见任道之刚毅、立志之不凡，且前后所论，皆不为无见者矣，可喜可喜！夫良医之治病，随其疾之虚实、强弱、寒热、内外而斟酌加减。调理补泄之要，在去病而已。初无一定之方，不问证候之如何，而必使人人服之也。君子养心之学，亦何以异于是？元道自量其受病之深浅、气血之强弱，自可如其所云者而斟酌为之，亦自无伤。且专欲绝世故，屏思虑，偏于虚静，则恐既已养成空寂之性，虽欲勿流于空寂，不可得矣。大抵治病虽无一定之方，而以去病为主则是一定之法。若但知随病用药，而不知因药发病，其失一而已矣。闲中且将明道《定性书》熟味，意况当又不同。忧病不能一一，信笔草草无次。

译文

来信说到："想要进入深山之中，断绝世间的俗事，摒弃过度思索，修养我的智慧，一定要自我体验以至于贯通白天黑夜而不停息，然后用不动情来应对世俗。"而且又说："从静中寻求，好像比较直接，只是不要趋向于空洞枯寂就好。"看这些内容，足以看出肩负重任的刚强坚毅与立下大志的不平凡，而且前后阐发的议论都不是没有见地的，实在令人欣喜！好的医生治病，会根据病症的虚实、强弱、寒热、内外来思忖药量的加减。调养、护理、滋补、宣泄的关键在于治好病。起初没有一定的方剂，是在不询问症状如何的情况下，务必使人人都要服用的。君子修养心灵的学问，和这有什么不同呢？元道自己估量病症的深浅、气血的强弱，自然可以像上面说的一样去思忖安排，也自然没有伤害。况且专门要断绝世间的俗事，摒弃过度的思索，偏重于虚空静寂，则恐怕既然已经养成了空洞枯寂的性情，即使不想趋向于空洞枯寂，也不大可能了。大概治病虽然没有一定的方剂，但以治好病为目标则是固定不变的。如果只知道根据病情来用药，而不知道由于药而发病，这样的过失则是一样的。闲暇时中暂且将明道先生的《定性书》熟悉体会一番，状态当又有不同。忧愁痛苦之中，不能一一回复，草草随意书写，没有条理。

答路宾阳

癸未

忧病中，远使惠问，哀感何已！守忠之讣，方尔痛心，而复□□不起，惨割如何可言？死者已矣，生者益孑立寡助，不及今奋发砥砺，坐待澌尽灯灭，固将抱恨无穷。自来山间，朋友远近至者百余人，因此颇有警发，见得此学益的确简易，真是考诸三王而不谬，百世以俟圣人而不惑者，惜无因复与宾阳一面语耳。郡务虽繁，然民人社稷，莫非实学。以宾阳才质之美，行之以忠信，坚其必为圣人之志，勿为时议所摇、近名所动，吾见其德日进而业日广矣。荒愦不能多及，心亮！

译文

忧愁痛苦之中，承蒙远出的使者询问，悲伤的情感怎么能够停止呢！守忠的讣告，刚为之痛心，而又□□无法起身，惨痛得就像刀割一般，如何能够说清？死者已经逝去，活着的人更加孤立无助，不赶着今天奋发磨砺，坐等灯灭终结，一定会抱恨无穷的。自从来到山间，远近而来的朋友已有一百多人，因此非常有警醒和启发，更加发现这种学问确实简单容易，真是考之于三王都没有谬误，百世之后以待圣人出现都不会困惑，只可惜没有机会再与宾阳当面详谈。郡中的事务虽然繁杂，但事关百姓、社稷，没有不属于实学的。凭借宾阳出色的才能和气质，再加上行事遵守忠义与诚信，坚定其一定要成为圣人的志向，不为一时的议论所动摇，不为眼前的虚名所打动，我已经见到了他德性日益进步、事业日益宽广的一天。在下荒唐糊涂，不能太多地涉及，心里却很明白！

与黄勉之

甲申

屡承书惠，兼示述作，足知才识之迈，向道恳切之难得也，何幸何幸！然未由一面，鄙心之所欲效者，尚尔郁而未申，有负盛情多矣。

译文

屡次收到您的来信及一并展示的大作，足以知道您才能和见识的超然不凡，以前曾说诚恳而殷切的难得，这是多么幸运啊！然而没有机会见上一面，在下的心所要效仿的，还有很多未能展现的，大大辜负了您的盛情。

君子学以为己，成己成物，虽本一事，而先后之序有不容紊。孟子云："学问之道无他，求其放心而已矣。"诵习经史，本亦学问之事，不可废者。而忘本逐末，明道尚有"玩物丧志"之戒，若立言垂训，尤非学者所宜汲汲矣。所示《格物说》《修道注》，诚荷不鄙之盛，切深惭悚，然非浅劣之所敢望于足下者也。且其为说，亦于鄙见微有未尽，何时合并，当悉其义，愿且勿以示人。孔子云："五十以学《易》，可以无大过矣。"充足下之才志，当一日千里，何所不可到？而不胜骏逸之气，急于驰骤奔放，抵突若此，将恐自蹶其足，非任重致远之道也。古本之释，不得已也；然不敢多为辞说，正恐葛藤缠绕，则枝干反为蒙翳耳。短序亦尝三易稿，石刻其最后者，今各往一本，亦足以知初年之见，未可据以为定也。

译文

君子求学是为了追求个人道德生命的完美，自身有所成就和使自身以外的一切有所成就虽然本是同一件事，但先后顺序不能紊乱。孟子说："学问之道没有别的，就是把那丧失的善良之心找回来罢了。"诵读学习经学、史学，原本也是做学问的事，不能荒废。不过忘记根本、追逐末节，明道先生还有"玩物丧志"的训诫，若是著书立说、垂示教训，尤其不是普通学人应该努力追求的。所出示的《格物说》《修道注》实在是承载了深邃的见解，在下切实深刻地感到羞惭和惶恐，但不是低下的人所敢期望于足下的。而且其中的一些说法也和在下稍有不同，什么时候能够合并，应当全面了解它的意思，希望暂且不要展示给别人。孔子说："五十岁的时候去学习《易》，便可以没有大过错了。"充满足下的才学与志向，当可一日千里的进步，什么地方不能到达呢？可是禁不住骏马飘逸之气，急着奔驰骤进，如此奔放冲突，只怕将要弄断自己的脚，并非是任重道远的方法。注释古本，是不得已呀，不过不敢多作解说，正是恐怕如葛藤般缠绕，反而遮蔽了枝叶和树干。短短的序言也曾做了三次大的改动，并将最后一稿刻在石上，今各寄出一本，也足以明白当年的见解，不能依据它作为最终的定本。

二

甲申

勉之别去后，家人病益狼狈，贱躯亦咳逆泄泻相仍，曾无间日，人事纷沓未论也。用是，《大学》古本曾无下笔处，有辜勤勤之意。然此亦自可徐徐图之，但古本白文之在吾心者，未能时时发明，却有可忧耳。来问数条，实亦无暇作答，缔观简末恳恳之诚，又自不容已于言也。

译文

勉之离去后，家人的病更加窘迫了，在下的身体也是咳嗽、腹泻连续不断，没有停下来的日子，俗事纷冗繁杂就别说了。因此，《大学》古本还没有着手去处理，辜负了您恳切至诚的心意。不过这也自然可以慢慢地图划，只是在我心中的古本白文不能时时有所阐发，是让我忧虑的。来信问的几条问题，实在也没有空闲回答，审视信的结尾处殷切的诚意，又不容许自己不说一些话。

来书云："以良知之教涵泳之，觉其彻动彻静，彻昼彻夜，彻古彻今，彻生彻死，无非此物。不假纤毫思索，不得纤毫助长，亭亭当当，灵灵明明，触而应，感而通，无所不照，无所不觉，无所不达，千圣同途，万贤合辙。无他如神，此即为神；无他希天，此即为天；无他顺帝，此即为帝。本无不中，本无不公。终日酬酢，不见其有动；终日闲居，不见其有静。真乾坤之灵体，吾人之妙用也。窃又以为《中庸》诚者之明，即此良知为明；诚之者之戒慎恐惧，即此良知为戒慎恐惧。当与恻隐羞恶一般，俱是良知条件。知戒惧恐惧，知恻隐，知羞恶，通是良知，亦即是明。"云云。

译文

来信说："深入领会良知的教导，觉得在一切动与静、昼与夜、古与今、生与死之间，没有不是这个事物的。不用借助丝毫的思考，不用丝毫的助长，它便能妥当合宜，通灵明敏，触及便能反应，感受便能通透，没有照耀不到的地方，没有察觉不出的事物，没有到达不了的地方，无数的圣人都走这条路，所有的贤士都与它一致。没有别的比它更像神，这就是神；没有别的比它更仰慕天，这就是天；没有别的比它更顺应上帝，这就是上帝。原本就没有不中和，原本就没有不公正。整天应对，也见不到它的动；整天赋闲在家，也见不到它的静。真是乾坤天地间真正充满灵性的体，我们玄妙的用啊！在下又认为《中庸》中诚者的明，就是良知的明；诚者的谨慎、敬畏，就是良知的谨慎、敬畏。应当与对受苦难的人表示同情和对自己或别人的坏处感觉羞耻或厌恶一样，都是良知的条件。知道谨慎、敬畏，知道同情，知道羞耻、厌恶，都是良知，也就是明。"等等。

此节论得已甚分晓，知此，则知致知之外无余功矣。知此，则知所谓建诸天地而不悖，质诸鬼神而无疑，百世以俟圣人而不惑者，非虚语矣。诚明戒惧，效验功夫，本非两义，即知彻动彻静、彻死彻生无非此物，则诚明戒惧与恻隐羞恶，又安得别有一物为之欤？

译文

这一节讨论得已十分清楚，知道这些，就知道致知以外没有别的功夫了。知道这些，就知道所说的建立在天地间而没有违背，向鬼神询问而没有疑问，历经百世以等待圣人出现而不致迷惑，都不是空话了。诚明、谨慎、敬畏与摹仿的功夫原本就没有两重意思，发现了在一切动与静、生与死之间没有不是这个事物，则诚明、谨慎、敬畏与同情、羞耻、厌恶又怎么能另有一个事物呢？

来书云："阴阳之气，䜣合和畅而生万物。物之有生，皆得此和畅之气，故人之生理，本自和畅，本无不乐。观之鸢飞鱼跃，鸟鸣兽舞，草木欣欣向荣，皆同此乐。但为客气物欲搅此和畅之气，始有间断不乐。孔子曰'学而时习之'，便立个无间断功夫，悦则乐之萌矣。朋来则学成，而吾性本体之乐复矣，故曰'不亦乐乎'。在人虽不我知，吾无一毫愠怒以间断吾性之乐。圣人恐学者乐之有息也，故又言此。所谓'不怨''不尤'与夫'乐在其中''不改其乐'，皆是乐无间断否？"云云。

译文

来信说："阴阳之气融洽舒适便可化生万物。万物之所以生长，都是因为得到了这种舒适的气息，因此人生长的道理，原本也自然是舒适的，原本没有什么不快乐。观看鹰飞鱼跃，鸟鸣兽舞，草木欣欣向荣，都享受着同一种快乐。只是因为外气和物欲扰乱了这种舒适的气息，因此才会时不时地出现不快乐。孔子说'学了，然后按一定的时间去实习它'便立下了一个没有间断的功夫，喜悦便是快乐的萌芽。有志同道合的人来，学习就成了，而我心性本体中的快乐就会复原，因此说'不也很快乐吗'。人们即使不了解我，我也不会以一丝一毫的怨恨来打断我本性中的快乐，圣人唯恐学者的快乐会有停息，因此又说了这些话。所说的‘不怨恨’‘不责备’和‘快乐自在其中’‘不改变他自有的快乐’，都是快乐没有间断的意思吧？”等等。

乐是心之本体。仁人之心，以天地万物为一体，訢合和畅，原无间隔。来书谓“人之生理，本自和畅，本无不乐。……但为客气物欲搅此和畅之气，始有间断不乐”是也。时习者，求复此心之本体也；悦则本体渐复矣。朋来则本体之訢合和畅，充周无间。本体之訢合和畅，本来如是，初未尝有所增也。就使无朋来而天下莫我知焉，亦未尝有所减也。来书云“无间断”，意思亦是。圣人亦只是至诚无息而已，其工夫只是时习。时习之要，只是谨独。谨独即是致良知，良知即是乐之本体。此节论得大意亦皆是，但不宜便有所执着。

译文

快乐是心的本体。仁者的心，以天地万物为一体，融洽舒适，原本没有间隔。来信所说的“人生长的道理，原本也自然是舒适的，原本没有什么不快乐。……只是因为外气和物欲扰乱了这种舒适的气息，因此才会时不时地出现不快乐”是正确的。按一定的时间去实习它的人，是为了追求恢复这种心的本体；感受到喜悦，本体就渐渐恢复了。有志同道合的人来则本体融洽舒适，充斥在周围而没有间断。本体的融洽舒适，原本就是这样，开始时没有什么增加。即使没有志同道合的人来到而天下没有知道我的，也没有什么减少。来信中说的“没有间断”也是这个意思。圣人也只是至诚而没有停息罢了，他们的功夫只是按一定的时间去实习。按时实习的关键，只是慎独。慎独就是致良知，良知就是快乐的本体。这一节的讨论大意也都是正确的，只是不应该拘泥。

来书云：“韩昌黎‘博爱之谓仁’一句，看来大段不错，不知宋儒何故非之？以为爱自是情，仁自是性，岂可以爱为仁？愚意则曰：‘性即未发之情，情即已发之性；仁即未发之爱，爱即已发之仁。如何唤爱作仁不得？言爱则仁在其中矣。’孟子曰：‘恻隐之心，仁也。’周子曰：‘爱曰仁。’昌黎此言，与孟、周之旨无甚差别，不可以其文人而忽之也。”云云。

译文

来信说："韩昌黎所说的'博爱被称作仁'，看起来大致没有错，不知道宋代的儒者为什么要否定它呢？认为爱本属于情，仁本属于性，怎能将爱当作仁呢？在下的意思则说：'性就是没有表达出的情，情就是已经表达出的性；仁就是没有表达出的爱，爱就是已经表达出的仁。为什么就不能将爱称作仁呢？讨论爱，仁就蕴含在其中了。'孟子说：'同情心，就是仁。'周子说：'爱就是仁。'昌黎这句话和孟子、周子的要旨没什么差别，不能因为他是文人就忽视他。"等等。

博爱之说，本与周子之旨无大相远。樊迟问仁，子曰："爱人。""爱"字何尝不可谓之仁欤？昔儒看古人言语，亦多有因人重轻之病，正是此等处耳。然爱之本体固可谓之仁，但亦有爱得是与不是者，须爱得是方是爱之本体，方可谓之仁。若只知博爱而不论是与不是，亦便有差处。吾尝谓"博"字不若"公"字为尽，大抵训释字义，亦只是得其大概，若其精微奥蕴，在人思而自得，非言语所能喻。后人多有泥文著相，专在字眼上穿求，却是心从法华转也。

译文

博爱的说法，原本和周子的意旨没什么大的差别。樊迟问什么是仁，孔子说："爱人。""爱"字为什么不能称作仁呢？以前的儒者看待古人的言语，也多有根据人身份的显赫与否判断其价值大小的毛病，正是在这样的地方。然而爱的本体本来就能称作仁，只是也有爱得正确或不正确的情况，必须爱得正确才是爱的本体，才能称作仁。如果只知道博爱而不理会正确与否，就也会有出错的地方。我曾说"博"字不如"公"字全面，大概解释字义也只是得到一个大致的意思，如果它精深微妙、深奥难解，在于人们通过思考而自己有所得，就不是只用言语能说明的了。后人多有拘泥文字、心有挂碍的情况，专门在字词上搜寻，心却随着法华转了。

来书云："《大学》云：'如好好色，如恶恶臭。'所谓恶之云者，凡见恶臭，无处不恶，固无妨碍。至于好色，无处不好，则将凡美色之经于目也，亦尽好之乎？《大学》之训，当是借流俗好恶之常情以喻圣贤好善恶恶之诚耳。抑将好色亦为圣贤之所同，好经于目，虽知其姣，而思则无邪，未尝少累其心体否乎？《诗》云‘有女如云’，未尝不知其姣也；‘匪我思存’，言匪我见存，则思无邪而不累其心体矣。如见轩冕金玉，亦知其为轩冕金玉也，但无歆羡希觊之心则可矣。如此看，不知通否？”云云。

译文

来信说：“《大学》上说：‘好善如同喜爱美色一样，恶恶如同厌恶腐坏的气味一样。’所说的丑恶的东西，凡是遇到腐坏的气味，就没有什么地方不被厌恶，这本来也没有困难。至于喜爱美色，就没有什么地方不好，则凡是看到的美色也都是好的吗？《大学》的训解，应当是借用平庸的喜爱与厌恶的常理来说明圣贤喜爱善行、厌恶丑恶的实在。或许圣贤也一样喜爱美色，喜爱用眼来看，不过虽然知道她们容貌美好，但思想上没有邪念，这样就不曾稍稍拖累他的身心了吧？《诗经》上说‘美女如云’，则不是不知道她们的美好；‘都不是我的意中人’，则都不在我的意中，思想上就没有邪念，也就不拖累自己的身心了。这就像见到了高官厚禄、黄金宝玉，也知道它们是高官厚禄、黄金宝玉，只是没有羡慕、妄想的心就可以了。这样看，不知道能不能讲通？”等等。

人于寻常好恶，或亦有不真切处，惟是好好色、恶恶臭，则皆是发于真心，自求快足，曾无纤假者。《大学》是就人人好恶真切易见处，指示人以好善恶恶之诚当如是耳，亦只是形容一“诚”字。今若又于“好色”字上生如许意见，却未免有执指为月之病。昔人多有为一字一句所牵蔽，遂致错解圣经者，正是此症候耳，不可不察也。中间云“无处不恶，固无妨碍”，亦便有受病处，更详之。

译文

人对于普通的喜爱与厌恶，或许也有不清楚确实的地方，只是喜爱美色、厌恶腐坏的气味都是发自真实的内心的，自己就会求得快意与满足，从没有一丝一毫的虚假。《大学》这是从每个人喜爱、厌恶最清楚明确的地方，指明人们喜爱善行、厌恶丑恶的实在应当这样，也只是形容一个“诚”字。如今若又在“好色”两个字上生出这样的意见，就不免有妄执指头为月亮的毛病了。以前的人常有因为一字一句的牵绊蒙蔽而导致错误地理解圣人经书的情况，正是这样的病证，不可以不察知。中间提到“没有什么地方不被厌恶，这本来也没有困难”也就有了遭受病证的地方，更应该详细地了解它。

来书云：“有人因薛文清‘过思亦是暴气’之说，乃欲截然不思者，窃以孔子曰‘吾尝终日不食，终夜不寝以思’，亦将谓孔子过而暴其气乎？以愚推之，惟思而外于良知，乃谓之过；若念念在良知上体认，即如孔子终日终夜以思，亦不为过。不外良知，即是何思何虑，尚何过哉？”云云。

译文

来信说：“有的人因为薛文清有‘过度思考也是滥用精气’的说法，便想与思考划清界限，在下认为孔子说‘我曾经整天不吃、整晚不睡，去想’，也将要说孔子过度而滥用精气吗？以在下的推测，只有思考出了良知的范围，才能说它过度了；如果一心一意地在良知上体会认知，就像孔子整天、整晚去想，也不为过度。如果不超出良知的范围，就是怎样的思索与考虑，还有什么过度的吗？”等等。

“过思亦是暴气”，此语说得亦是。若遂欲截然不思，却是因噎而废食者也。来书谓“思而外于良知，乃谓之过；若念念在良知上体认，即……终日终夜以思，亦不为过。不外良知，即是何思何虑”，此语甚得鄙意。孔子所谓“吾尝终日不食，终夜不寝以思，无益，不如学也”者，圣人未必然，乃是指出徒思而不学之病以诲人耳。若徒思而不学，安得不谓之过思与？

译文

“过度思考也是滥用精气”，这句话说得也是对的。如果要断然与思考划清界限，也是因噎废食的做法。来信所说的“思考出了良知的范围，才能说它过度了；如果一心一意地在良知上体会认知，就像……整天、整晚去想，也不为过度。如果不超出良知的范围，就是怎样的思索与考虑”，这句话非常符合在下的意思。孔子所说的“我曾经整天不吃、整晚不睡，去想，没有益处，不如去学习”，圣人不一定是这样，这是为了指出只思考而不学习的问题以教诲他人。如果只思考而不学习，怎么能不被称作过度思考呢？

答刘内重

乙酉

书来，警发良多，知感知感！腹疾，不欲作答，但内重为学工夫尚有可商量者，不可以虚来意之辱，辄复书此耳。

译文

信已收到，警醒、启发实在很多，知恩感德不尽！肚子不舒服，本不想答复来信，但是内重你的为学工夫还有可以商量的地方，我不能空承来信的美意，于是就回了这封信。

程子云：“所见所期，不可不远且大，然而为之亦须量力有渐。志大心劳，力小任重，恐终败事。”夫学者，既立有必为圣人之志，只消就自己良知明觉处，朴实头致了去，自然循循日有所至，原无许多门面折数也。外面是非毁誉，亦好资之以为警切砥砺之地，却不得以此稍动其心，便将流于心劳日拙而不自知矣。内重强刚笃实，自是任道之器，然于此等处尚须与谦之从容一商量，又当有见也。眼前路径，须放开阔，才好容人来往；若太拘窄，恐自己亦无展足之地矣。圣人之行，初不远于人情，“鲁人猎较，孔子亦猎较”，“乡人傩，朝服而立于阼阶”，难言之互乡，亦与进其童子，在当时固不能无惑之者矣。子见南子，子路且有不悦；夫子到此，如何更与子路说得是非？只好矢之而已。何也？若要说见南子是，得多少气力来说？且若依着子路，认个不是，则子路终身不识圣人之心，此学终将不明矣。此等苦心处，惟颜子便能识得，故曰：“于吾言无所不悦。”此正是大头脑处。区区举似内重，亦欲内重谦虚其心，宏其大量，去人我之见，绝意必之私，则此大头脑处，自将卓尔有见，当有“虽欲从之，末由也已”之叹矣。

程子说：“所预见的，所期望的，不能不长远，而且要宏大，然而行动的时候必须要衡量自身的力量，并且循序渐进。志向过大，劳心伤神，力量太小，任务过重，恐怕最终就是失败。”治学这种东西，既然立下了一定要成为圣人的志向，就只需要在自己良知明觉的地方踏踏实实地去做，自然会遵循规律，每天都有进步，原本没有太多表面上的东西可以抵数。外界的是与非、毁损与荣誉，也可以很好地用来作警策和磨练，不过不能稍稍因为这些东西就扰动本心，就将沉浮于劳心伤神之中而日益变得拙笨，自己却不知道。内重坚强刚毅，纯厚朴实，自然是可肩负重任的大才，然而在这些地方还需要和谦之好好商量一番，又会有所见解。眼前的路，需要放得开阔，才好容下人往来行走；如果太过拘泥狭窄，恐怕连自己也没有落脚行走的地方。圣人的行为，开始时并不远离人情，“鲁国人争夺猎物，孔子也争夺猎物”，“本地人迎神驱鬼，穿着朝服站在东边的台阶上”，在难以交谈的互乡，也赞成一个童子的进步，这在当时本就不能没有困惑。孔子去见南子，子路尚且不高兴。夫子到了这个地步，怎样更进一步与子路说得了是与非？只好发誓罢了。为什么呢？如果要说去见南子是对的，那么得花多少力气来说呀！如果依从子路，认个错，那么子路就终生也不能了解圣人的心了，这里面的学问最终也不会明了。这类费尽心力的地方，只有颜子才能明白，因此孔子说：“他对我的话没有不喜欢的。”这正是有大要旨的地方。在下奉告内重，也是要内重内心谦虚、宽宏大量，抛开尘世的偏见，断绝固执的私念，那么这种大要旨的表现自然会高明有见地，应当会有“即使想要跟从他，也不知该怎样着手”的感叹。

大抵奇特斩绝之行，多后世希高慕大者之所喜，圣贤不以是为贵也。故索隐行怪，则后世有述焉；依乎中庸，固有遁世不见知者矣。学绝道丧之余，苟有以讲学来者，所谓空谷之足音，得似人者可矣。必如内重所云，则今之可讲学者止可如内重辈二三人而止矣。然如内重者，亦不能时时来讲也，则法堂前草深一丈矣。内重有进道之资而微失之于隘，吾固不敢避饰非自是之嫌，而叨叨至此。内重宜悉此意，弗徒求之言语之间可也。

译文

大概不寻常、锋芒毕露的行为，多为后世那些好大喜功的人所喜欢，圣贤不以这些东西为可贵。因此探索隐秘、举止怪异的东西后世有所记述；遵照中庸之道的东西，自然就避开现实，隐居起来，而不为人所知了。学术断绝、大道沦丧之后，如果有以讲学的名义来的，正所谓空谷足音，极其难得，能像模像样就不错了。一定要像内重你所说的，则现今能讲学的只能是像内重你这类的两三个人而已。然而像内重这样的人，又不能随时来讲学，那么法堂前的荒草要长得有一丈多高了。内重有进修道学的资质，而不足在于稍微有一些狭隘。我本不敢回避粉饰错误、自我肯定的嫌疑，因此没完没了地说到这里。内重应当明白这个意思，不要只在所说的话中探求就好了。

与王公弼

乙酉

前王汝止家人去，因在妻丧中，草草未能作书。人来，远承问惠，得闻动履，殊慰殊慰！书中所云“斯道广大，无处欠缺，动静穷达，无往非学。自到任以来，钱谷狱讼，事上接下，皆不敢放过。但反观于独，犹未是夭寿不二根基，毁誉得丧之间，未能脱然”，足知用功之密。只此自知之明，便是良知；致此良知以求自慊，便是致知矣。殊慰殊慰！师伊、师颜兄弟久居于此，黄正之来此亦已两月余，何廷仁到亦数日。朋友聚此，颇觉有益。惟齐不得力而归，此友性气殊别，变化甚难，殊为可忧尔。间及之。

译文

前些时王汝止的家人离去，由于正处在妻子丧期之中，因此仓促间没能写封书信。人来了，远远地承蒙您的问候，能够听到费力相助的事，很是宽慰！信中提到，“道广阔宏大，没有什么欠缺的地方；动与静，困顿与显达，无论到哪里都是学问。自从到任以来，无论是地方财务、司法诉讼，还是侍奉上司、接待下属，都不敢大意。可是反回头看我个人，还没达到短命也好，长寿也好，都不会三心两意的根基；在毁损与赞誉、得到与失去之间，还不能超脱无累”，足以知道功夫下得密实。仅这自知之明，就是良知了；这样致良知以求得自我满足，就是致知了。太令人欣慰了！师伊、师颜两兄弟长期在这里居住，黄正之来到这里也已经两个多月了，何廷仁也到了几天了。朋友相聚在这里，感觉非常有益处。惟齐没有能力回来，这位朋友的性格、气质非常特别，很难令其改变，特别让人担忧。趁这个机会说一下这件事。

答董沄萝石

乙酉

问：“某赋性平直守分，每遇能言之士，则以己之迟钝为惭，恐是根器弱甚？”

译文

问：“我的天赋禀性平和、迂直、安守、本分，每当遇到能言善辩的人，就因自己的迟钝而感到惭愧，这恐怕是根器太弱了吧？”

此皆未免有外重内轻之患。若平日能集义，则浩然之气至大至公，充塞天地，自然富贵不能淫，贫贱不能移，威武不能屈；自然能知人之言，而凡诐淫邪遁之词，皆无所施于前矣，况肯自以为惭乎？集义只是致良知，心得其宜为义，致良知则心得其宜矣。

译文

这些都不免有重外轻内的毛病。如果平时能聚集正义之气，那么正大刚直的精神之气就会无限大，无限均衡，充盈在天地间，自然能做到富贵不乱我心，贫贱不变我志，威武不屈我节；自然能够知晓别人说话的意思，而凡是片面的、过度的、歪曲的、搪塞的话都无法在你面前施展，更何况还要自以为惭愧吗？聚集正义之气就是致良知，心放在适当的位置便是义，致良知就是让心找到它适当的位置。

问："某因亲弟粮役，与之谋，败，致累多人，因思皆不老实之过也，如何？"

译文

问："我借助亲兄弟作粮役，与他谋划，失败了，连累了很多人，于是就思索这些都是不老实造成的过错，该怎么办呢？"

谓之老实，须是实致其良知始得，不然，却恐所谓老实者，正是老实不好也。昔人亦有为手足之情受污辱者，然不致知，此等事于良知亦自有不安。

译文

说到"老实"，必须是真正做到致良知才能得到，不是这样的话，只恐怕所说的"老实"，恰恰是老实不好的地方。以前也有人因为手足之情而遭受污辱的情况，但因不致知，因此这类事情在良知方面自然也不稳妥。

问："某因海宁县丞卢珂居官廉甚而极贫，饥寒，饿死，遂走拜之，赠以诗、袜，归而胸次帖帖然，自以为得也。只此自以为得也，恐亦不宜。"

译文

问："我因为海宁县丞卢珂做官十分清廉，从而出现极其贫困、无衣无食，甚至快要饿死的状况，于是前去拜谒，赠给他诗作、袜子，回来后心中感到非常踏实，自以为有所收获。仅这一点自以为有所收获，恐怕也不适宜。"

知得自以为得之非宜，只此便是良知矣。民之秉彝也，故好是懿德，又多着一分意思不得。多着一分意思，便是私矣。

译文

知道了自以为有所收获不适宜，仅这一点便是良知了。民众所秉持的常道，本是喜好这样的美德，不过又不能多加一点儿心思。多了这一点儿心思，就是有私心了。

问：“某见人有善行，每好录之，时以展阅。常见二医，一姓韩、一姓郭者，以利相让，亦必录之。”

译文

问：“每当我见到人们有善良的举动，都喜欢记录下来，随时可以展开阅览。常常见到两位医生，一位姓韩，一位姓郭，因为利益而互相谦让，也一定要记录下来。”

录善人以自勉，此亦多闻多见而识，乃是致良知之功。此等人只是欠学问，恐不能到头如此，吾辈中亦未易得也。

译文

记录有善行的人用来自我勉励，这也是多听多看而增长见识，也是致良知的功夫。这类人只是欠缺学问，恐怕不能一直都这样，在我们当中也是难得的。

与黄宗贤

癸未

南行想亦从心所欲，职守闲静，益得专志于学，闻之殊慰！贱躯入夏来，山中感暑痢，归卧两月余，变成痰咳。今虽稍平，然咳尚未已也。四方朋友来去无定，中间不无切磋砥砺之益，但真有力量，能担荷得，亦自少见。大抵近世学者，只是无有必为圣人之志。近与尚谦、子莘、诚甫讲《孟子》“乡愿狂狷”一章，颇觉有所省发，相见时试更一论如何？闻接引同志孜孜不怠，甚善甚善！但论议之际，必须谦虚简明为佳；若自处过任而词意重复，却恐无益有损，在高明断无此。因见旧时友朋往往不免斯病，谩一言之。

译文

您南行后，想必也能按照自己的意思，做自己想做的事，以安详悠静为己任，更能专心致志地治学，听闻后感到非常欣慰！进入夏天以来，我在山中感染了暑痢，回来后躺了两个多月，变成了痰咳。现在虽然稍稍平复了一些，但咳嗽还没有停止。各地的朋友来来往往，没有固定的时间。这中间不是没有互相商量、互相勉励的好处，可是真正有力量、能够挑起重担的，也不多见。大概近代以来的学者只是没有一定要成为圣人的志向。最近同尚谦、子莘、诚甫共同讲解《孟子》“乡愿狂狷”一章的内容，觉得特别有启发，咱们相见的时候试着再作一次讨论怎么样？听说他们引导志同道合的人，勤勉努力，毫不懈怠，实在是太好了！只是在讨论、评议的时候，必须以谦虚、简明为最好；如果将自己置身于超出能力所及的境地，从而造成语意重复的话，只恐怕不仅无益，反而有所损害，高明的人决不会这样做。因为我见到过去的朋友往往难免要犯这样的毛病，所以冒昧地说一下。

寄薛尚谦

癸未

承喻“自咎罪疾，只缘‘轻傲’二字累倒”，足知用力恳切。但知得轻傲处，便是良知；致此良知，除却轻傲，便是格物。“致知”二字是千古圣学之秘，向在虔时，终日论此，同志中尚多有未彻。近于古本序中改数语，颇发此意，然见者往往亦不能察。今寄一纸，幸熟味。此是孔门正法眼藏，从前儒者多不曾悟到，故其说卒入于支离。仕鸣过虔，常与细说，不审闲中曾论及否？谕及甘泉论仕德处，殆一时意有所向而云，益亦未见其止之叹耳。仕德之学，未敢便以为至，即其信道之笃，临死不贰，眼前曾有几人？所云“心心相持，如髫如钳”，正恐同辈中亦未见有能如此者也。书来，谓“仕鸣、海崖大进此学。近得数友，皆有根力，处久当能发挥，幸甚”！闻之喜而不寐也。海崖为谁氏，便中寄知之。

承蒙告知“自己责备自己所犯的罪过，只是因为被‘轻傲’两个字所牵绊”，足以知道学习所下功夫的诚恳真切。只是知道了轻傲，便是良知；达到这个良知，除去轻傲，就是格物了。“致知”两个字是千百年来圣学的秘诀。以前在虔地的时候，我们整天谈论这个问题，志趣相同的人中还有很多没有彻底明白的。最近在古本序中改动了一些话，很大程度上阐发了这个意思，不过见到的人往往也不能有所领悟。使人寄去一篇，希望能仔细体会。这是孔子学派的正法眼藏，以前的儒家弟子大多没有领悟到，因此他们的学说最终落得支离破碎。仕鸣途经虔地时，我常常向他详细讲解，不知空闲的时候是否谈论过这件事？所告知的甘泉议论仕德的地方，大概是偶然间因意思有所指向而说，也更没有看到他结束时的感叹。仕德的学问，不敢说就达到了极至，不过就看他对大道信仰的忠诚，临死都没有二心，眼前究竟还有几个人能做到呢？所说的“心与心互不相让，仿佛遭受了剃去头发、铁圈束颈的刑罚”，恰恰恐怕同辈学人中也见不到能这样思考的人。来信收到，说“仕鸣、海崖在这门学问上大有长进。近来交到几个朋友，都是有根底和功力的，接触久了，应当能够有所发挥。这太幸运了！”听到这些，我高兴得都没了困意。另外，海崖是谁，请在方便的时候写信告诉我。

卷之六　文录三

书三

始嘉靖丙戌至戊子

寄邹谦之

丙戌

比遭家多难，工夫极费力，因见得“良知”两字比旧愈加亲切，真所谓大本达道，舍此更无学问可讲矣。“随处体认天理”之说，大约未尝不是，只要根究下落，即未免捕风捉影，纵令鞭辟向里，亦与圣门致良知之功尚隔一尘。若复失之毫厘，便有千里之谬矣。四方同志之至此者，但以此意提掇之，无不即有省发，只是着实能透彻者甚亦不易得也。世间无志之人，既已见驱于声利词章之习，间有知得自己性分当求者，又被一种似是而非之学兜绊羁縻，终身不得出头。缘人未有真为圣人之志，未免挟有见小欲速之私，则此种学问极足支吾眼前得过，是以虽在豪杰之士，而任重道远，志稍不力，即且安顿其中者多矣。

译文

近来家中遭遇不幸，多有困难，功夫非常费力，因此看到“良知”两个字比过去更加亲切，真是所说的大大的根本、通行不变的道路，舍弃它就没有学问可以讲求了。“随处体会、实践天理”的说法大体上是对的，不过只要从根本的地方探究它的着落，就不免要捕风捉影了，纵使令其深入剖析，也与圣贤之门致良知的功夫还有些许微小的不同。但这正如再有毫厘的缺失，便会有千里般的谬误一样。四面八方志同道合的人来到这里，只要凭借这个意思来提携，没有不立刻就有省悟和启发的，只是能确实透彻了解的人很不容易被发现。世间没有志气的人，不仅被追逐名利、辞章的习气所驱使——偶尔有知道追求自身天性的，而且被一种似是而非的学问包裹、牵绊、控制着，终身都不能出人头地。只因这些人没有真正要成为圣人的志向，不免夹杂着贪图小利、追求速度的私心，则这样的学问说到底只能支撑眼下还过得去，因此纵然是才能出众的人，由于任重道远，志向稍稍有些不坚定，便但求安稳其中的人可不在少数。

谦之之学，既以得其大原，近想涉历弥久，则功夫当益精明矣。无因接席一论，以资切劘，倾企如何！范祠之建，实亦有裨风教。仆于大字，本非所长，况已久不作，所须祠扁，必大笔自挥之乃佳也。使还，值岁冗，不欲尽言。

译文

谦之的学问，既然已得到了它大的本原，近来想见经历的时间长了，那么功夫应当更加精明了。没有缘由坐在一起谈论，以互相切磋，多么仰慕啊！范祠的建立，实在是有益于风俗教化。我对于写大字，原本就不擅长，况且已经很久不写了，所需要的祠堂匾额，一定要大笔自己挥动才好。出使归来，正值岁末，不想把话都说完。

二

丙戌

承示《谕俗礼要》，大抵一宗文公《家礼》而简约之，切近人情，甚善甚善！非吾谦之诚有意于化民成俗，未肯汲汲为此也！古礼之存于世者，老师宿儒当年不能穷其说，世之人苦其烦且难，遂皆废置而不行。故今之为人上而欲导民于礼者，非详且备之为难，惟简切明白而使人易行之为贵耳。中间如四代位次及祔祭之类，固区区向时欲稍改以从俗者，今皆斟酌为之，于人情甚协。盖天下古今之人，其情一而已矣。先王制礼，皆因人情而为之节文，是以行之万世而皆准。其或反之吾心而有所未安者，非其传记之讹阙，则必古今风气习俗之异宜者矣。此虽先王未之有，亦可以义起，三王之所以不相袭，礼也。若徒拘泥于古，不得于心，而冥行焉，是乃非礼之礼，行不著而习不察者矣。后世心学不讲，人失其情，难乎与之言礼，然良知之在人心，则万古如一日。苟顺吾心之良知以致之，则所谓不知足而为屦，我知其不为蒉矣。非天子不议礼制度，今之为此，非以议礼为也，徒以末世废礼之极，聊为之兆以兴起之。故特为此简易之说，欲使之易知易从焉耳。冠、婚、丧、祭之外，附以乡约，其于民俗亦甚有补。至于射礼，似宜别为一书以教学者，而非所以求谕于俗。今以附于其间，却恐民间以非所常行，视为不切，又见其说之难晓，遂并其冠、婚、丧、祭之易晓者而弃之也。文公《家礼》所以不及于射，或亦此意也欤？幸更裁之！

译文

承蒙您把《谕俗礼要》出示给我，大约是取法文公《家礼》并进行了简化，贴近人情，实在是太好了！如果不是我们谦之对于教化百姓，使其形成良好的风尚颇有诚意，是不会如此心情急切地做这件事的！存留在世上的古代礼法，学问高深的老辈学者当年都不能穷尽它的记述，世上的人则怨嫌它的繁杂、难懂，于是都将其废弃、搁置而不施行。因此如今上面的人要用礼法来教导民众，难点不在于详细且完备，而是贵在简单、切实、明了而且易于执行。比如其中的四代位次和祔祭之类的东西，本来在下以前就想稍稍改变以符合世俗民情，如今都认真思量，与人情十分一致。大概天下古今的人的情感都是一样的。先王制定礼法，都是按照人情来制定的，因此通行万代都不会出现差错。其中或许有我们的心感觉不准确、不踏实的，不是记录的错讹、缺漏，而应该是古今民风、习气、民俗不同所导致的。这虽然是先王时所没有的，但也可以因义而设立，上古三王并不完全相因袭，本身也是礼法。如果只是拘泥古法，不从心的角度出发而盲目行动，便成了不是礼的礼法，便是做了却不明白其当然，习惯了却不深知其所以然。后代的人不讲习心学，人们失去了真情，就很难和他们谈论礼法了，不过只要良知还在人的心间，百代万世就都不会改变。如果顺着我的心去致良知，那么就算看不清脚的样子去编草鞋，我也知道不会编成筐。不是天子本不应议论礼法制度，如今这样做，不是在议论礼法，只是在王朝衰败、礼法废弛的时候，姑且为其开个头罢了。因此特别提出了简单、易明的主张，想要人们易于了解，易于实行。冠礼、婚礼、丧礼、祭礼之外，应附加一个乡约，它对于民俗有特别的补充意义。至于射礼，似乎应该另编一部书用来教学，而不是当作民俗来宣讲。如今附加在各种礼法中，只怕百姓认为它不常用，将其视为不切实际的东西，又发现它的说法非常难懂，于是将冠礼、婚礼、丧礼、祭礼中容易懂的部分也都放弃了。文公《家礼》之所以不涉及射礼，或者也是这个意思吧？希望能再作裁定。

令先公墓表，决不负约，但向在纷冗忧病中，近复咳患盛作，更求假以日月耳。施、濮两生知解甚利，但已经炉鞴，则煅炼为易，自此益淬砺之，吾见其成之速也。书院新成，欲为诸生择师，此诚盛德之事。但刘伯光以家事促归，魏师伊乃兄适有官务，仓卒往视，何廷仁近亦归省，惟黄正之尚留彼。意以登坛说法，非吾谦之身自任之不可。须事定后，却与二三同志造访，因而连留旬月，相与砥砺开发，效匡翼之劳，亦所不辞也。祠堂位次祔祭之义，往年曾与徐曰仁备论，曰仁尝记其略，今使录一通奉览，以备采择。

译文

您父亲的墓表，决不会辜负约定，只是已往在繁杂忧愁之中，近来咳病又大作，更需要一些时日了。施、濮两位书生的知识和理解特别犀利，只是已经历了熔炉，则更容易煅炼，从此应更加刻苦努力，我觉得他们很快就会成功的。书院刚刚落成，想要为学生们选择老师，这确实是盛美的事。只是刘伯光因家事催促他回去；魏师伊的兄长恰好有官差事务，急忙前往探视了；何廷仁最近也要回去探望父母；只有黄正之还留在那。我认为要走上讲台授课，非我们谦之自己担任不可了。需要等到事情定下来之后，与两三位志同道合的人前去拜访，借机住上十多天，互相勉励开导，出力匡正辅佐，也没有话说。祠堂位次所体现的祔祭的意义，以前曾与徐曰仁全面讨论过，曰仁曾记了个大概，现在让人抄录一通奉上观览，以备选择、采用。

或问："文公《家礼》，高、曾、祖、祢之位皆西上，以次而东，于心切有未安。"阳明子曰："古者庙门皆南向，主皆东向。合祭之时，昭之迁主列于北牖，穆之迁主列于南牖，皆统于太祖东向之尊。是故西上，以次而东。今祠堂之制既异于古，而又无太祖东向之统，则西上之说诚有所未安。"曰："然则今当何如？"曰："礼以时为大，若事死如事生，则宜以高祖南向，而曾、祖、祢东西分列，席皆稍降而弗正对，似于人心为安。曾见浦江郑氏之祭，四代考妣皆异席。高考妣南向，曾、祖、祢考皆西向，妣皆东向，各依世次，稍退半席。其于男女之列，尊卑之等，两得其宜。今吾家亦如此行，但恐民间厅事多浅隘，而器物亦有所不备，则不能以通行耳。"又问："无后者之祔于己之子侄，固可下列矣。若在祖宗之行，宜可如祔？"阳明子曰："古者大夫三庙，不及其高矣；嫡士二庙，不及其曾矣。今民间得祀高、曾，盖亦体顺人情之至，例以古制，则既为僭，况在其行之无后者乎！古者士大夫无子则为之置后，无后者鲜矣。后世人情偷薄，始有弃贫贱而不问者。古所为无后，皆殇子之类耳。《祭法》：'王下祭殇五：嫡子、嫡孙、嫡曾孙、嫡玄孙、嫡来孙。诸侯下祭三，大夫二，嫡士及庶人祭子而止。'则无后之祔，皆子孙属也。今民间既得假四代之祀，以义起之，虽及弟侄可矣。往年湖湘一士人家，有曾伯祖与堂叔祖皆贤而无后者，欲为立嗣，则族众不可；欲弗祀，则思其贤，有所不忍也，以问于某，某曰：‘不祀二三十年矣，而追为之嗣，势有所不行矣。若在士大夫家，自可依古族属之义，于春秋二社之次，特设一祭，凡族之无后而亲者，各以昭穆之次配祔之，于义亦可也。’”

译文

有人问：“文公《家礼》，高、曾、祖、祢的牌位都在祠堂西侧上位，依次往东，心里着实觉得不妥。”阳明子说：“古时候，庙门都朝南开，逝者的牌位都朝东。合祭的时候，昭辈的人把牌位排列在北面的窗户下，穆辈的人把牌位排列在南面的窗户下，都与太祖牌位朝东的尊贵相统一。因此先人们的牌位在西侧上位，依次往东。如今祠堂的制度已不同于古代，又没有太祖牌位朝东的统一要求，则西上的说法确实有些不妥。”问：“那么如今要怎么做呢？”答：“礼以时间先后为重，如果侍奉逝者与生者一样，那么应该将高祖的牌位向南，而曾、祖、祢东西分列，席位稍降低一些而且不要正对着，似乎这样就妥当了。曾经见过浦江郑氏的祭祀，四代考妣都不同席。高祖考妣向南，曾、祖、祢考向西，妣向东，各自依照世代次序，稍稍退下半席。这样对于男女的分别、尊卑的等次就都合适了。如今我家也这样做，只怕百姓的堂屋大多比较狭窄，而且器物也准备不全，也就不能都这样做了。”又问：“没有后代的人可以由他的子侄祔祭，确实可以列在下面。如果是祖宗一辈的，该怎样祔祭呢？”阳明子说：“古时候大夫有三座庙，祭祀不到高祖；嫡传士人有两座庙，祭祀不到曾祖。如今百姓能够祭祀高祖和曾祖，大概也是体察、顺应人情所实现的，如果以古制为范例，便是僭越，更何况无后的人呢？古时候士大夫没有子嗣就为他安排一个后人，无后的人是很少的。后世人情不敦厚，才有舍弃贫贱之人，不闻不问的情况。古时候所说的没有后代，都是指孩子夭折之类的。《祭法》上说：‘王致祭于其嫡系的后代，可及于玄孙以下的来孙。诸侯下及三代，大夫下及两代，自嫡士至于庶人，但祭其嫡系的殇子。’那么没有后代的人的祔祭，便是属于子孙的事了。如今民间祭祀既然已经上溯四代，那么按这个道理来推衍，即使是弟侄也是可以的。以前，湖湘有一个士人家族，曾伯祖和堂叔祖都很贤明却没有后代，想为他们立个后代，族里人却不认可；打算不祭祀了，可想到他们的贤明，又不忍心，于是问我，我说：‘已经有二三十年没有祭祀了，而后补后代，形势又不被允许。其实在士大夫家族里，自然可以依照古代族属的安排，在春秋两季祭祀土地神时，特别设立一次祭祀，凡是族中没有后代却亲近的人，可各自以昭穆的次第为他们祔祭，这样的安排也是可以的。’”

三

丙戌

教札时及，足慰离索，兼示《论语》讲章，明白痛快，足以发朱注之所未及，诸生听之，当有油然而兴者矣。后世人心陷溺，祸乱相寻，皆由此学不明之故。只将此“学”字头脑处指掇得透彻，使人洞然知得是自己生身立命之原，不假外求，如木之有根，畅茂条达，自有所不容已，则所谓悦乐不愠者，皆不待言而喻。书院记文，整严精确，迥尔不群，皆是直写胸中实见，一洗近儒影响雕饰之习，不徒作矣。

译文

充满教诲的信及时收到了，足以安慰我的孤独，还附带有讲解《论语》的篇章，读后明白、痛快，足以阐发朱子没有注释的部分，诸位学生听了，应当会自然而然地产生兴致。后代人心陷落、沉溺，祸患、混乱相继不断，都是由于这门学问不明了的缘故。只需将这个“学”字要旨的地方选取透彻，使人如贯通般知道自己生身立命的本原，不借助外物相求，如同树木有根，旺盛繁茂，枝叶通达，自然是有不能容忍的东西，则所说的喜悦、欢乐、不怨恨，都是不用说就能明白了。书院记这篇文章严正、精确、与众不同，都是直抒胸臆，一改近代儒生模仿、做作的习气，不白作呀！

某近来却见得“良知”两字日益真切简易，朝夕与朋辈讲习，只是发挥此两字不出。缘此两字，人人所自有，故虽至愚下品，一提便省觉。若致其极，虽圣人天地，不能无憾，故说此两字穷劫不能尽。世儒尚有致疑于此，谓未足以尽道者，只是未尝实见得耳。近有乡大夫请某讲学者云：“除却良知，还有甚么说得？”某答云：“除却良知，还有甚么说得！”不审迩来谦之于此两字见得比旧又如何矣？无因一面扣之，以快倾渴。正之去，当能略尽鄙怀，不能一一。

译文

我近来发现“良知”这两个字越发真实、切近、简单、易学了，早晚与朋友们讲论研习，只是阐发不出这两个字。只因这两个字，每个人自己都具备，因此即使是最愚笨的人，一提醒就会明白。如果要达到它的极致，即使是圣人的境界，也不能没有不满，因此讲说这两个字，无穷无尽的劫难将永远也不会完结。世上的儒生还有对此表示怀疑的，其实不能全说明白的，只是还没有亲眼见过罢了。近来有一位乡大夫请我讲学，他问：“除了良知，还有什么别的吗？”我回答说：“除了良知，还有什么可说的呢！”不知道近来谦之对这两个字的见解比原先怎样了呢？没有缘由当面求教，以快意我的渴念。正之离去了，应当能稍稍表达在下的心意，不能一一罗列了。

后世大患，全是士夫以虚文相诳，略不知有诚心实意，流积成风，虽有忠信之质，亦且迷溺其间，不自知觉。是故以之为子则非孝，以之为臣则非忠。流毒扇祸，生民之乱，尚未知所抵极。今欲救之，惟有返朴还淳是对症之剂。故吾侪今日用工，务在鞭辟近里，删削繁文始得。然鞭辟近里，删削繁文，亦非草率可能，必须讲明致良知之学。每以言于同志，不识谦之亦以为何如也？讲学之后，望时及之。

译文

后世的大患，全是读书人以空洞的文字相欺骗，一点都不知道诚信之心、实在之意，并形成了一股潮流、一股风气所造成的，即使有忠实、诚信的资质，也迷惑、沉溺其间，自己都觉察不出来了。因此用这样的方式做孩子就没有孝，做臣子就没有忠。流传的毒害产生祸患，百姓的动乱，还不知道要到什么地步呢。如今要拯救它，只有恢复原始的诚实和朴实厚道的社会风气这一种对症的药剂。因此我辈现在的功夫，务必要下在作学问切实，切中要害，删节削减繁复的文辞才行。可是要作学问切实，切中要害，删节削减繁复的文辞也不是简单轻率就能行的，必须要讲习、明了致良知的学问。每次都和志同道合的人说这样的话，不知道谦之认为怎么样呢？讲学之后，还望及时告诉我。

四

丙戌

正之归，备谈政教之善，勤勤恳恳，开诱来学，毅然以斯道为己任，其为喜幸，如何可言！前书"虚文相诳"之说，独以慨夫后儒之没溺词章，雕镂文字，以希世盗名，虽贤知有所不免，而其流毒之深，非得根器力量如吾谦之者，莫能挽而回之也。而谦之顾犹歉然，欲以猛省寡过，此正吾谦之之所以为不可及也。欣叹欣叹！

译文

正之归来，全面地谈了刑赏与教化的好处，勤勤恳恳，启发诱导后学，坚决地将其作为自己的责任，这种欣喜与荣幸，怎么能用言语来表达呢？前面信中提到的"以空洞的文字相欺骗"的说法只是在慨叹后代的儒者沉迷于辞章之学，刻意修饰文辞，以欺骗世人，窃取名誉，纵然是贤者也不免有这种情况，而它流传的毒害之深，非要禀赋与气质的力量像谦之这样大的人才能挽回。而谦之反犹感歉疚，要以深刻反省来少犯错误，这正是我们谦之之所以不可企及的原因。欣喜赞叹，欣喜赞叹！

学绝道丧之余，苟有兴起向慕于是学者，皆可以为同志，不必铢称寸度而求其尽合于此。以之待人可也，若在我之所以为造端立命者，则不容有毫发之或爽矣。道一而已，仁者见之谓之仁，知者见之谓之知。释氏之所以为释，老氏之所以为老，百姓日用而不知，皆是道也，宁有二乎？今古学术之诚伪邪正，何啻碔砆美玉，然有眩惑终身而不能辩者，正以此道之无二，而其变动不拘，充塞无间，纵横颠倒，皆可推之而通。世之儒者，各就其一偏之见，而又饰之以比拟仿像之功，文之以章句、假借之训，其为习熟既足以自信，而条目又足以自安，此其所以诳己诳人，终身没溺而不悟焉耳。然其毫厘之差，而乃致千里之谬，非诚有求为圣人之志而从事于惟精惟一之学者，莫能得其受病之源，而发其神奸之所由伏也。若某之不肖，盖亦尝陷溺于其间者几年，伥伥然既自以为是矣。赖天之灵，偶有悟于良知之学，然后悔其向之所为者，固包藏祸机，作伪于外，而心劳日拙者也。十余年来，虽痛自洗剔创艾，而病根深痼，萌蘖时生。所幸良知在我，操得其要，譬犹舟之得舵，虽惊风巨浪，颠沛不无，尚犹得免于倾覆者也。夫旧习之溺人，虽已觉悔悟，而其克治之功尚且其难若此，又况溺而不悟，日益以深者，亦将何所抵极乎？以谦之精神力量，又以有觉于良知，自当如江河之注海，沛然无复能有为之障碍者矣。默成深造之余，必有日新之得，可以警发昏惰者，便间不惜款款示及之。

译文

学问断绝、大道沦丧之际，如果有奋起向往这门学问的，都可以视为志同道合的人，不必极精细地衡量以求完全合乎标准。不过，以这种要求对待人可以，但如果是要开始修身养性以奉天命的，就不容许有丝毫的差错。大道都是一样的，仁者看到了说它是仁，智者看到了说它是智。佛家之所以为佛的原因，道家之所以为道的原因，百姓每天都在遵循却不知道的，都是道，难道还会有别的吗？古今学术的真诚、虚假、邪妄、正统，何止是像美石与美玉的区别，然而有终身沉溺而不能分辨的，正是因为大道唯一，而它的变动不拘一格，充塞没有空隙，纵横颠倒的各种形态，都可以通过推导而贯通。世间的儒者，各自靠着片面的见解，用摹拟仿效的功夫妆点，用章句、假借的训解文饰。对它们的熟识足以令儒者自我认同，而细目又足以自安其心，这就是他们骗人骗己，终身沉溺而不觉悟的原因。然而毫厘间的差别，便会导致千里般的谬误。如果没有诚心追求成为圣人的志向而专注于“惟精惟一”的学者，是不能明白他们发病的根源的，从而将其体内潜伏的害人精怪发掘出来。像我这种不成材的人，也曾陷溺在其中好几年，无所适从地自以为正确。幸亏有老天的神灵，让我偶然悟到了良知之学，随后对此前所做的十分悔恨，本来就是怀着害人的坏主意，还制造了虚假的外表，结果不但不能得逞，反而越来越糟糕。十几年来，尽管尽力地清洗剔除，并因受惩治而感到畏惧，但积习难改，萌芽还时不时地出现。幸运的是，良知在我，掌握了它的旨要，就如同船有了舵，虽狂风巨浪，难免颠簸摇荡，还是能免于翻倒的。沉溺于旧时习气中的人，即使已经觉悟悔过，而它克制私欲邪念的功夫尚且如此得难，又何况沉溺其中不觉悟，日益深陷的人呢？他们这样什么时候是个头呢？凭借谦之的精神与力量，再加上对良知的觉悟，自然应当像江河注入海洋一般，浩浩荡荡没有什么能够阻碍的。默而成事，不断前进以达到精深境地之后，必然会有日新月异的收获，可以警醒启发昏昧怠惰的人，空闲时还望不吝惜，慢慢地告诉我。

五

丙戌

张、陈二生来，适归余姚祭扫，遂不及相见，殊负深情也。随事体认天理，即戒慎恐惧功夫，以为尚隔一尘，为世之所谓事事物物皆有定理而求之于外者言之耳。若致良知之功明，则此语亦自无害，不然，即犹未免于毫厘千里也。来喻以为恐主于事者，盖已深烛其弊矣。

译文

张、陈两位学生前来，恰好回余姚祭扫，于是没能相见，实在是有负他们的深情。随着事物体会、认识天理就是谨慎、敬畏的功夫，认为还隔着一层世界，是世上认为万事万物都有固定的道理，需要求于外物的人说的话。

如果致良知的功夫明确了，那么这种话自然没有危害，否则就不免会有差之毫厘，失之千里的问题。来信认为只怕经世致用的主于事，大概已经深刻地看到了它的问题所在。

寄示甘泉《尊经阁记》，甚善甚善！其间大意亦与区区《稽山书院》之作相同。《稽山》之作，向尝以寄甘泉，自谓于此学颇有分毫发明。今甘泉乃谓“今之谓聪明知觉，不必外求诸经者，不必呼而能觉”之类，则似急于立言而未暇细察鄙人之意矣。后世学术之不明，非为后人聪明识见之不及古人，大抵多由胜心为患，不能取善相下，明知其说之已是矣，而又务为一说以高之，是以其说愈多而惑人愈甚。凡今学术之不明，使后学无所适从，徒以致人之多言者，皆吾党自相求胜之罪也。今良知之说，已将学问头脑说得十分下落，只是各去胜心，务在共明此学，随人分限，以此循循善诱之，自当各有所至。若只要自立门户，外假卫道之名，而内行求胜之实，不顾正学之因此而益荒，人心之因此而愈惑，党同伐异，覆短争长，而惟以成其自私自利之谋，仁者之心有所不忍也。甘泉之意未必由此，因事感触，辄漫及之。盖今时讲学者大抵多犯此症，在鄙人亦或有所未免，然不敢不痛自克治也，如何如何？

译文

寄来甘泉的《尊经阁记》，实在是太好了！其中的大意与在下的《稽山书院》相同。《稽山书院》以前曾寄给过甘泉，自以为对这门学问很有几分阐释。如今甘泉所说的“现在所说的聪明和知觉，不必向外求之于经典，不必呼唤而能察觉”之类的话，则好像急于成一家之言而没有来得及仔细体察在下的意思。后代学术之所以不昌明，不是因为后人的聪明、见识不如古人，而是大多由于好胜之心造成的问题。不能取其正确的内容，放低自己，明知对方的说法已经是正确的，还必须要抛出个说法，显得更高明，因此说法越多，给人造成的困惑越大。如今学术不昌明，使后学不知道该怎么办，白白地让别人说闲话，都是我们这些人自相争强好胜造成的过错。如今良知的学说已将学问的要旨说得非常有着落了，只是各自去掉好胜之心，务必要共同明了这门学问。随着不同的人的接受程度和资质，有步骤地进行引导，自然会各有各的成就。只要是自立门户，表面借着卫道的名义，内里行着争胜的勾当，不顾及正道之学因此而更加荒疏，人心因此而更加困惑，跟自己意见相同的就袒护，跟自己意见不同的就攻击，争优劣，比高下，只是为了成就自私自利的谋划，简直是仁者都无法忍受的事。甘泉的意思不一定是这样，我只是因这件事而有所感触，就随便说到这里。大概当今讲学的人大多都会犯这样的毛病，于我也在所难免，然而不敢不尽力克服它，您以为怎么样呢？

答友人

丙戌

君子之学，务求在己而已。毁誉荣辱之来，非独不以动其心，且资之以为切磋砥砺之地，故君子无入而不自得，正以其无入而非学也。若夫闻誉而喜，闻毁而戚，则将惶惶于外，惟日之不足矣，其何以为君子！

译文

君子治学，务必要求在于自己罢了。毁损、赞誉、光荣、耻辱的出现，不但不能打动他的心，而且将其作为相互切磋、勉励的机会，因此君子守道安分，无论在什么地位都是自得的，正是这种无所不在造就了他们无时无刻不在学习。如果听到赞誉就欣喜，听到毁损就忧愁，就会对外在的反应感到恐惧不安，日子都不够用的，怎么能成为君子呢？

往年驾在留都，左右交谗某于武庙。当时祸且不测，僚属咸危惧，谓群疑若此，宜图所以自解者。某曰："君子不求天下之信己也，自信而已。吾方求以自信之不暇，而暇求人之信己乎？"某于执事为世交，执事之心，某素能信之，而顾以相讯若此，岂亦犹有未能自信也乎？虽然，执事之心，又焉有所不自信者！至于洪范之外，意料所不及，若校人之于子产者，亦安能保其必无？则执事之恳恳以询于仆，固君子之严于自治，宜如此也。昔楚人有宿于其友之家者，其仆窃友人之履以归，楚人不知也。适使其仆市履于肆，仆私其直而以窃履进，楚人不知也。他日友人来过，见其履在楚人之足，大骇曰："吾固疑之，果然窃吾履。"遂与之绝。逾年而事暴，友人踵楚人之门而悔谢曰："吾不能知子，而缪以疑子，吾之罪也，请为友如初。"今执事之见疑于人，其有其无，某皆不得而知。纵或有之，亦何伤于执事之自信乎？不俟逾年，吾见有踵执事之门而悔谢者矣。执事其益自信无怠，固将无入而非学，亦无入而不自得也矣。

译文

以前天子驾幸留都，左右近臣在武庙交相向皇帝进关于在下的谗言。当时的祸患难以预料，同僚和下属都感到危险和恐惧，都说大家如此质疑，应该计划着自己解释一下。我说："君子不奢求天下人都相信自己，只求问心无愧罢了。我追求自我肯定都没有闲暇，哪有时间去要求别人相信我呢？"我与执事是世交，执事的心，我平时也十分相信，而看到如此讯问，难道还有什么不能相信自己的吗？纵然如此，执事的心，又怎会有不相信自己的呢？至于洪范大法之外，有出乎意料的东西，如校人对于子产的欺骗，又怎能保证一定没有呢？则执事诚挚殷切地向我询问，本就是君子严格约束自我的表现，应当这样。昔日，楚国有一个人在朋友家留宿，他的仆人偷了朋友的鞋子，然后和楚人一起回来了，楚人不知道这件事。随后，恰好楚人让这个仆人去铺子里买鞋，仆人便私吞了钱，并将偷的鞋给了楚人，楚人也不知情。有一天，那个朋友来访，看到他丢的鞋正穿在楚人的脚上，便大惊失色地说："我本来就怀疑你，果然是你偷了我的鞋。"于是与楚人绝交了。一年后，这件事情败露了，这个朋友到楚人的门前悔过谢罪说："我不能很好地了解您，而错误地怀疑您，是我的罪过，还请像当初一样做好朋友。"如今执事被人怀疑，这件事是真的还是假的，我都没办法知道。纵然或许是真的，又会对执事的自我认同有什么伤害呢？等不到一年，我就会看见到执事门前悔过谢罪的人。执事更应自我信任而不懈怠，这本来就是无论怎样的地位与环境都要无时无刻地学习，无论什么地位都是自得的。

答友人问

丙戌

问："自来儒先皆以学问思辨属知，而以笃行属行，分明是两截事。今先生独谓知行合一，不能无疑。"

译文

问："自古以来的儒家先辈都把学问思辨归属于知，把切实的行动归属于行，分明是两回事。如今先生一人说知行合一，不能没有疑惑。"

曰："此事吾已言之屡屡。凡谓之行者，只是着实去做这件事；若着实做学问思辨的工夫，则学问思辨亦便是行矣。学是学做这件事，问是问做这件事，思辨是思辨做这件事，则行亦便是学问思辨矣。若谓学问思辨之，然后去行，却如何悬空先去学问思辨得？行时又如何去得个做学问思辨的事？行之明觉精察处，便是知；知之真切笃实处，便是行。若行而不能精察明觉，便是冥行，便是'学而不思则罔'，所以必须说个知；知而不能真切笃实，便是妄想，便是'思而不学则殆'，所以必须说个行：元来只是一个工夫。凡古人说知行，皆是就一个工夫上补偏救弊说，不似今人截然分作两件事做。某今说知行合一，虽亦是就今时补偏救弊说，然知行体段亦本来如是。吾契但着实就身心上体履，当下便自知得，今却只从言语文义上窥测，所以牵制支离，转说转糊涂，正是不能知行合一之弊耳。"

译文

答："这件事我已经说过很多次了。凡是说行，只是实实在在地去做这件事；如果是实实在在地做学问思辨的功夫，那么学问思辨也就是行。学是学做这件事，问是问做这件事，思辨是思辨这件事，那么行也就是学问思辨了。如果说学问思辨之后再去行，那么怎样才能先悬空进行学问思辨呢？行时又怎样去做学问思辨的事呢？行的过程中精明觉察的地方就是知，知的过程中真切实在的地方就是行。如果行的过程中做不到觉察精明，就是盲目行事，就是‘只读书，不思考，就会受骗’，所以必须要说出个‘知’。如果知的过程中做不到真切实在，就是妄想，就是‘只空想，不读书，就会缺乏信心’，所以必须要说出个‘行’。两者原本只是一种功夫。凡是古人说知行，都是在一个功夫的基础上弥补偏差、克服弊端的说法，不像今天的人截然分成两件事去做。我今天说知行合一，虽然也是对现在的弥补偏差、克服弊端的说法，但知行的本体本来就这样。我的朋友只要实实在在地从身心上去体会、实践，自然立即就会明白，可如今只从语言文字上去探究，必然会拘泥而破碎，越说越糊涂，正是不能知行合一造成的弊害。”

“象山论学与晦庵大有同异，先生尝称象山‘于学问头脑处见得直截分明’。今观象山之论，却有谓学有讲明，有践履，及以致知格物为讲明之事，乃与晦庵之说无异，而与先生知行合一之说反有不同，何也？”

译文

“象山先生的学问与晦庵先生有很多相同的地方，也有很多不同的地方，先生曾说象山‘在学问要旨的地方看得出直截清楚’。如今看象山先生的学问，反而说学问有讲求明了，也有履行实践，并将致知格物视为讲求明了的事，这与晦庵先生的学说没有什么差别，反倒是与先生知行合一的说法不同，这是为什么呢？”

曰：“君子之学，岂有心于同异？惟其是而已。吾于象山之学有同者，非是苟同；其异者，自不掩其为异也。吾于晦庵之论有异者，非是求异；其同者，自不害其为同也。假使伯夷、柳下惠与孔、孟同处一堂之上，就其所见之偏全，其议论断亦不能皆合，然要之不害其同为圣贤也。若后世论学之士，则全是党同伐异，私心浮气所使，将圣贤事业作一场儿戏看了也。”

译文

答：“君子治学，怎会讲心的相同与不同？只讲求正确与否。我与象山的学说有相同的地方，但不是随意附和；有不同的地方，自然也不遮掩这些不同的地方。我与晦庵的观点有不同的地方，但不是刻意追求不同；那些相同的地方，自然不会影响它们的相同。假使伯夷、柳下惠与孔子、孟子共同身处一堂之上，从见识的偏颇与全面来看，他们之间的讨论肯定不会完全契合，但关键在于并不影响他们都属于圣贤。后世的学者则全都是跟自己意见相同就袒护，跟自己意见不同就攻击，为私心和浮躁之气所驱使，只把圣贤的事业当作一场儿戏看罢了。"

又问："知行合一之说是先生论学最要紧处，今既与象山之说异矣，敢问其所以同？"

译文

又问："知行合一的学说是先生治学中最重要的观点。如今既然与象山先生的观点不同，敢问为什么说它们相同呢？"

曰："知行原是两个字说一个工夫，这一个工夫须著此两个字，方说得完全无弊病。若头脑处见得分明，见得原是一个头脑，则虽把知行分作两个说，毕竟将来做那一个工夫，则始或未便融会，终所谓百虑而一致矣。若头脑见得不分明，原看做两个了，则虽把知行合作一个说，亦恐终未有凑泊处，况又分作两截去做，则是从头至尾更没讨下落处也。"

译文

答："知行原本是两个字说一个功夫，这一个功夫需要突出这两个字才说得完全而没有毛病。如果要旨的地方看得清楚明白，看得出原本是一个要旨，那么即使把知行分成两个来阐释，终归将来也会做成一个功夫，则开始时或许没有立即融合贯通，最终还是会使各种不同的思想归于一致的。如果要旨的地方不清楚、不明白，原本就看成了两个，则纵然把知行合成一个来讨论，恐怕最终也没有能聚合的地方，况且又分成两截去做，则从头到尾都没有着落。"

又问："致良知之说，真是百世以俟圣人而不惑者。象山已于头脑上见得分明，如何于此尚有不同？"

译文

又问："致良知的学说，真是历经百世以等待圣人出现而不致迷惑的主张。象山先生已经在要旨上看得清楚明白，为什么在这方面还有不同呢？"

曰："致知格物，自来儒者皆相沿如此说，故象山亦遂相沿得来，不复致疑耳。然此毕竟亦是象山见得未精一处，不可掩也。"

译文

答："致知格物，自古以来的儒家学者都递相沿袭地这样说，因此象山也是沿袭而得来的，不再表示怀疑。然而此处终归也是象山没有看得很精细的一处，不可为其遮掩。"

又曰："知之真切笃实处，便是行；行之明觉精察处，便是知。若知时，其心不能真切笃实，则其知便不能明觉精察；不是知之时，只要明觉精察，更不要真切笃实也。行之时，其心不能明觉精察，则其行便不能真切笃实；不是行之时，只要真切笃实，更不要明觉精察也。知天地之化育，心体原是如此；'乾知大始'，心体亦原是如此。"

译文

又答："知的过程中真切实在的地方就是行，行的过程中精明觉察的地方就是知。如果知的时候，心不能真切实在，则知就不能精明觉察；不是知的时候，只需要精明觉察而不需要真切实在。行的时候，心不能精明觉察，则行就不能真切实在；不是行的时候，只需要真切实在而不需要精明觉察。知晓天地养育万物的方式，心的体原本就是这样；'乾阳的功能是创始万物'，心的体原本也就是这样。"

答南元善

丙戌

别去忽逾三月，居尝思念，辄与诸生私相慨叹，计归程之所及，此时当到家久矣。太夫人康强，贵眷无恙。渭南风景当与柴桑无异，而元善之识见兴趣，则又有出于元亮之上者矣。近得中途寄来书，读之恍然如接颜色。勤勤恳恳，惟以得闻道为喜，急问学为事，恐卒不得为圣人为忧。亹亹千数百言，略无一字及于得丧荣辱之间，此非真有朝闻夕死之志者，未易以涉斯境也。浣慰何如？诸生递观传诵，相与叹仰歆服，因而兴起者多矣。

译文

分别离开不觉已经超过三个月了，居家时曾十分思念，动不动便与学生偷偷地感慨叹息，计算着回家的历程应该走到何处了，这时应到家很久了。太夫人身体健康强壮，家眷也很好。渭南的风景应当与柴桑没有什么不同，而元善的见识和兴趣又有在元亮之上的。近来得到中途寄来的信，读后仿佛见到了真容。勤勤恳恳，只以能听到道义而欢喜，以问学为最迫切的事，只怕最终成不了圣人，并以之为忧患。勤勤恳恳地写了成百上千句话，没有一个字提及得失与荣辱，这如果不是真有早上得知真理，到晚上死去都可以的志向的人，是不可能轻易达到这样的境界的。这是多么令人宽慰啊！学生们顺次观看、传诵，深表钦佩与叹服，奋起治学的人也多了起来。

世之高抗通脱之士，捐富贵，轻利害，弃爵禄，决然长往而不顾者，亦皆有之。彼其或从好于外道诡异之说，投情于诗酒山水技艺之乐，又或奋发于意气，感激于愤悱，牵溺于嗜好，有待于物以相胜，是以去彼取此而后能。及其所之既倦，意衡心郁，情随事移，则忧愁悲苦随之而作，果能捐富贵，轻利害，弃爵禄，快然终身，无入而不自得已乎？夫惟有道之士，真有以见其良知之昭明灵觉、圆融洞彻，廓然与太虚而同体。太虚之中，何物不有，而无一物能为太虚之障碍。盖吾良知之体，本自聪明睿知，本自宽裕温柔，本自发强刚毅，本自斋庄中正、文理密察，本自溥博渊泉而时出之，本无富贵之可慕，本无贫贱之可忧，本无得丧之可欣戚、爱憎之可取舍。盖吾之耳而非良知则不能以听矣，又有何于聪？目而非良知则不能以视矣，又何有于明？心而非良知则不能以思与觉矣，又何有于睿知？然则又何有于宽裕温柔乎？又何有于发强刚毅乎？又何有于斋庄中正、文理密察乎？又何有于溥博渊泉而时出之乎？故凡慕富贵，忧贫贱，欣戚得丧，爱憎取舍之类，皆足以蔽吾聪明睿知之体，而窒吾渊泉时出之用。若此者，如明目之中而翳之以尘沙，聪耳之中而塞之以木楔也。其疾痛郁逆，将必速去之为快，而何能忍于时刻乎？故凡有道之士，其于慕富贵，忧贫贱，欣戚得丧而取舍爱憎也，若洗目中之尘而拔耳中之楔；其于富贵、贫贱、得丧、爱憎之相值，若飘风浮霭之往来变化于太虚，而太虚之体固常廓然其无碍也。元善今日之所造，其殆庶几于是矣乎？是岂有待于物以相胜而去彼取此，激昂于一时之意气者所能强而声音笑貌以为之乎？元善自爱！元善自爱！

译文

世上刚正不屈、通达脱俗的人，抛弃富贵，不重利害，放弃爵位与俸禄，毅然决然地前行而义无反顾的行为，也都是有的。他们有的喜好方外诡秘奇异的见解，纵情于诗、酒、山水、技艺的乐趣之中，又有的精神气概高昂振奋，在愤慨中感奋激发，沉溺于自己的嗜好，希望通过外物来制约，因此必须要舍弃那个，选取这个才可以。等到他们所做的都已倦怠，意念违逆、心情忧郁，那么忧愁和悲苦也就随之发作了，难道真的会抛弃富贵，不重利害，放弃爵位与俸禄，一辈子快快乐乐，无论怎样的地位都能自得吗？那些领会大道的人，真的会凭借他们良知的显著与觉悟、通融与透彻，毫无阻碍地与太虚宇宙融为一体。宇宙之中，万物皆备，却没有一物能成为太虚的障碍。大概良知的本体，本是聪明睿智、宽容温柔、奋发图强、刚强坚毅、庄重自持、缜密明晰的，本是如广大、丰富的深泉一样喷涌，本没有可以羡慕的富贵，没有可以担忧的贫贱，没有得与失可以高兴与悲伤，没有爱与恨可以选取与舍弃。大概我的耳朵如果没有良知便不能听，那么还谈得到听觉吗？眼睛如果没有良知便不能看，那么还谈得到视觉吗？心如果没有良知便不能思考与感觉，那么还谈得到睿智吗？那么还谈得到宽容温柔吗？那么还谈得到奋发图强、刚强坚毅吗？那么还谈得到庄重自持、缜密明晰吗？那么还谈得到如广大、丰富的深泉一样喷涌吗？因此凡是羡慕富贵，担忧贫贱，因得与失而高兴或悲伤，因爱与恨而选取或舍弃的心态，都足以遮蔽我聪明睿智的体，阻塞我如深泉喷涌般的用。如果是这样，就好像明亮的眼睛被尘土和沙砾所遮掩，灵敏的耳朵被木楔所充塞一样。它的疼痛、积聚和逆流一定想要快速去除才会舒服，难道还能忍着吗？因此凡是领会大道的人，对于羡慕富贵，担忧贫贱，因得与失而高兴或悲伤，因爱与恨而选取或舍弃的心态，就会像清洗眼中的尘土、拔除耳朵里的木楔一样；对于所遇到的富贵、贫贱、得失、爱恨，就像是太虚宇宙中往来变化的暴风、浮云一样，而太虚的本体本就一直是毫无阻碍的。元善今日的造诣，大概已达到了这样的程度吧！这难道还希望通过外物来制约，去舍弃那个，选取这个，奋发昂扬于一时的精神气概来勉强发出声音与笑脸吗？元善要自己爱护自己！元善要自己爱护自己！

关中自古多豪杰，其忠信沉毅之质，明达英伟之器，四方之士，吾见亦多矣，未有如关中之盛者也。然自横渠之后，此学不讲，或亦与四方无异矣。自此关中之士有所振发兴起，进其文艺于道德之归，变其气节为圣贤之学，将必自吾元善昆季始也。今日之归，谓天为无意乎？谓天为无意乎？

译文

关中地区自古以来就有很多才能出众的人，他们有忠诚信实、沉着坚毅的品质和通达卓越的才能；普天下的人士，我也见过不少，没有像关中地区一样繁盛的。然而自横渠先生之后，不再讲这样的学问，或许也与天下四方没有不同了。从今往后，关中人士要奋发崛起，将文艺上升、归属到道德的层面，将气节转变为圣贤的学问，将一定会从我们元善兄弟这里开始。今日回家，难道说天是无意的吗？难道说天是无意的吗？

元贞以病，不及别简。盖心同道同而学同，吾所以告之，亦不能有他说也。亮之亮之！

译文

因元贞生病，我就不再另给他写信了。大概心同、道同，学问也就相同，我要告诉他的，也不会有别的内容。见谅，见谅！

二

丙戌

五月初得苏州书，后月适遇王驿丞去，草草曾附短启，其时私计行旆，到家必已久矣。是月三日，余门子回复，领手教，始知六月尚留汴城。世途之险涩难料，每每若此也。贱躯入夏咳作，兼以毒暑大旱，舟楫无所往，日与二三子讲息池傍小阁中。每及贤昆玉，则喟然兴叹而已。郡中今岁之旱比往年尤甚，河渠曾蒙开浚者，百姓皆得资灌溉之利，相与啧啧追颂功德，然已控吁无及矣。彼奸妒憸人，号称士类者，乃独谗疾排构，无所不至，曾细民之不若，亦独何哉！亦独何哉！色养之暇，埙篪协奏，切磋讲习，当日益深造矣。里中英俊，相从论学者几人？学绝道丧，且几百年，居今之时，而苟知趋向于是，正所谓空谷之足音，皆今之豪杰矣，便中示知之。

译文

五月初收到从苏州来的信，第二个月恰好遇到王驿丞离开，曾附有一封草草写成的短信，当时私下计算车上的旗子，到家一定已经很久了。这个月的三号，我的差役回复我，接到手书，才知道六月时还停留在汴城。人间历程崎岖阻塞的难以预料，往往都是像这样。在下入夏后咳喘病发作，加之酷暑大旱，船只都没有能去的地方，只得每天和几个人在池塘旁的小楼中讲习休息。每每谈及贤兄玉，就因感慨而深深地叹气。郡中今年的旱情比往年更加严重，河渠曾蒙受疏通，百姓都获得了灌溉的好处，共同歌功颂德，赞叹不已，却已来不及控诉和呼吁了。那些奸邪的人，号称士人，却专做谗害、嫉妒、排挤、诬陷的事，什么坏事都干得出来，连普通百姓都不如，又是为什么呢？又是为什么呢？孝敬父母之余，兄弟和谐相处，切磋讲习学问，应当日益达到更精深的境地。乡里中才智出众的人，有几个和你一起讨论学问的？学问断绝，大道沦丧，已有几百年了，身处当今这个时候，如果知道趋向于大道，便是十分难得的言论了，都是当今的才能出众之人，方便的时候和你说说。

窃尝喜晦翁涵育薰陶之说，以为今时朋友相与，必有此意，而后彼此交益。近来一二同志与人讲学，乃有规砺太刻、遂相愤戾而去者，大抵皆不免于以善服人之病耳。楚国宝又尔忧去，子京诸友亦不能亟相会，一齐众楚，“道之不明也，我知之矣”。虽然“风雨如晦，鸡鸣不已”，“至诚而不动者，未之有也”。非贤昆玉，畴足以语于斯乎？其余世情，真若浮虚之变态，亮非元善之所屑闻者也，遂不一一及。

译文

在下曾欣赏晦庵先生涵养化育、濡染同化的主张，认为如今朋友间相处，一定要有这样的意思，然后彼此的交情会更加深厚。最近有一两位志同道合的朋友与人讲习学问，有正言砥砺太过苛刻以至愤然暴戾而去的情况，大概都免不了用善来令人信服的毛病。楚国宝又担心你离去，子京等诸位朋友也不能立即相会，不会有什么成就，“道理不能显明的原因，我已经知道了”。虽然“风雨交加，天色昏暗，公鸡啼鸣不止”，但是“至诚之心而不能使别人感动，是天下不曾有过的事”。如果不是贤兄玉，我能说这些东西吗？其他的世态人情，真好像虚空变化出的各种情状，料想不是元善所屑于听的，也就不一一提及了。

答季明德

丙戌

书惠远及，以咳恙未平，忧念备至，感愧良深！食姜太多，非东南所宜，诚然，此亦不过暂时劫剂耳。近有一友为易贝母丸，服之颇亦有效，乃终不若来喻“用养生之法拔去病根”者为得本源之论。然此又不但治病为然，学问之功亦当如是矣。

译文

从远方收到您的书信，因咳喘病还没好，忧思挂念之情极其周到，深感惭愧！吃太多的姜，在东南地区不适宜，确实是这样，不过这也是暂时的猛药吧。近来一位朋友给了我一副易贝母丸，服用之后也非常有效，不过终究不如来信中提到的“用养生的方法拔除病根”为最根本的道理。而且不仅治病是这样，治学也应当这样。

承示“立志益坚，谓圣人必可以学而至，兢兢焉常磨炼于事为朋友之间，而厌烦之心比前差少”，喜幸殊极！又谓“圣人之学，不能无积累之渐”，意亦切实。中间以尧、舜、文王、孔、老诸说发明“志学”一章之意，足知近来进修不懈。居有司之烦而能精思力究若此，非朋辈所及。然此在吾明德，自以此意奋起其精神，砥切其志意，则可矣，必欲如此节节分疏引证，以为圣人进道一定之阶级，又连掇数圣人纸上之陈济而入之以此一款条例之中，如以尧之试鲧为未能不惑，子夏之“启予”为未能耳顺之类，则是尚有比拟牵滞之累。以此论圣人之亦必由学而至，则虽有所发明，然其阶级悬难，反觉高远深奥，而未见其为人皆可学，乃不如末后一节，谓“至其极而矩之不逾，亦不过自此志之不已所积，而‘不逾’之上，亦必有学可进，圣人岂绝然与人异哉？”又云：“善者，圣之体也，害此善者，人欲而已。人欲，吾之所本无，去其本无之人欲，则善在我而圣体全。圣无有余，我无不足，此以知圣人之必可学也。然非有求为圣人之志，则亦不能以有成。”只如此论，自是亲切简易；以此开喻来学，足以兴起之矣。若如前说，未免使柔怯者畏缩而不敢当，高明者希高而外逐，不能无弊也。圣贤垂训，固有书不尽言、言不尽意者。凡看经书，要在致吾之良知，取其有益于学而已，则千经万典，颠倒纵横，皆为我之所用；一涉拘执比拟，则反为所缚，虽或特见妙诣，开发之益一时不无，而意必之见流注潜伏，盖有反为良知之障蔽而不自知觉者矣。其云“善者圣之体”，意固已好，善即良知，言良知则使人尤为易晓，故区区近有“心之良知是谓圣”之说。其间又云：“人之为学，求尽乎天而已。”此明德之意，本欲合天人而为一，而未免反离而二之也。人者，天地万物之心也；心者，天地万物之主也。心即天，言心则天地万物皆举之矣，而又亲切简易，故不若言“人之为学，求尽乎心而已”。

译文

承蒙展示“立志更加坚定，必然可以通过学习达到圣人的境界，为朋友做事勤勤恳恳以锻炼自己，而厌倦、烦躁的心情比以前少了很多”，读后实在是太高兴了！又说“要达到圣人的学问，不能没有一个积累渐进的过程”，意思也很肯切实在。文中用尧、舜、文王、孔子、老子等人的学说来阐明“志学”一章的内容，足以知道您最近以来进修研习没有丝毫懈怠。身为有司，政务烦冗，却能如此精心思考，用力探究，不是我们这些人能达到的。不过，这在我治明德的功夫，用这样的方法振奋他的精神，砥砺、磨炼他的意志，是可以的；一定要像这样每一节分别疏证、引据，认为圣人道学的进步一定也是寻着台阶前进，又连续摘取数位圣人的记述，并将其列入这一款条例之中，如认为尧测试鲧不能没有疑惑，子夏的“对自己有所启发”为不能做到耳顺之类，则还是受到了比拟、拘泥的拖累。用这样的方式来论证圣人也可以通过学习来达到，则虽然有一定的创造性，但他们的台阶又高又难，反而会令人觉得高远深奥，不见得人人都可以学会，还不如最后一节所说的“到了极致就不会越出规矩，也不过是对志向永不停止的追求过程中的一种积累，而‘不越出’的上面，也一定有可以学习进步的空间，圣人难道真的与常人完全不同吗？”又说：“善是圣的体，对善造成危害的，不过就是人欲。人欲，从根本上说是没有的，去掉根本上没有的人欲，善就会在我身上出现，圣人之体也就完全了。圣人有很多地方都突破了人欲，我却还有很多不足，从这里也可以知道圣人是可以学的。不过没有力求成为圣人的志向，也是不能实现的。”就像这样的论述，自然是亲切、简单、易学的；用它来启发后来的学者，足以令其奋起。如果像前面所说的，不免让柔弱怯懦的人畏惧、退缩而不敢面对，有高明见解的人仰慕高远而向外寻求，不会没有毛病。圣贤的垂示教训，本就是写下来的不会是全部要说的话，说出来的也不会是全部要表达的意思。凡是看经书，关键在于致良知，选取其中对治学有益的部分罢了。这样一来，无论是多少经书，无论怎样的错乱、奔放，都能为我所用。可是一旦涉及比拟、拘泥，就反而会被束缚，纵然或许有独特的见解和精妙的造诣，一个时期内对于启发、开导不是没有好处，然而意断、固执的主张贯注、潜伏其中，反而会遮蔽良知而自己还没有察觉。所说的“善是圣的体”，意思本来已经很好了。善就是良知，说良知则更容易让人知晓，因此在下最近有“心的良知就是圣”的说法。您又提到：“人们治学，不过是求得合乎天道罢了。”这是明德的意思，本是想把天和人合二为一，却不免将它们一分为二了。人是天地万物的心，心是天地万物的主。心就是天，说到心则天地万物都包括在内，而又亲切、简单、易学，因此不如说“人们治学，不过是求得合乎心罢了”。

知行之答，大段切实明白，词气亦平和，有足启发人者。惟贤一书，识见甚进，间有语疵，则前所谓“意必之见流注潜伏”者之为病。今既照破，久当自融释矣。

译文

关于知行的回答，大部分准确、客观、明白，语言的气势也平和，足以启发别人。您的大著，见解十分超前，断断续续有一些语言上的瑕疵，就是前面所说的“意断、固执的主张贯注、潜伏其中”的那种问题。如今既然已经点明，时间长了自然就会化解。

以“效”训“学”之说，凡字义之难通者，则以一字相类而易晓者释之。若今“学”字之义，本自明白，不必训释。今遂以“效”训“学”，以“学”训“效”，皆无不可，不必有所拘执，但“效”字终不若“学”字之混成耳。率性而行，则性谓之道；修道而学，则道谓为教。谓修道之为教，可也；谓修道之为学，亦可也。自其道之示人无隐者而言，则道谓之教；自其功夫之修习无违者而言，则道谓之学。教也，学也，皆道也，非人之所能为也。知此，则又何训释之有！所须学记，因病未能着笔，俟后便为之。

译文

用“效”字解释“学”字的主张，凡是字义难以理解的情况，使用与这个字相类似并且容易理解的字来解释。像现在“学”字的意思本就很明白，不必解释。于是无论是用“效”解释“学”，还是用“学”解释“效”，都没有什么不可以，不必拘泥固执，只是“效”字终究不如“学”字自然。遵循本性而动，则性就是道；修明大道而学，则道就是教。说修明大道是教，可以；说修明大道是学，也可以。从大道向人展示、没有隐藏的角度说，道就是教；从修习道的功夫没有违背的角度说，道就是学。教、学，都是道，并不由人的意志为转移。明白了这个道理，还需要作什么解释呢！所需要学习、记录下来的，因病不能落笔，等日后方便时再说吧。

与王公弼

丙戌

来书比旧所见益进，可喜可喜！中间谓“弃置富贵与轻于方父兄之命，只是一事”，当弃富贵，即弃富贵，只是致良知；当从父兄之命，即从父兄之命，亦只是致良知。其间权量轻重，稍有私意，于良知便自不安。凡认贼作子者，缘不知在良知上用功，是以有此。若只在良知上体认，所谓“虽不中，不远矣”。

译文

从来信可以看出比以前更有长进了，值得欣喜！信中说“放弃富贵与轻视父亲、兄长的安排只是同一件事”，如果应当放弃富贵，就要放弃富贵，只是要致良知；如果应当听从父亲、兄长的安排，就要听从父亲、兄长的安排，也只是要致良知。在这中间权衡轻重，稍微有一些私人的意见，于良知便会感到不安。凡是错将妄想认作真实的人，都是不知道在良知上下功夫，因此才会有问题。如果只在良知上体会、认知，便会出现所说的“即使达不到目标，也不会相差太远”。

二

丁亥

老年得子，实出望外。承相知爱念，勤惓若此，又重之以厚仪，感愧何可当也！两广之役，积衰久病之余，何能堪此！已具本辞免，但未知遂能得允否耳。来书提醒良知之说，甚善甚善！所云“困勉之功”，亦只是提醒工夫未能纯熟，须加人一己百之力，然后能无间断，非是提醒之外别有一段困勉之事也。

译文

老年得子，实在出乎预料之外。承蒙您的相知挂念，如此恳切，还加以厚礼，实在令人感动并惭愧呀！到两广服役，长期衰弱病痛之余的身体，怎能担此重任？已经详细写好辞免的奏本，只是不知道能不能被允许。来信从旁指点、促使注意良知的说法非常好！所说的“刻苦勤奋的功夫”，也只是从旁指点、促使注意的功夫还不够熟练，必须付出人一我百的努力，然后才能连接在一起，而不是从旁指点、促使注意之外别有一段刻苦勤奋的功夫。

与欧阳崇一

丙戌

正之诸友下第归，备谈在京相与之详。近虽仕途纷扰中，而功力略无退转，甚难甚难！得来书，自咎真切，论学数条，卓有定见，非独无退转，且大有所进矣。文蔚所疑，良不为过。孟子谓“有诸己之谓信”，今吾未能有诸己，是未能自信也，宜乎文蔚之未能信我矣。乃劳崇一逐一为我解嘲，然又不敢尽谓崇一解嘲之言为口给，但在区区则亦未能一一尽如崇一之所解者，为不能无愧耳，固不敢不勉力也。

正之等诸位朋友从京城应试回来，详细谈论了在京城和你交往的情况。近来虽处在做官的纷乱之中，可功力一点都没有退步和转变，实在是太难得了！得到来信，自己的责备十分真切，几条论学的内容，卓然有确定的见解，不仅是没有退步和转变，而且大有进步。文蔚所怀疑的内容，确实不过分。孟子说："美好的事物存在于他本身叫作可信。"如今我没有那样的美好，因此不能说自己可信，文蔚怀疑我也是应该的吧。于是要烦劳崇一逐一为我解释，不过又不敢把崇一的解释完全当作能言善辩，只是在于在下也没有能够全部都像崇一所解释的那样，不能不惭愧呀，也就不敢不努力了。

寄陆原静

丙戌

原静虽在忧苦中，其学问功夫所谓"颠沛必于是"者，不言可知矣，奚必论说讲究而后可以为学乎？南元善曾将原静后来论学数条刊入《后录》中，初心甚不欲渠如此，近日朋辈见之，却因此多有省悟，始知古人相与辩论穷诘，亦不独要自己明白，直欲共明此学于天下耳。盖此数条，同志中肯用功者，亦时有疑及之，然非原静，则亦莫肯如此披豁吐露；就欲如此披豁吐露，亦不能如此曲折详尽。故此原静一问，其有益于同志，良不浅浅也。自后但有可相启发者，不惜时寄及之，幸甚幸甚！

译文

原静虽在忧愁苦痛中，但他治学功夫中所展现的"颠沛流离的时候一定与仁德同在"的品质，不说也可以知道，为什么一定要在讨论讲求之后才可以治学呢？南元善曾把原静后来几条论述学问的内容刊刻在《后录》中了，开始时特别不希望他这样做，不过最近朋友们见了之后，凭借这些内容多有醒悟，才知道古人彼此辩论、追根寻源的意义在于不是只要自己明白，而是想与天下人共同明了这门学问。大概就这几条，志同道合的人中肯下功夫的，也不时会提出疑问，如果不是原静，也不会肯于如此开诚布公地吐露；就算开诚布公地吐露，也不会这样委曲详尽。因此原静的这一问，对志同道合者的帮助实在是不浅啊！今后只要是有可以互相启发的问题，还望不要吝惜，随时寄来，不胜荣幸！

近得施聘之书，意向卓然，出于流辈，往年尝窃异其人，今果与俗不同也。闲中曾相往复否？大事今冬能举得，便可无他绊系，如聘之者，不妨时时一会。穷居独处，无朋友相砥切，最是一大患也。贵乡有韦友名商臣者，闻其用工笃实，尤为难得，亦曾一相讲否？

译文

近来收到施聘之的信，志向卓越，高出同辈人，以前我曾私下里认为这个人很特别，如今看来果然是与常人不同。闲暇时有书信往来吗？大的政事今年冬天就能成功，便可以没有别的羁绊了，像聘之这样的人，不妨时常见一见。离群索居，没有朋友相互切磋，最是一大弊端。贵乡有一个叫韦商臣的朋友，听说他用功十分扎实，很是难得，是否也曾相互切磋过呢？

答甘泉

丙戌

音问虽疏，道德之声无日不闻于耳，所以启聩消鄙者多矣。向承狂生之谕，初闻极骇，彼虽愚悖之甚，不应遽至于尔。既而细询其故，良亦有因，近复来此，始得其实。盖此生素有老佛之溺，为朋辈所攻激，遂高自矜大，以夸愚泄愤。盖亦不过怪诞妖妄，如近世方士呼雷斩蛟之说之类，而闻者不察，又从而增饰之耳。近已与之痛绝，而此生深自悔责，若无所措其躬。赖其资性颇可，或自此遂能改创，未可知也。学绝道丧之余，苟以是心至，斯受之矣，忠信明敏之资，绝不可得。如生者，良亦千百中之一二，而又复不免于陷溺若此，可如何哉！可如何哉！龚生来访，自言素沐教极深，其资性甚纯谨，惜无可以进之者，今复远求陶铸，自此当见其有成也。

问候虽然不多，道德的名声却没有一天听不到，所用来让聋人听见、消除鄙陋的东西有很多。以前听到一个狂妄之人的话，开始听时感觉非常惊骇，他纵然十分愚笨糊涂，也不应该到这样的地步呀。接着仔细询问缘故，确实是有原因的，最近又来到这里，才明白是怎么回事。大概这个人平素沉溺于道家、佛教的学说，被朋友辈攻击、刺激，于是自高自大，以夸大愚昧来发泄愤怒。大概也不过是荒诞怪异，如同近代方士呼雷斩蛟之类的东西，而听的人不明察，又随着增补修饰。近来已经与他彻底绝裂，而这个人也深深地自责悔过，好像没有地方可以安置自己了。幸亏他的资质、性情还可以，或许从此能够改变、创新，也不知道会不会这样。学问断绝、大道沦丧之际，如果心都到了这样的地步，也就只能接受了，而忠实、诚信、聪明、机敏的资质绝对不可多得。像这个人这样的，确实是千百个中只有一两个，而又难免如此陷落、沉溺，能怎么样呢？能怎么样呢？有个姓龚的学生来访，自称平时蒙受教诲极深，他的资质、性情相当纯正谨慎，可惜没有什么进步，今又远远地求助您予以培育，从此应当见到他的成功了。

答魏师说

丁亥

师伊至，备闻日新之功，兼得来书，志意恳切，喜慰无尽！所云“任情任意，认作良知，及作意为之，不依本来良知，而自谓良知者，既已察识其病矣”，意与良知当分别明白。凡应物起念处，皆谓之意。意则有是有非，能知得意之是与非者，则谓之良知。依得良知，即无有不是矣。所疑拘于体面、格于事势等患，皆是致良知之心未能诚切专一；若能诚切专一，自无此也。凡作事不能谋始，与有轻忽苟且之弊者，亦皆致知之心未能诚一，亦是见得良知未透彻，若见得透彻，即体面、事势中，莫非良知之妙用。除却体面、事势之外，亦别无良知矣，岂得又为体面所局、事势所格？即已动于私意，非复良知之本然矣。今时同志中虽皆知得良知无所不在，一涉酬应，便又将人情物理与良知看作两事，此诚不可以不察也。

译文

师伊来到我这里，全面地听到了每日都有长进的功夫，又得到了来信，志向、意念十分恳切，我感到无尽的欢喜和欣慰！所说的“听任情感，听任意念，认作良知，等到刻意行动，不依照本来的良知，而自称良知的，便已经察觉、意识到毛病了”，意念与良知应当分辨明白。凡是对物起反应，发起念头的地方，都叫作意。意有是有非，能够知道意的是与非就是良知。依照良知，就没有不正确的。所疑惑的拘泥于面子、受限于形势的问题，都是致良知的心不能诚实、恳切、专一造成的。如果能做到诚实、恳切、专一，就不会有这些疑惑。凡是做事开始时没有慎重考虑，或者有轻率、苟且等问题的，也都是因为致良知的心未能诚恳、专一造成的，也可以看出对良知了解得不透彻，如果了解透彻，那么面子和形势中也会有良知的妙用。除了面子和形势之外，也没有别的良知了，难道又被面子所拘泥、被形势所限制了吗？这就是已经动了私自的意念，就不能恢复良知本来的样子了。现在志同道合的人们虽然都知道良知无所不在，可一涉及交际往来的事，便又将人情事理和良知看作两回事，这确实不能不引起我们的注意。

与马子莘

丁亥

连得所寄书，诚慰倾渴！缔观来书，其字画、文彩皆有加于畴昔，根本盛而枝叶茂，理固宜然。然草木之花，千叶者无实，其花繁者，其实鲜矣。迩来子莘之志，得无微有所溺乎？是亦不可以不省也。良知之说，往时亦尝备讲，不审迩来能益莹彻否？明道云：“吾学虽有所受，然‘天理’二字却是自家体认出来。”良知即是天理，体认者，实有诸己之谓耳，非若世之想像讲说者之为也。近时同志莫不知以良知为说，然亦未见有能实体认之者，是以尚未免于疑惑。盖有谓良知不足以尽天下之理而必假于穷索以增益之者，又以为徒致良知未必能合于天理，须以良知讲求其所谓天理者，而执之以为一定之则，然后可以率由而无弊。是其为说，非实加体认之功而真有以见夫良知者，则亦莫能辩其言之似是而非也。莆中故多贤，国英及志道二三同志之外，相与切磋砥砺者，亦复几人？良知之外更无知，致知之外更无学。外良知以求知者，邪妄之知矣；外致知以为学者，异端之学矣。道丧千载，良知之学久为赘疣，今之友朋知以此事日相讲求者，殆空谷之足音欤？想念虽切，无因面会，一罄此怀，临书惘惘不尽。

译文

接连收到寄来的书信，真可以慰藉我的渴念！仔细观看来信，其书法、文笔都比往日有所进步，根本繁盛，枝叶才会茂盛，道理本来就是这样。然而草木开花，生千叶的不结果，花开得繁盛的，也几乎没有果实。近来子莘的志向，难道不是有所沉溺了吗？这不可以不省察。良知的学说，从前也曾全面地讲过，不知近来能否更加明白透彻了？明道先生说：“我的学问尽管有所传授，但‘天理’两个字是我自己体会认识出来的。”良知就是天理，体会、认识，是确实运用在自己身上的意思，不像世上那些只想象、讲说的人。最近志同道合的人没有不知道以良知为重要学说的，然而也没见过能确实体会、认识它的，因此还不免有疑惑。大概有人说良知不足以涵盖天下所有的道理，必须借助苦心思索才能更有作用；又有人认为单纯的致良知不一定能符合天理，必须用良知来讲求他所说的天理，并以这个天理为一定的准则，然后可以遵循而没有毛病。这样的说法，不是确实施加了体会、认识的功夫而能真正见识良知的人是不会辨别出它好像是对的而实际上不对的本质的。莆田以前有很多贤德的人，如今除了国英、志道等两三位志同道合的人以外，互相切磋勉励的还有几人？良知之外没有什么知识了，致良知之外，更没有什么学问了。在良知之外寻求的知识，是乖谬的知识；在致良知之外治学，是异端的学问。大道已丧失千年，良知的学说成为多余而无用的东西也已经很久了，如今朋友们知道每日切磋讲求这件事，真的是太难得了！想念的心虽然急切，却没有缘由见面相会，说尽我胸中的话，面对书信，伤感不尽。

与毛古庵宪副

丁亥

亟承书惠，既荷不遗，中间歉然下问之意，尤足以仰见贤者进修之功勤勤不懈，喜幸何可言也！无因促膝一陈鄙见，以求是正，可胜瞻驰！

译文

屡次收到您的书信，既感谢不弃，中间歉疚下问的意思，尤其可以仰望贤者进阶修为中诚恳不懈怠的功夫，这样的喜悦和幸福用什么言语才能表达呢！没有机缘和您面对面陈述一番在下的见解，以求得批评指正，我的仰望神驰怎可忍受！

凡鄙人所谓致良知之说，与今之所谓体认天理之说本亦无大相远，但微有直截迂曲之差耳。譬之种植，致良知者是培其根本之生意而达之枝叶者也，体认天理者是茂其枝叶之生意而求以复之根本者也。然培其根本之生意固自有以达之枝叶矣，欲茂其枝叶之生意，亦安能舍根本而别有生意可以茂之枝叶之间者乎？吾兄忠信近道之资既自出于侪辈之上，近见胡正人，备谈吾兄平日工夫又皆笃实恳切，非若世之徇名远迹而徒以支离于其外者。只如此用力不已，自当循循有至，所谓殊途而同归者也，亦奚必改途易业而别求所谓为学之方乎？惟吾兄益就平日用工得力处进步不息，譬之适京都者，始在偏州僻壤，未免经历于傍蹊曲径之中，苟志往不懈，未有不达于通衢大路者也。病躯咳作，不能多及，寄去鄙录，末后论学一书亦颇发明鄙见，暇中幸示及之。

译文

凡是在下所说的致良知的学说，与今天所说的体认天理的说法本来也没有太大的不同，只是稍有一些简单明白和迂回曲折的差别。比方种植，致良知的人是培养其根部的生命力，然后上达到枝叶；体会、认知天理的人是繁茂其枝叶的生命力，然后再求其根本。然而培养其根部的生命力本身就可以上达枝叶，想要繁茂其枝叶的生命力，怎么能舍弃根本而另有生命力让枝叶繁茂呢？老兄忠诚信实、接近大道的资质本就高于同辈之上，最近见到胡正人，全面地谈了老兄平时的治学功夫实在、诚恳，决不像世上那种本想舍身追求功名业绩却只在身外求得个支离破碎的人。就这样不停地用功，自然会循序渐进地达到大道，这就是所说的殊途同归，又何必改变途径而追求其他的所谓的治学之法呢？老兄只需在平时用功的地方不停地向前进，比方要去京都的人，开始时在偏僻的地方，不免要经历一些偏仄的小路，如果去京都的志向不懈怠，就没有到不了通衢大道的。多病的身体，咳喘时时发作，不能多说，寄去我写下的东西，最后有一封论学的信也非常能阐明我的观点，闲暇时希望能看一看。

与黄宗贤

丁亥

人在仕途，比之退处山林时，其工夫之难十倍，非得良友时时警发砥砺，则其平日之所志向，鲜有不潜移默夺，弛然日就于颓靡者。近与诚甫言，在京师相与者少，二君必须预先相约定，彼此但见微有动气处，即须提起致良知话头，互相规切。凡人言语正到快意时，便截然能忍默得；意气正到发扬时，便翕然能收敛得；愤怒嗜欲正到腾沸时，便廓然能消化得：此非天下之大勇者不能也。然见得良知亲切时，其工夫又自不难。缘此数病，良知之所本无，只因良知昏昧蔽塞而后有，若良知一提醒时，即如白日一出，而魍魉自消矣。

译文

人做官，与退隐山林相比，需下的功夫要难上十倍，如果不是得到了益友时不时地警醒、启发和勉励，那么平时的志向几乎都会不露形迹地发生改变，都会放心大胆地变得颓丧的。最近和诚甫说，京师里能相处的人少，咱们两个人必须预先作好约定，只要彼此发现了稍微有生气的情况，就必须提起致良知的话题，互相劝诫谏正。人说话到了恣意所欲时还能像割断一样忍耐、沉默；精神气概高昂激扬时还能安宁和顺地收敛；愤怒、欲望到了极度旺盛的时候还能静静地将其消融：不是天下的大勇士是做不到这些的。然而见到良知真切时，它的功夫自然又不难。之所以出现这些毛病，是因为良知本没有固定的处所，这又是因为良知只在糊涂、堵塞之后才会显现。如果良知能够稍作提醒，就会像太阳出现了一样，魑魅魍魉自然就消散了。

《中庸》谓“知耻近乎勇”，所谓知耻，只是耻其不能致得自己良知耳。今人多以言语不能屈服得人为耻，意气不能陵轧得人为耻，愤怒嗜欲不能直意任情得为耻，殊不知此数病者皆是蔽塞自己良知之事，正君子之所宜深耻者。今乃反以不能蔽塞自己良知为耻，正是耻非其所当耻，而不知耻其所当耻也，可不大哀乎！

译文

《中庸》说：“知道什么是羞耻就接近勇了。”所说的知耻，只是以不能致得自己的良知为羞耻。现在的人却大多以言语不能令人屈服为耻，以精神气概不能欺压他人为耻，以愤怒、欲望不能顺心、尽情为耻，殊不知这些毛病都是堵塞自己良知的事，正是君子应该深以为耻的东西。今天反以不能堵塞自己的良知为耻，正是以不应当认为羞耻的东西为羞耻，而不知道以应当认为羞耻的东西为羞耻，能不悲哀吗！

诸君皆平日所知厚者，区区之心，爱莫为助，只愿诸君都做个古之大臣。古之所谓大臣者，更不称他有甚知谋才略，只是一个断断无他技，休休如有容而已。诸君知谋才略自是超然出于众人之上，所未能自信者，只是未能致得自己良知，未全得断断休休体段耳。今天下事势如沉痾积痿，所望以起死回生者，实有在于诸君子。若自己病痛未能除得，何以能疗得天下之病？此区区一念之诚，所以不能不为诸君一竭尽者也。诸君每相见时，幸默以此意相规切之，须是克去己私，真能以天地万物为一体，实康济得天下，挽回三代之治，方是不负如此圣明之君，方能报得如此知遇，不枉了因此一大事来出世一遭也。病卧山林，只好修药饵，苟延喘息。但于诸君出处，亦有痛痒相关者，不觉缕缕至此，幸亮此情也。

译文

各位都是平时知识厚重的人，在下的心虽然关切同情，却没有力量相帮助，只希望各位都做个古代的大臣。所谓古代的大臣，不是说他有怎样的才华、谋略，而只是一个确实没有其他技艺、宽容而有气量的人罢了。各位的智谋才略自然是远高于众人之上的，之所以不能自我认同，只是因为不能致得自己的良知，没有全部实现决然、宽容的本体。如今天下的形势如同得了长年积累的重病，所盼望能使起死回生的人，实在是有赖于各位君子。如果自己的病痛都还没有治愈，怎么能够治得了天下的病呢？这是在下诚恳的念头，因此不能不为各位竭尽全力。各位每次相见时，希望能悄悄地用这个意思来互相劝诫谏正，一定要去除自己的私心，真的能以天地万物为一体，切实安抚救助以得天下，恢复上古三代之治，才能不辜负如此圣明的君主，才能回报如此厚重的知遇之恩，才不枉费出世一次来做这件大事。病倒在山林中，只有修养道德的药物，姑且延长着生命。只是对于各位的出仕、隐退，彼此的疾苦也有互相关联的地方，因此不知不觉间没完没了地说到现在，希望能谅解我的这份情意。

答以乘宪副

丁亥

此学不明于世久矣，而旧闻旧习障蔽缠绕，一旦骤闻吾说，未有不非诋疑议者。然此心之良知，昭然不昧，万古一日，但肯平心易气，而以吾说反之于心，亦未有不洞然明白者。然不能即此奋志进步，勇脱窠臼，而犹依违观望于其间，则旧闻旧习又从而牵滞蔽塞之矣。此近时同志中往往皆有是病，不识以乘别后意思却如何耳？昔有十家之村，皆荒其百亩，而日惟转籴于市，取其赢余以赡朝夕者。邻村之农劝之曰："尔朝夕转籴，劳费无期，曷若三年耕则余一年之食，数年耕，可积而富矣。"其二人听之，舍籴而田，八家之人竞相非沮遏，室人老幼亦交遍归谪曰："我朝不籴则无以为饔，暮不籴则无以为餐。朝夕不保，安能待秋而食乎？"其一人力田不顾，卒成富家；其一人不得已，复弃田而籴，竟贫馁终身焉。今天下之人方皆转籴于市，忽有舍籴而田者，宁能免于非谪乎？要在深信弗疑，力田而不顾，乃克有成耳。两承书来，皆有迈往直进、相信不疑之志，殊为浣慰！人还，附知少致切劘之诚，当不以为迂也。

译文

这种学问在世上得不到昌明已经很久了，而以前听说的东西、旧的习惯遮蔽缠绕其间，一旦突然听到我的学说，没有不诋毁质疑的。然而这心的良知，非常明显，万古年的变化如同一日，只要肯心情平和，态度冷静，用我的理论反推到心，就没有不贯通明白的。然而不能就此振奋心志、努力进步，勇于摆脱老套子，而仍然是在其中犹豫、观望，那么以前听说的东西、旧的习惯就会重新拘泥、遮蔽你。最近一些志同道合的人往往都有这个毛病，不知道和以乘分别后怎么样了？以前有一个十户人家的村子，有百亩地都荒废了，每天只是在市场上倒卖粮食，赚取盈余以供每日的开销。邻村的农民劝告他们说："你们成天倒卖，永无休止地耗费人力、物力，为什么不耕种三年而留出一年的粮食，耕作数年便可因积累而富足呢？”其中两户人家听取了意见，舍弃倒卖，转而耕田，其余八户互相争着否定、阻拦，家里的人，无论老幼，纷纷责怨说：“我们早上不买粮食就没有早饭，傍晚不买粮食就没有晚饭。早晚都没有保障，怎么能等到秋天再吃呢？”两户中，一户人家下力气耕田而不顾别人的非议，最后成了富裕之家；另外一户不得已，放弃耕田而重操倒卖的生意，最后终生贫穷饥馁。如今天下人都以在市场上倒卖粮食为生，忽然有人舍弃买粮而耕田，难道能免于责怨吗？关键在于深信不疑，下力气耕田而不顾非议才能有所成就。两次接到书信，都有勇往直前、坚信不疑的志向，着实令人宽慰！人回去了，附带知道稍稍致以切磋相正的挚诚，当不会以为迂妄吧。

与戚秀夫

丁亥

德洪诸友时时谈及盛德深情，追忆留都之会，恍若梦寐中矣。盛使远辱，兼以书仪，感怍何既！此道之在人心，皎如白日，虽阴晴晦明，千态万状，而白日之光未尝增减变动。足下以迈特之资而能笃志问学，勤勤若是，其于此道真如扫云雾而睹白日耳，奚假于区区之为问乎？病废既久，偶承两广之命，方具辞疏。使还，正当纷沓，草草不尽鄙怀。

译文

德洪等诸位朋友时常谈起朋友间高尚的品德与深厚的情谊，追忆留都相会，仿佛在梦中一般。盛使从远方前来，还兼赠礼物，让我感到多么惭愧呀！这个道理在人心中，如太阳一样明亮，即使有阴、晴、暗、明，千种姿态、万种形状，太阳的光芒也从来没有增减变动过。足下有超然不俗的资财，却能坚定治学的志向，如此诚恳殷勤，对于这个道理真好像扫除云雾而目睹太阳一样，还有什么要借助在下来询问的呢？因病废弃已经很久了，偶然承接赴两广上任的命令，才写好推辞的奏折。使者返回，正值纷冗繁杂之时，草草写几句，不能说尽在下的心意。

与陈惟浚

丁亥

江西之会极草草，尚意得同舟旬日，从容一谈，不谓既入省城，人事纷沓，及登舟时，惟浚已行矣，沿途甚怏怏！抵梧后即赴南宁，日不暇给，亦欲遣人相期来此，早晚略暇时可闲话。而此中风土绝异，炎瘴尤不可当，家人辈到此，无不病者。区区咳患亦因热大作，痰痢肿毒交攻。度惟浚断亦不可以居此，又复已之。

译文

江西的相会太匆忙了，还想着能同坐一条船，十天的时间，从容地谈一谈，不料一进入省城，俗事纷冗繁杂，等到登船的时候，惟浚已经走了，一路上我实在是闷闷不乐呀！到达梧州后就赶赴南宁了，整天没有空闲的时候，也想派人和你约个时间来这里，早晚稍有空闲时说些闲话。不过这里的风俗习惯与别处的差异极大，酷热和瘴气尤其不能适应，我的家人到这里，没有不生病的。在下的咳喘病也因天热而发作严重，痰、痢、肿、毒交替来袭。估计惟浚你肯定也不能在这里居住，便又停下不让你来了。

近得聂文蔚书，知已入漳。患难困苦之余，所以动心忍性，增益其所不能者，宜必日有所进，养之以福，正在此时，不得空放过也。圣贤论学，无不可用之工，只是“致良知”三字，尤简易明白，有实下手处，更无走失。近时同志亦已无不知有致良知之说，然能于此实用功者绝少，皆缘见得良知未真，又将“致”字看太易了，是以多未有得力处，虽比往时支离之说稍有头绪，然亦只是五十步百步之间耳。就中亦有肯精心体究者，不觉又转入旧时窠臼中，反为文义所牵滞，工夫不得洒脱精一，此君子之道所以鲜也。此事必须得师友时时相讲习切劘，自然意思日新。

译文

最近收到聂文蔚的信，知道他已进入漳州。患难困苦之中，如果能震动心意、坚忍性情，增长平时不能做的功夫，必定会每天都有进步，保持幸福，正在这时，不要白白地放过。圣贤论学，没有不能用的功夫，只是“致良知”三个字尤其简单、易学、明了，有能确实着手的地方，更不会迷失方向。近来志同道合的人们也都知道致良知的学说，但能在这方面确实下很大功夫的非常少，都是因为见到的良知不是真的，又将“致”字看得太容易了，因此大多没有什么效果，尽管比以前支离破碎的说法稍稍有一些条理，但也不过是五十步和百步的区别。其中也有肯于精心体会探究的，但不自觉地又转入了以前的老套子中，反被文字的含义所拘泥，功夫没能做到洒脱精纯，这便是君子之道所以稀少的原因。这件事必须让师友不时地讲习切磋，意思自然会日新月异。

自出山来，不觉便是一年。山中同志结庐相待者，尚数十人，时有书来，尽令人感动。而地方重务，势难轻脱，病躯又日狼狈若此，不知天意竟如何也？文蔚书中所论，迥然大进，真有一日千里之势，可喜可喜！颇有所询，病中草草答大略，见时可取视之，亦有所发也。

译文

自从离开深山，不知不觉便是一年。山中建筑房舍的志同道合的人还有数十名，时常有书信往来，很令人感动。然而地方上事务繁重，局势令人难以轻易摆脱，抱病之身又日益狼狈，不知道天意究竟是怎样的？文蔚信中所说的，十分卓越，显然是巨大的进步，真有一天行进千里的势头，太令人欣喜了！询问了很多内容，抱病中只能草草地回答个大概，见面时可以取出来看看，也会有一定的启发。

寄安福诸同志

丁亥

诸友始为惜阴之会，当时惟恐只成虚语，迩来乃闻远近豪杰闻风而至者以百数，此可以见良知之同然，而斯道大明之几于此亦可以卜之矣。喜慰可胜言耶！

译文

诸位朋友开始筹办惜阴会的时候，我们只怕它仅能成为一句空话，近来听说远近才能出众的人士一听到消息就来了几百人，这便可以看出良知是多么一致，而大道几乎能在这里昌明也可以推断出来了。这样的欣慰岂是言语能够表达的！

得虞卿及诸同志寄来书，所见比旧又加亲切，足验工夫之进，可喜可喜！只如此用工去，当不能有他岐之惑矣。明道有云：“宁学圣人而不至，不以一善而成名。”此为有志圣人而未能真得圣人之学者则可如此说，若今日所讲良知之说，乃真是圣学之的传，但从此学圣人，却无有不至者。惟恐吾侪尚有一善成名之意，未肯专心致志于此耳。在会诸同志，虽未及一一面见，固已神交于千里之外，相见时幸出此共勉之。

译文

收到虞卿及各位志同道合的人寄来的书信，所见的内容比以前又更加亲切，足以证明功夫的长进，令人欣喜！就照这样用功，应当不会有旁门左道的疑惑。明道先生曾说：“宁可学做圣人而达不到，也不因一点善举而成名。”有志成为圣人却没能真正成为圣人的学者可以这样说，如果是今天所讲的良知学说，乃是圣学的嫡传，只要依此学做圣人，就没有达不到的。只怕我辈中还有做一点善举而成名的想法，不肯专心致志地学习良知学说。参加讲会的各位志同道合的朋友，虽然没有来得及一一见面，但已神交于千里之外了，相见的时候有幸出示来信以共同勉励。

王子茂寄问数条，亦皆明切，中间所疑，在子茂亦是更须诚切用功。到融化时，并其所疑亦皆释然沛然，不复有相阻碍，然后为真得也。凡工夫，只是要简易真切，愈真切，愈简易，愈简易，愈真切。病咳中不能多及，亦不能一一备列姓字，幸以意亮之而已。

译文

王子茂来信中提出了几个问题，也都非常明白而深切，中间的疑问，对于子茂来说，也更是需要真诚恳切地用功。等到融会贯通的时候，连同他的疑问也都会波澜壮阔地消释，不再会有阻碍，然后才是真正地有所得。凡是治学的功夫，只是要简易真切，愈真切，愈简易，愈简易，愈真切。病咳中不能涉及过多，也不能一一列出姓名，所幸有所见谅吧。

与钱德洪王汝中

丁亥

家事赖廷豹纠正，而德洪、汝中又相与薰陶切劘于其间，吾可以无内顾矣。绍兴书院中同志，不审近来意向如何？德洪、汝中既任其责，当能振作接引，有所兴起。会讲之约，但得不废，其间纵有一二懈弛，亦可因此夹持，不致遂有倾倒。余姚又得应元诸友作兴鼓舞，想益日异而月不同。老夫虽出山林，亦每以自慰。诸贤皆一日千里之足，岂俟区区有所警策？聊亦以此示鞭影耳。即日已抵肇庆，去梧不三四日可到。方入冗场，未能多及，千万心亮！绍兴书院及余姚各会同志诸贤，不能一一列名字，幸亮！

译文

家务事仰仗廷豹改正，而德洪、汝中又在中间熏染陶冶、切磋相正，我对家里可以没有什么顾虑了。绍兴书院中志同道合的朋友，不知最近的意向怎么样？德洪、汝中既然担任这一职责，应当能够精神饱满地引导教化，从而建立起来的。会讲的约定，只要不废止，期间纵然有一两次松散懈怠，也可以凭借他们来进行教育，不致于因此而倒下。在余姚又得到应元等诸位朋友的器重与鼓舞，想必更能有日新月异的进步。老夫虽出身山林，但每每想到诸位好友，便聊以自我安慰。诸位贤友都是一日千里的上进，难道还要等在下的儆戒和鞭策吗？姑且也把它作为鞭策自己的事物吧。现在已抵达肇庆，不过三四天就可以到梧州。刚刚踏入繁冗的境地，还有很多做不到的，千万要见谅！绍兴书院和余姚各会志同道合的人以及诸位贤士，不能一一列出姓名，幸好你们见谅！

二

戊子

地方事幸遂平息，相见渐可期矣。近来不审同志叙会如何？得无法堂前今已草深一丈否？想卧龙之会，虽不能大有所益，亦不宜遂致荒落。且存饩羊，后或兴起，亦未可知。余姚得应元诸友相与倡率，为益不小。近有人自家乡来，闻龙山之讲至今不废，亦殊可喜！书到，望为寄声，益相与勉之！九、十弟与正宪辈不审早晚能来亲近否？或彼自绝，望且诱掖接引之，谅与人为善之心，当不俟多喋也。魏廷豹决能不负所托，儿辈或不能率教，亦望相与夹持之。人行匆匆，百不一及，诸同志不能尽列姓字，均致此意！

译文

地方上的事所幸已经平息，我们的相见逐渐地可以期待了。不知道最近志同道合的人们之间的会面叙谈如何，法堂前的草如今该不会有一丈深了吧？遥想在卧龙的聚会，尽管没有太大的益处，也不应就此至于荒凉冷落。姑且保留着这个形式，以后或许还会建起来，也说不定呀。余姚得到应元等诸位朋友的率先引导，收益很大。最近有人从家乡来，听说龙山的讲习至今仍在进行，也是特别欣喜！信到后，希望能托人传话，更要互相勉励！九弟、十弟与正宪等人不知什么时候能来亲密交谈一番？或许他们自行断绝，盼望能引导扶持，料想与人为善的心，应当不用等别人没完没了地说。魏廷豹决不会辜负所托，儿辈有不能遵从教导的，还望帮助教育。行走匆忙，想说的还不到百分之一，诸位志同道合的人不能全部列出姓名，一并致以问候！

三

戊子

德洪、汝中书来，见近日工夫之有进，足为喜慰！而余姚、绍兴诸同志又能相聚会讲切，奋发兴起，日勤不懈。吾道之昌，真有火然泉达之机矣。喜幸当何如哉！喜幸当何如哉！此间地方悉已平靖，只因二三大贼巢，为两省盗贼之根株渊薮，积为民患者，心亦不忍不为一除翦。又复迟留二三月，今亦了事矣，旬月间便当就归途也。守俭、守文二弟，近承夹持启迪，想亦渐有所进。正宪尤极懒惰，若不痛加针砭，其病未易能去。父子兄弟之间，情既迫切，责善反难，其任乃在师友之间，想平日骨肉道义之爱，当不俟于多嘱也。书院规制，近闻颇加修葺，是亦可喜。寄去银二十两，稍助工费。墙垣之未坚完及一应合整备者，酌量为之。余情面话不久。

译文

德洪、汝中来信，见到近来功夫的长进，足以令人欣慰！而余姚、绍兴诸位志同道合的人又能相互聚会、讲习切磋，振作奋起，每天勤勉而不懈怠。我辈主张的昌明，真是出现了迅猛发展的契机。该是多么令人欢喜庆幸呀！该是多么令人欢喜庆幸呀！这里地方上已经全面平静安定下来了，只因有两三个大的贼巢是两省盗贼的主要源头和聚集地，已发展成为百姓的大患，因此不得不忍心将其剪除。又再停留了两三个月，如今事情已经结束了，十多天就可以踏上归途了。守俭、守文两个弟弟，近来接受教育和启迪，想必也会渐渐有所进步的。正宪尤其懒惰，如果不严厉批评，他的毛病不会轻易去除。父子兄弟之间，感情非常强烈，劝勉从善反而很难，它的任务便在老师和朋友之间，回想平日里亲人道义上的爱，应当不用等我来多作嘱托了。书院建筑的规模形制，听说得到了很大程度的修缮，也是值得欣喜的。寄去二十两银子，稍稍助力修缮的费用。对于不坚固、不完善以及应全面整理的墙壁，要酌量使用。其他的事情不久我们就会当面叙谈了。

答何廷仁

戊子

区区病势日狼狈，自至广城，又增水泻，日夜数行不得止，今遂两足不能坐立。须稍定，即逾岭而东矣，诸友皆不必相候。果有山阴之兴，即须早鼓钱塘之舵，得与德洪、汝中辈一会聚，彼此当必有益。区区养病本去已三月，旬日后必得旨，亦遂发舟而东。纵未能遂归田之愿，亦必得一还阳明，与诸友一面而别，且后会又有可期也。千万勿复迟疑，徒耽误日月。总及随舟而行，沿途官吏送迎请谒，断亦不能有须臾之暇，宜悉此意。书至即拨冗，德洪、汝中辈亦可促之早为北上之图。伏枕潦草。

译文

在下的病情一天比一天狼狈，自从到了广城，又增加了水泻的毛病，一昼夜数次而不能停止，如今两只脚坐着也不是，站着也不是。等稍稍安定下来，就越过山岭向东行进，诸位朋友都不必等候了。如果真有会友的兴致，就要早些开动钱塘江中的船，得以和德洪、汝中等人会聚，彼此一定会有好处。在下养病的奏折已经呈上去三个月了，十天后一定会得到圣旨，也将乘舟向东行进。纵然不能实现我回归田园的愿望，也一定要回到阳明山，与诸位朋友见一面再分别，而且可以期待以后的相聚。千万不要再迟疑了，白白耽误时间。总赶上随舟而行，沿途的官吏送迎谒告，估计也不能有片刻的闲暇，应该明白这个意思了。书信到了就从繁忙的工作中抽出时间，德洪、汝中等人也要催促他们早作北上的打算。卧病在床，潦草回复。

卷之七　文录四

序记说

别三子序

丁卯

自程、朱诸大儒没而师友之道遂亡。“六经”分裂于训诂，支离芜蔓于辞章业举之习，圣学几于息矣。有志之士思起而兴之，然卒徘徊嗟咨，逡巡而不振，因弛然自废者，亦志之弗立，弗讲于师友之道也。

译文

自程颢、程颐、朱熹等儒学大师殁世，师生朋友之间共同的志趣和真诚的友谊随之消亡。“六经”经义因为繁琐的训诂而歧义丛生，又因为对科举辞章的株守而支离破碎，圣贤学说的真谛基本上湮没不闻。有志之士想要复兴圣贤学说，然而最终犹豫徘徊，咨怨嗟叹，逡遁巡行而未能振作。继之以松弛懈怠，直至自动荒废，只不过是因为志向不坚定、不讲师友之道啊。

夫一人为之，二人从而翼之，已而翼之者益众焉，虽有难为之事，其弗成者鲜矣。一人为之，二人从而危之，已而危之者益众焉，虽有易成之功，其克济者亦鲜矣。故凡有志之士，必求助于师友。无师友之助者，志之弗立弗求者也。

译文

一个人做事，两个人跟着帮助他，不久帮助他的人就越来越多，即使有难办的事情，办不成功的一定很少呀！一个人做事，两个人跟着危害他，不久危害他的人就越来越多，即使有容易的事情，能够办成的也很少呀！所以，大凡有志向的人，必须求助于师长朋友。没有师长朋友帮助的人，他的志向就不能树立，也无法追求。

自予始知学，即求师于天下，而莫予诲也；求友于天下，而与予者寡矣；又求同志之士，二三子之外，邈乎其寥寥也。殆予之志有未立邪？盖自近年而又得蔡希颜、朱守忠于山阴之白洋，得徐曰仁于余姚之马堰。曰仁，予妹婿也。希颜之深潜、守忠之明敏、曰仁之温恭，皆予所不逮。三子者，徒以一日之长视予以先辈，予亦居之而弗辞。非能有加也，姑欲假三子者而为之证，遂忘其非有也。而三子者，亦姑欲假予而存师友之饩羊，不谓其不可也。当是之时，其相与也，亦渺乎难哉！予有归隐之图，方将与三子就云霞，依泉石，追濂、洛之遗风，求孔、颜之真趣，洒然而乐，超然而游，忽焉而忘吾之老也。

译文

自从我开始懂得学习，就到处寻找老师，但是没有人教我；到处寻找朋友，然而党与我的人很少；又想寻找有共同志趣的人，除了两三个人之外，寥寥无几。难道是我志向不曾树立吗？大概从近几年来，我与山阴白洋的蔡希颜、朱守忠、余姚马堰的徐曰仁结为好友。曰仁是我的妹夫。希颜为人深沉，守忠为人机敏，曰仁为人温和恭敬，这些都是我做不到的。只由于我比他们年长一点，他们将我看作前辈，我也接受而没有推辞。并非我的能力有过人之处，只是想借助三人证明师友之道的重要，就忘了自己其实并没有多大能力。同时这三人也想借助我保存师友之间的礼仪，不能说这样不行吧。在这个时候，我们相互之间的交往，也非常困难。我有归隐的打算，正要与这三位漫游于云霞缭绕的山林泉石之间，效仿周敦颐、程颢、程颐的遗风，追求孔子、颜渊的真趣，洒脱快乐，超然物外，尽兴游荡，飘飘然忘记自己已经老了。

今年三子者为有司所选，一举而尽之。何予得之之难，而有司者袭取之之易也！予未暇以得举为三子喜，而先以失助为予憾；三子亦无喜于其得举，而方且戚于其去予也。漆雕开有言："吾斯之未能信。"斯三子之心欤？曾点志于咏歌浴沂，而夫子喟然与之，斯予与三子之冥然而契，不言而得之者欤？三子行矣，遂使举进士，任职就列，吾知其能也，然而非所欲也。使遂不进而归，咏歌优游有日，吾知其乐也，然而未可必也。天将降大任于是人，必先违其所乐而投之于其所不欲，所以衡心拂虑而增其所不能。是玉之成也，其在兹行欤！三子则焉往而非学矣，而予终寡于同志之助也。三子行矣！"深潜刚克，高明柔克"，非箕子之言乎？温恭亦沉潜也，三子识之，焉往而非学矣。苟三子之学成，虽不吾迩，其为同志之助也不多乎哉！增城湛原明宦于京师，吾之同道友也，三子往见焉，犹吾见也已。

译文

今年这三位被官府选中，一起中举。为什么我求师求友如此之难，而官府却如此容易就把他们招致去了？我来不及为他们中举而高兴，却先为自己失去帮助而感到遗憾；三人也并不因中举而高兴，却为将要离开我而伤怀。漆雕开有句话，说："我对做官还没有足够的信心。"这是三位的真实心理吧？曾点的志向在于吟诗歌唱，在沂水中沐浴，而孔夫子感叹着赞同他，这就像我和三位之间的默契，不需言辞就能得达到的情况吧？三位走了，就让他们高中进士，任职为官去吧，我知道他们能成功，但这并不是他们内心的愿望。如果他们最终不去任职为官，而归隐山林，每天咏诗歌唱，优哉游哉，我知道他们很快乐，然而他们不能这么做。上天要把重任降临在某人的身上，必然会违背这人的内心所乐，而把他投放到他不愿意去的地方，并使他静心澄虑，增加他所不具备的能力，这是促成他，助他成功。三位去为官任职大概就是这种情况吧。三位到哪里去不是学习呢，我却少了志同道合之士的帮助了。三位走吧！“沉潜者以刚取胜，亢爽者以柔取胜”，这不是箕子的话吗？温恭也是沉潜，三位记住，到哪里去不是学习呢？假如三位学有所成，虽然不在我的身边，我们作为朋友之间互相帮助不是也很值得称美吗？增城的湛原明，在京城做官，是我志同道合的朋友，三位前去拜见，就像我去拜见一样。

赠林以吉归省序

辛未

阳明子曰：“求圣人之学而弗成者，殆以志之弗立欤？天下之人，志轮而轮焉，志裘而裘焉，志巫医而巫医焉，志其事而弗成者，吾未之见也。轮、裘、巫医遍天下，求圣人之学者，间数百年而弗一二见，为其事之难欤？亦其志之难欤？弗志其事而能有成者，吾亦未之见也。”

译文

阳明说：“追求圣人的学问却没能学成的，大概是因为没有立志吧？天下之人，立志做车轮就能做成车轮，立志做皮衣就能做成皮衣，立志做巫医就能做成巫医，立志做什么事却做不成的，我还没见过。做车轮的木工、制皮衣的裁缝、驱邪治病的巫医到处都是，追求圣人学问的人，数百年见不到一两个人，是因为这件事难做，还是因为求学的志向难立呢？做事不立志，却能成功的，我也没见过。”

林以吉将求圣人之事，过予而论学。予曰：“子盍论子之志乎？志定矣，而后学可得而论。子闽也，将闽是求，而予言子以越之道路，弗之听也。予越也，将越是求，而子言予以闽之道路，弗之听也。夫久溺于流俗，而骤语以求圣人之事，其始也，必将有自馁而不敢当；已而旧习牵焉，又必有自眩而不能决；已而外议夺焉，又必有自沮而或以懈。夫馁而求有以胜之，眩而求有以信之，沮而求有以进之，吾见立志之难能也已。志立而学半，四子之言，圣人之学备矣。苟志立而于是乎求焉，其切磋讲明之益，以吉自取之，尚其有穷也哉？见素先生，子诸父也，子归而以予言正之，且以为何如？"

译文

林以吉想要探求圣人的事情，来访问我并讨论学问。我说："您何不说说您的志向呢？志向立定了，然后才可以讨论学问。你是闽地人，要到闽地去，而我给你讲去越地的道路，你不会听；我是越地人，要到越地去，而你给我讲去闽地的道路，我不会听。一个人长时间沉溺在流俗之中，忽然告诉别人他要探求圣人的事情，一开始，一定会气馁而不敢去追求；不久，受旧有习惯的束缚，又一定会迷蒙而不能决断；接着，受外界议论的冲击，又必然会沮丧或者懈怠。气馁了就会想办法克服，迷蒙了就会想办法确认，沮丧懈怠就会想办法进步，由此可见立志是多么难啊。志向立下，学业之事就成功一半了，四子的言语，圣人学问就具备了。如果志向立定，再去追求志向，其中切磋讲明学问的好处，以吉你自己择取，难道还有个穷尽吗？见素先生是你的叔父，你回去后把我的话讲给他听，向他求证，看他以为如何？"

送宗伯乔白岩序

辛未

大宗伯白岩乔先生将之南都，过阳明子而论学。阳明子曰："学贵专。"先生曰："然。予少而好弈，食忘味，寝忘寐，目无改观，耳无改听。盖一年而诎乡之人，三年而国中莫有予当者。学贵专哉！"阳明子曰：

“学贵精。”先生曰：“然。予长而好文词，字字而求焉，句句而鸠焉，研众史，核百氏。盖始而希迹于宋、唐，终焉浸入于汉、魏。学贵精哉！”阳明子曰：“学贵正。”先生曰：“然。予中年而好圣贤之道。弈吾悔焉，文词吾愧焉，吾无所容心矣。子以为奚若？”阳明子曰：“可哉！学弈则谓之学，学文词则谓之学，学道则谓之学，然而其归远也。道，大路也。外是，荆棘之蹊，鲜克达矣。是故专于道，斯谓之专；精于道，斯谓之精。专于弈而不专于道，其专溺也；精于文词而不精于道，其精僻也。夫道广矣大矣，文词技能于是乎出，而以文词技能为者，去道远矣。是故非专则不能以精，非精则不能以明，非明则不能以诚，故曰‘惟精惟一’。精，精也；专，一也。精则明矣，明则诚矣。是故明，精之为也；诚，一之基也。一，天下之大本也；精，天下之大用也。知天地之化育，而况于文词技能之末乎？”先生曰：“然哉！予将终身焉，而悔其晚也。”阳明子曰：“岂易哉？公卿之不讲学也久矣。昔者卫武公年九十而犹诏于国人曰：‘毋以老耄而弃予。’先生之年半于武公，而功可倍之也。先生其不愧于武公哉！某也敢忘国士之交警！”

译文

礼部尚书乔白岩先生要到南京去，到阳明这来论学。阳明说：“学习贵在专一。”乔先生说：“对。我小时候喜欢下棋，吃饭不知味，躺下不想睡，眼睛不看别的，耳朵不听别的，由此而在一年内压倒全乡的人，三年后国内没有人可以和我对抗。学习贵在专一啊！”阳明说：“学习贵在精绝。”乔先生说：“对。我长大后喜欢词章，于是字字推敲，句句搜求，研究各种史传，考核诸子百家，由此而始则追踪于唐宋，终又深入于汉魏，学习果真贵在精绝啊！”阳明说：“学习贵在方向正确。”乔先生说：“对。我中年时喜欢圣贤之道，对下棋我后悔了，对词章我惭愧了，我对它们都不再上心了，您以为怎样？”我说：“可以了！学下棋也叫作学，学词章也叫作学，学圣贤之道也叫作学，结果大不一样。圣贤之道，是大路，其他的，是荆棘丛生的小路，很少有能达到目的地的。所以专于圣贤之道才算得了专，精于圣贤之道才算得了精，只是专于下棋而不专于圣贤之道，这种专便成为沉湎；精于词章而不精于圣贤之道，这种精便成为癖好。圣贤之道又广又大，词章和技能虽也从圣贤之道中来，但若只以词章和技能卖弄，离圣贤之道就远了。所以不专一便不能精绝，不精绝便不能明晰，不明晰便不会忠诚，因此说要‘惟精惟一’。精，精绝的意思，专一是一的意思。精绝然后明晰，明晰然后忠诚，所以明晰是精绝的结果，忠诚是专一的基础。专一是天下的根本，精绝是天下最实用的方法，由此而能知道天地万物繁衍生息的规律，何况文词技能这些细枝末节的东西呢？”乔先生说：“对极了！我将终身记住，只是后悔明白晚了。”阳明说：“这哪里容易啊！达官贵人们不讲学问已经很久了。从前卫武公九十岁时还向全国戒谕说：‘不要因为我老了就丢掉我’。先生的年纪只有武公一半，功业却超过武公一部，希望先生无愧于武公！我岂敢忘记国士要互相警劝的道理。”

赠王尧卿序

辛未

终南王尧卿为谏官三月，以病致其事而去，交游之赠言者以十数，而犹乞言于予。甚哉，吾党之多言也！夫言日茂而行益荒，吾欲无言也久矣。自学术之不明，世之君子以名为实。凡今之所谓务乎其实，皆其务乎其名者也，可无察乎！尧卿之行，人皆以为高矣；才，人皆以为美矣；学，人皆以为博矣。是可以无察乎！自喜于一节者，不足与进于全德之地；求免于乡人者，不可以语于圣贤之途。气浮者，其志不确；心粗者，其造不深；外夸者，其中日陋。已矣，吾恶夫言之多也！虎谷有君子，类无言者。尧卿过焉，其以予言质之。

译文

终南山王尧卿当了三个月的谏官，便以病为由，辞职离任了。交往之人有十几人纷纷向他赠言，尧卿还是请求我再说点什么。太过了！我们这些人说得太多了。说的越来越多而做的越来越少，我早就想闭口不言了。自从学术不昌明以来，世上的君子把形式当作内容，大凡今天所谓的务实，都是在追求虚名形式，能不明察吗？尧卿的品行，人们都说高；才能，人们都说美；学问，人们都说大。这可以不用明察吗？沾沾自喜于一点小小的成就，不足以修养到道德上完美无缺的境地；只求脱离乡人的身份，不可以跟他谈论圣贤之道。心气浮躁的人，他的志向不会坚定；粗心大意的人，他的成就不会高深；夸夸其谈的人，他的内心会日益浅陋。罢了，我讨厌说这么多！虎谷有一位君子，是无言的人，尧卿经过那，把我的话说给他听听，看对不对。

别张常甫序

辛未

太史张常甫将归省，告别于司封王某曰：“期之别也，何以赠我乎？”某曰：“处九月矣，未尝有言焉，期之别，又多乎哉？”常甫曰：“斯邦期之过也。虽然，必有以赠我。”某曰：“工文词，多论说，广探极览，以为博也，可以为学乎？”常甫曰：“知之。”“辩名物，考度数，释经正史，以为密也，可以为学乎？”常甫曰：“知之。”“整容色，修辞气，言必信，动必果，谈说仁义，以为行也，可以为学乎？”常甫曰：“知之。”曰：“去是三者，而恬淡其心，专一其气，廓然而虚，湛然而定，以为静也，可以为学乎？”常甫默然良久，曰：“亦知之。”某曰：“然，知之。古之君子惟有所不知也，而后能知之；后之君子惟无所不知，是以容有不知也。夫道有本而学有要。是非之辩精矣，义利之间微矣，斯吾未之能信焉。曷亦姑无以为知之也，而姑疑之，而姑思之乎？”常甫曰：“唯。吾姑无以为知之，而姑疑之，而姑思之。期而见，吾有以复于子。”

译文

太史张常甫打算回家省亲，向司封王某告别说：“不久咱们就要分别了，您送点什么话给我呢？”我说：“咱们相处九个月了，不曾说过什么，分别之际，又何必多说呢？”常甫说：“这是邦期之过，即使这样，你一定要送我一些临别之言。”王某说：“工于文词，多方论说，广泛探索，大量阅览，以此为渊博，可以说是治学了吗？”常甫说：“知道了。”“考辨名物度数，注释经义，匡正史事，以此为详密，可以说是治学了吗？”常甫说：“知道了。”“调整面容表情，修理文辞语气，说话必讲信用，行动必有结果，谈论仁义，以此为品行，可以说是治学了吗？”常甫说：“知道了。”王某说：“丢掉这三个方面，恬淡我们的心灵，专一我们的气力，空寂虚无，纯洁安定，以此为沉静，可以说是治学了吗？”常甫沉默很久，说：“也知道了。”王某说：“对啊，知道了。古代的君子，认为有所不知，然后才能有所知；后来的君子，认为无所不知，因此容许有所不知。大道有本原，而学问有关键，是非的分辨很精细，义利的差别很微小，我对此也不敢太自信。为何不姑且以为自己不知道，而先存疑思考呢？”常甫说：“好。我姑且以为自己不知道，而先存疑思考。希望不久之后相见，我能有心得体会向您汇报。”

别湛甘泉序

壬申

颜子没而圣人之学亡，曾子唯“一贯”之旨传之孟轲，终又二千余年而周、程续。自是而后，言益详，道益晦；析理益精，学益支离无本，而事于外者益繁以难。盖孟氏患杨、墨，周、程之际，释、老大行。今世学者，皆知宗孔、孟，贱杨、墨，摈释、老，圣人之道，若大明于世。然吾从而求之，圣人不得而见之矣。其能有若墨氏之兼爱者乎？其能有若杨氏之为我者乎？其能有若老氏之清净自守、释氏之究心性命者乎？吾何以杨、墨、老、释之思哉？彼于圣人之道异，然犹有自得也。而世之学者，章绘句琢以夸俗，诡心色取，相饰以伪，谓圣人之道劳苦无功，非复人之所可为，而徒取辩于言词之间；古之人有终身不能究者，今吾皆能言其略，自以为若是亦足矣，而圣人之学遂废。则今之所大患者，岂非记诵词章之习，而弊之所从来，无亦言之太详、析之太精者之过欤！夫杨、墨、老、释，学仁义，求性命，不得其道而偏焉，固非若今之学者以仁义为不可学，性命之为无益也。居今之时而有学仁义，求性命，外记诵辞章而不为者，虽其陷于杨、墨、老、释之偏，吾犹且以为贤，彼其心犹求以自得也。夫求以自得，而后可与之言学圣人之道。

译文

颜回去世后，孔子学说就消亡了。曾子只是将“忠恕”这个“一以贯之”的宗旨传授给孟轲，最后又过了两千多年，周子和程子才继续传承圣人之学。从这以后，言论更加详细，道义更加隐晦；辨析义理更加细致，学问更加支离破碎，没有依据，因而向自身以外求学这个事更加复杂困难。大概孟子忧虑担心杨朱、墨翟学说的负面影响，周子、程子的时代，佛、道学说盛行于世。而如今世间求学的人都知道尊崇孔子、孟子，鄙视杨朱、墨翟，排斥佛、道。圣人的学问主张似乎已经被世人广泛深入地阐明清楚。然而我跟从世人的阐明探求它，圣人的境界，我却不能够看到它啊！圣人的境界是能够达到如同墨家“兼爱”的境界么？还是能够达到如同杨朱“为我”的境界呢？还是能够达到如同老子“清静自守”的境界呢？还是能够达到如同佛家“究心性命”的境界呢？我为什么使用杨朱、墨家、老子、佛家的思想来探求圣人的境界呢？他们跟圣人的学问主张不同，但是也有自己的心得体会。然而世间求学的人，雕琢文词修饰章句，以夸耀于世俗；隐蔽自己真实的想法，只是表面择取主张实行仁德，用相互粉饰来佯装实行仁德，说圣人的学问主张劳累辛苦却没有功效，不再是人所能够做到的，而只是选择对圣人文章词句当中的区别进行分辨。古代杰出的人物有一生不能够探究的问题，现在我们都能够谈论它的要点，自认为如此也就足够了。因而圣人学问的传承就停止了。那么如今危害深远的事物难道不是默记背诵文词章句的习惯么？这弊病由来的地方，不是谈论它过于详尽，辨析它过于细致的情况的过失么？杨朱、墨子、老子、释迦牟尼学习仁义道德，探求本性天命，没有找到那个方法，因而才偏于它们各自的境界，本来就不是像现在求学的人——认为仁义道德是不值得学习的，探求本性天命是没有好处的。处在如今的时代，如果有学习仁义道德，探求本性天命，却抛弃默记背诵文词章句因而不这样做的人，即使他陷入于杨朱、墨子、老子、释迦牟尼的片面的学问，我仍然认为他是有道德的——他们那个心意目的还是探求学问用来使自己有心得体会。探求学问的目的是用来使自己有心得体会，然后才能和他讨论学习圣人的学问。

某幼不问学，陷溺于邪僻者二十年，而始究心于老、释。赖天之灵，因有所觉，始乃沿周、程之说求之，而若有得焉。顾一二同志之外，莫予翼也，岌岌乎仆而后兴。晚得友于甘泉湛子，而后吾之志益坚，毅然若不可遏，则予之资于甘泉多矣。甘泉之学，务求自得者也。世未之能知，其知者且疑其为禅。诚禅也，吾犹未得而见，而况其所志卓尔若此。则如甘泉者，非圣人之徒欤！多言又乌足病也！夫多言不足以病甘泉，与甘泉之不为多言病也，吾信之。吾与甘泉友，意之所在，不言而会；论之所及，不约而同；期于斯道，毙而后已者。今日之别，吾容无言？夫惟圣人之学难明而易惑，习俗之降愈下而益不可回，任重道远，虽已无俟于言，顾复于吾心，若有不容已也，则甘泉亦岂以予言为缀乎？

译文

我年少的时候不爱学习，沉溺于邪辟不正的知识二十年，才开始致力于研究道佛两家。依赖天上神灵的帮助，让我有所觉悟，才又开始遵循周子和程子的言论探索它，并且似乎有所收获。只是除了一两个志同道合的朋友以外，没有谁给我帮助，多次危险得快要跌倒然后又爬了起来。晚年，能够与甘泉湛先生结交，此后我的志向更加坚定，刚毅得像不可阻止一样，我被甘泉帮助很多啊。甘泉学习学问一定探求自己的心得体会。世人要么不了解他，了解他的人又几乎怀疑他是禅宗。若真是禅宗，我仍然不曾领会并且懂得，更何况他立志追求的事物这样超群出众。那么像甘泉这样的人，不就是圣人的弟子吗！大量的谤言又哪里能够伤害甘泉呢！大量谤言完全不能伤害甘泉，结交没有被伤害的甘泉，证实了这个事实。我跟甘泉结交，心意不用说彼此就可以领会；言论事先没有约定就相互一致。相约共同探求这圣人之道，死而后已。今天要分别了，我怎么能没有话说呢？只是那圣人之学，难以弄明却易于迷惑。世风日下，越来越不容易恢复正道，责任重大，路途遥远。虽然甘泉对我上述这些文字没有等待，不过，回到我的内心，好像存在不容许停止的东西，甘泉或许认为我的言论是点缀吧？

别方叔贤序

辛未

予与叔贤处二年，见叔贤之学凡三变：始而尚辞，再变而讲说，又再变而慨然有志圣人之道。方其辞章之尚，于予若冰炭焉；讲说矣，则违合者半；及其有志圣人之道，而沛然于予同趣。将遂去之西樵山中，以成其志，叔贤亦可谓善变矣。圣人之学，以无我为本，而勇以成之。予始与叔贤为僚，叔贤以郎中，故事位吾上。及其学之每变，而礼予日恭，卒乃自称门生，而待予以先觉。此非脱去世俗之见，超然于无我者，不能也。虽横渠子之勇撤皋比，亦何以加于此！独愧予之非其人，而何以当之！夫以叔贤之善变，而进之以无我之勇，其于圣人之道也何有！斯道也，绝响于世余三百年矣，叔贤之美有若是，是以乐为吾党道之。

译文

我和方叔贤相交两年，发现叔贤治学共有三次变化：一开始崇尚辞章，接着变为热衷于讲道论辩，又再变为慷慨激昂地立志追求圣人之道。当他崇尚辞章的时候，我们的关系如冰炭一样不相容；当他热衷讲道论辩时，我们之间半离半合；到了他追求圣人之道时，自然而然，我们便志趣相投。最后，叔贤打算去西樵山中去完成他的志向，叔贤真可以说是善变的人啊。圣人的学问，以无我为本源，而勇于进取方可达成。我起初和叔贤是同僚，因为他任郎中职，官位高于我。他的学术追求每发生变化，对我就越来越恭敬，最后竟自称门生，将我当作他的老师。这要不是能抛弃世俗之见，超然忘我的人，是无法做到的。即使是横渠先生撤掉讲席的勇气，也不能比这更强了。我只惭愧我并非叔贤认为的那么圣明，哪里敢当他的老师！因为叔贤治学的善变，而进取到无我的勇敢境界，这对追求圣人之道而言是多么难得啊。圣人之道绝迹于世已有三百多年了，叔贤的美德，是如此之高，因此我们这些人乐于称道赞美他。

别王纯甫序

辛未

王纯甫之掌教应天也，阳明子既勉之以孟氏之言。纯甫谓“未尽也”，请益曰：“道未之尝学，而以教为职，鳏官其罪矣。敢问教何以哉？”阳明子曰：“其学乎！尽吾之所以学者而教行焉耳。”曰：“学何以哉？”曰：“其教乎！尽吾之所以教者而学成焉耳。古之君子，有诸己而后求诸人也。”曰：“刚柔淳漓之异质矣，而尽之我教，其可一乎？”曰：“不一，所以一之也。天之于物也，巨微修短之殊位，而生成之，一也。惟技也亦然，弓冶不相为能，而其足于用，亦一也。匠斫也，陶埴也，圬墁也，其足以成室，亦一也。是故立法而考之，技也。各诣其巧矣，而同足于用。因人而施之，教也。各成其材矣，而同归于善。仲尼之答仁孝也，孟氏之论货色也，可以观教矣。”曰：“然则教无定法乎？昔之辩者则何严也？”曰：“无定矣。而以之必天下，则弓焉而冶废，匠焉而陶圬废。圣人不欲人人而圣之乎？然而质人人殊，故辩之严者，曲之致也。是故或失则隘，或失则支，或失则流矣。是故因人而施者，定法矣；同归于善者，定法矣。因人而施，质异也；同归于善，性同也。夫教，以复其性而已。由尧、舜而来未之有改，而谓无定乎？”

译文

王纯甫掌教应天书院的时候，阳明就已用孟子的话勉励过他。纯甫说“我还不能完全明白”，并进一步请教说：“未曾学习圣人之道，却要去教书育人，这是渎职之罪，斗胆请教，我应该教什么呢？”阳明说：“所学的东西啊，只要把我们所学的东西全都讲出来，就是教啊。”纯甫又问：“学什么呢？”我回答他说：“所教的东西啊，只要把我们所教的东西全都掌握了，就是学啊。古时候的君子，总是自己先做到。然后才要求别人做到。”又问：“学生有性情刚烈的，有温顺柔和的，有淳厚朴实的，有漓滑浮薄的，而他们都要靠我来教，难道我可以用同一种方法来教他们吗？”我回答说：“正因为不同，所以才要相同。万物的大小长短各不相同，但他们都是由上天生成的，这是相同的。就拿技艺来说，也是这样，射箭和冶铁，看起来极不相同，然而，两者同归于用。砌砖、烧陶、抹灰，最终都是为了建成房舍。因此，发明方法制造工具，这就是技艺，各极其巧，然而，它们同归于用。因材施教，这就是教育，学生们各自成材，然而，都应同归于善，孔子回答学生关于仁、孝的问题，孟子与齐宣王谈论好货、好色的问题，从中可以看出教育的道理来。”纯甫接着又问道：“那么教育没有准则吗？古时候的人为什么讨论得那么多呢？”我回答说：“教育没有准则。如果用准则来约束天下万物的话，那么弓箭治成了，冶铁就废了；砌墙的工具治成了，陶器和抹具就废了。难道圣人不想让每个人都成为圣贤吗？可是，每个人的性格都不相同，古人之所以讨论那么多，就是为了详尽地叙述各种方法。有的人失于狭隘，有的人失于支离，有的人失于流易。因此，因材施教是一个准则；同归于善是一个准则。因材施教，是因为人的材质各异；同归于善，是因为人的天性相同。因此教育，就是为了恢复人的天性。自尧舜以来，并没有什么改变，能说是没有准则吗？”

别黄宗贤归天台序

壬申

君子之学以明其心。其心本无昧也，而欲为之蔽，习为之害。故去蔽与害而明复，匪自外得也。心犹水也，污入之而流浊；犹鉴也，垢积之而光昧。孔子告颜渊“克己复礼为仁”，孟轲氏谓“万物皆备于我”“反身而诚”。夫己克而诚，固无待乎其外也。世儒既叛孔、孟之说，昧于《大学》“格致”之训，而徒务博乎其外，以求益乎其内，皆入污以求清，积垢以求明者也，弗可得已。守仁幼不知学，陷溺于邪僻者二十年。疾疢之余，求诸孔子、子思、孟轲之言，而恍若有见，其非守仁之能也。宗贤于我，自为童子，即知弃去举业，励志圣贤之学。循世儒之说而穷之，愈勤而益难，非宗贤之罪也。学之难易失得也有原，吾尝为宗贤言之。宗贤于吾言，犹渴而饮，无弗入也，每见其溢于面。今既豁然，吾党之良，莫有及者。谢病去，不忍予别而需予言。夫言之而莫予听，倡之而莫予和，自今失吾助矣！吾则忍于宗贤之别而容无言乎？宗贤归矣，为我结庐天台雁荡之间，吾将老焉，终不使宗贤之独往也！

译文

君子学习是为了明心见性。人心本不昏昧，但是欲望会蒙蔽它，习惯会侵害它，因此除去蒙蔽和侵害，心才会重新澄明。这并不能从外获得。心就像水，污物流入，水流就污浊；又像镜子，污垢积聚，镜子就无光。孔子告诫颜回要抑制自己的私欲，使言语行动都合于礼，就是仁爱；孟子说天下万物都在我的心里，向心内追求就可以达到心诚的境界。假如自己能克制自己而且心诚，根本就不需向外追求。现在的儒生已经背叛了孔孟学说，又受《大学》格物致知教训的蒙昧，徒然向外追求广博的知识，以求得对内心的澄明有所补益，这都是到污水中追求清澈，积聚污垢却要追求光明的做法，不可能成功。我幼年时不懂学习正道，沉溺于异端邪说之中二十年，痛恨内疚之余，向孔子、子思、孟子的学说求助，恍惚之中似乎明白，异端邪说大概不是我能学的。宗贤比我有才，自从童生开始就知道抛弃对科举功名的追求，勉励自己探索圣贤之学。遵循世儒的学说一探究竟，但是越勤力探求，越困难丛生，这不是宗贤的过错。学问的难易得失，自有原因，我曾向宗贤谈到过。宗贤对我说的话，像渴了以后得到水喝，没有听不进去的，经常看到他求学若渴的样子溢于言表。如今宗贤的心中已豁然开朗，我们这些人都比不了他。现在称病告归，不忍和我当面辞别，却想要我的赠言。从此以后，我说话没有人来听，我倡导没有人来响应，从今往后我失去帮助我的人了。我怎能忍心宗贤离去而没有话相送呢？宗贤回去吧，一定要为我在天台、雁荡之间建一个草堂，我也要老了，一定不会让宗贤独自去天台。

赠周莹归省序

乙亥

永康周莹德纯尝学于应子元忠，既乃复见阳明子而请益。阳明子曰：“子从应子之所来乎？”曰：“然。”“应子则何以教子？”曰：“无他言也，惟日诲之以希圣希贤之学，毋溺于流俗。且曰：‘斯吾所尝就正于阳明子者也。子而不吾信，则盍亲往焉？’莹是以不远千里而来谒。”曰：“子之来也，犹有所未信乎？”曰：“信之。”曰：“信之而又来，何也？”曰：“未得其方也。”阳明子曰：“子既得其方矣，无所事于吾。”周生悚然。有间，曰：“先生以应子之故，望卒赐之教。”阳明子曰：“子既得之矣，无所事于吾。”周生悚然而起，茫然有间，曰：“莹愚，不得其方。先生毋乃以莹为戏，望卒赐之教。”阳明子曰：“子之自永康而来也，程几何？”曰：“千里而遥。”曰：“远矣。从舟乎？”曰：“从舟，而又登陆也。”曰：“劳矣。当兹六月，亦暑乎？”曰：“途之暑特甚也。”曰：“难矣。具资粮，从童仆乎？”曰：“中途而仆病，乃舍贷而行。”曰：“兹益难矣。”曰：“子之来既远且劳，其难若此也，何不遂返而必来乎？

将亦无有强子者乎？”曰：“莹至于夫子之门，劳苦艰难诚乐之，宁以是而遂返，又俟乎人之强之也乎？”曰：“斯吾之所谓子之既得其方也。子之志，欲至于吾门也，则遂至于吾门，无假于人。子而志于圣贤之学，有不至于圣贤者乎？而假于人乎？子之舍舟从陆，捐仆贷粮，冒毒暑而来也，则又安所从受之方也？”生跃然起拜曰：“兹乃命之方也已！抑莹由于其方而迷于其说，必俟夫子之言而后跃如也，则何居？”阳明子曰：“子未睹乎爇石以求灰者乎？火力具足矣，乃得水而遂化。子归，就应子而足其火力焉，吾将储担石之水以俟子之再见。”

译文

永康人周莹，字德纯，曾经跟从应元忠先生学习，学成之后又来求见阳明先生以期有所进益。阳明先生说：“您从应先生那里来的吗？”他回答说：“是的。”“应先生教您什么？”他回答说：“没有说教其他的，只是每天教我成圣成贤的学问，教我不要沉溺于流俗。还说：‘这就是我曾向阳明先生请教的，您要不相信的话，何不亲自去拜访阳明先生呢？’于是，我就不远千里来拜访您了。”阳明先生说：“您这次来，还有什么不能信服的吗？”他说：“都信服了。”阳明先生说：“都已信服了却又为什么而来？”他说：“还没有掌握治学的方法。”阳明先生说：“您已经掌握治学的方法了，没有必要再跟随我了。”周生惊愕了一会，说：“希望先生看在应先生的分上，教我点什么吧。”阳明先生说：“您已经掌握了，没有必要再跟随我了。”周生惊恐而起，不知所措，过了一会儿，说：“周莹愚笨，没有掌握治学的方法，先生不要戏弄我了，您还是教我点什么吧。”阳明先生问道：“您从永康过来，路程多远？”“千里之外。”阳明先生说：“太远啦！乘船了吗？”他说：“乘船了，后来又登陆。”阳明先生说：“太辛苦了！当此六月天气，也太热了吧？”他说：“路上的暑热非常厉害。”阳明先生说：“太难了，带盘缠干粮、有童仆跟从吗？”他说：“到了半路童仆病了，就把他转雇他人，买了点粮食，自己一人上路了。”阳明先生说：“这就更难了。”又说：“您这次来，又远又劳苦，如此困难，为何不回去，而非要到我这里来呢？不会有谁强迫您吧？”他说：“周莹来到先生门下，虽然劳苦艰难，却打心底里高兴，哪能因为这些艰难劳苦就回去，又哪能需要别人来强迫我呢？”阳明先生说：“这就是我所说的您已经掌握了治学的方法了。您立志要到我这里，最后就到了我这里，而不需要借助他人的力量；您如果有志于圣贤之学，还能有达不到圣贤境界的吗？还需要求助于他人吗？您舍弃船只而登陆步行，舍去童仆，借贷粮食，冒着酷暑，来到这里，您还用到哪里去找治学的方法呢？”周生猛然起身拜谢，说：“这正是所谓的治学方法啊！只是我虽然遵循这个方法做事，却不明白其中的道理，而一定要等先生您说明之后才豁然开朗。这是为什么呢？”阳明先生说：“您没见过烧石头造石灰吗？火力已经足够了，但是必须遇到水，石头才能化成石灰。现在您先回去，到应先生那里将火力烧足，我在这里准备好水，等待您再来见我。”

赠林典卿归省序

乙亥

林典卿与其弟游于太学，且归，辞于阳明子曰：“元叙尝闻立诚于夫子矣，今兹归，敢请益。”阳明子曰：“立诚。”典卿曰：“学固此乎？天地之大也，而星辰丽焉，日月明焉，四时行焉，引类而言之，不可穷也。人物之富也，而草木蕃焉，禽兽群焉，中国夷狄分焉，引类而言之，不可尽也。夫古之学者，殚智虑，弊精力，而莫究其绪焉；靡昼夜，极年岁，而莫竟其说焉；析蚕丝，擢牛尾，而莫既其奥焉。而曰立诚，立诚尽之矣乎？”阳明子曰：“立诚尽之矣。夫诚，实理也。其在天地，则其丽焉者，则其明焉者，则其行焉者，则其引类而言之不可穷焉者，皆诚也；其在人物，则其蕃焉者，则其群焉者，则其分焉者，则其引类而言之不可尽焉者，皆诚也。是故殚智虑，弊精力，而莫究其绪也；靡昼夜，极年岁，而莫竟其说也；析蚕丝，擢牛尾，而莫既其奥也。夫诚，一而已矣，故不可复有所益。益之是为二也，二则伪，故诚不可益。不可益，故至诚无息。”典卿起拜曰：“吾今乃知夫子之教若是其要也！请终身事之，不敢复有所疑。”阳明子曰：“子归，有黄宗贤氏者、应元忠氏者，方与讲学于天台、雁荡之间，倘遇焉，其遂以吾言谂之。”

译文

林典卿与他弟弟在太学里学习，将要回家之时，向阳明先生告辞，说：“元叙曾经听先生讲立诚的道理，今天就要回家乡去了，冒昧请您再说得详细点呢。”阳明先生说：“立诚。”典卿说：“求学就只是这些吗？天地很大，里面有明亮的日月星辰，有运行的春夏秋冬，依次类推，不可穷尽；人物很丰富，其中有繁盛的草木，群聚的鸟兽，明显不同的夷夏之人，依次类推，也不可穷尽；古代的学者，殚精竭虑，耗尽气力，也不能探究其中的头绪；夜以继日，年复一年，也说不尽其中的道理；像抽蚕丝，拔牛毛一样精微分析，也不能探究完其中的奥妙，却说立诚，立诚就能穷尽治学了吗？”阳明先生说：“立诚就可以穷尽治学了。诚实质上是理，充满天地之间，那些明亮的日月星辰，运行的春夏秋冬，以至于那些依次类推不可穷尽的，都是诚；充满人物之间，那些繁盛的草木、群聚的鸟兽、有别的夷夏之人，以至于那些依次类推不可穷尽的，也都是诚。正因如此，殚精竭虑，耗尽气力，也不能探求到头绪；夜以继日，年复一年，也讲不完其中的道理；像抽蚕丝、拔牛毛一样精微分析也不能探究完其中的奥妙。诚，就是一，所以不可再有所增加，增加了就是二，二就是假的，所以诚不能增加。不能增加，因此至诚就会生生不息。”典卿起身拜谢说：“我今天才明白先生的教诲，这才是关键所在。请让我终生信奉，不敢再有什么怀疑。”阳明先生说：“您回去，有黄宗贤、应元中两人在天台山、雁荡山之间讲学，假如您遇到他们，就将我的话告诉他们。”

赠陆清伯归省序

乙亥

陆清伯澄归归安，与其友二三子论绎所学，赠处焉。二三子或曰："清伯之学日进矣。始吾见清伯，其气扬扬然若浮云，其言滔滔然若流波；今而日默默尔，日慊慊尔，日雍雍尔，日休休尔，有大径庭焉，以是知其进也。"或曰："清伯始见夫子，一月一至，既而旬一至，又既而五六日三四日而一至，又既而迁居于夫子之傍，后乃请于夫子，扫庾下之室，而旦暮侍焉。夫德莫淑于尊贤，学莫遄于亲师。故趋权门者日进于势，游市肆者日进于利。清伯于夫子之道日加亲附焉。吾未遑其他，即是可以知其学之进也矣。"清伯曰："有是哉！澄则以为日退也。澄闻夫子之教而茫然，已而歆然，忽耿然而疑，已而大疑焉，又闪然大骇，乃忽闯然若有睹也。当是时，则亦几有所益矣。自是且数月，盖悠焉游焉，业不加修焉，反而求焉，依依然，颓颓然，昏蔽扩而愈进，私累息而愈兴，众妄攻而愈固，如上滩之舟，屡失屡下，力挽而不能前，以为日退也。"明日，又辞于阳明子，二三子偕焉，各言其所以。阳明子曰："其然乎！其然乎！谓己为日退者，进修之励，善日进矣；谓人为日进者，与人为善者，其善亦日进矣。虽然，谓己为日退也，而意阻焉，能无日退乎？谓人为日进也，而气歉焉，亦能无日退乎？斯又进退之机，吉凶之所由分也，可无慎乎？"

译文

陆澄，字清伯，要回归安去，和他的两三个朋友讨论学问，想要把自己的住所赠送给朋友们。朋友中有人说："清伯的学问每天都在进步啊。一开始我拜见清伯时，清伯意气扬扬如浮云飘忽多姿，言论滔滔如波涛流荡不止；而现在越来越沉默寡言，谦虚恭敬，悠闲自在，和以前比大相径庭，由此可见，清伯的学问进步了。"有人说："清伯刚开始见老师时，一个月拜见一次；后来十天一次，再后来五六天或三四天一次；再到后来干脆迁到老师家旁边住下了；最后请求登堂入室日夜侍奉老师。美德莫过于尊重贤人，好学莫过于亲近老师。巴结权贵的人会越来越趋炎附势；游荡市场的人会越来越追求利润。而清伯对于老师的道德学问却日益亲近追随，我且不论其他，只从这一点就可以知道他的学问长进了。”清伯说：“哪有啊！我却认为自己越来越退步了。我听老师教导，一开始茫然不懂，一会儿又欢喜爱慕，忽然之间又闷在心里怀有疑问，接着更加疑虑；后来闪出惊骇，最后又豁然开朗，犹如亲眼所见。当这种时候，也算有所进步。此后几个月，悠哉游哉，不再修炼学业，反躬自省，昏昏迷迷，萎靡不振，想不明白之处越来越多，私欲停息之后又再次兴起，异端的思想即使被攻击，还是会越来越顽固，就像往上游浅滩处行舟，多次失败多次被冲下，用尽力气往上拉也不能前进。因此我认为我越来越退步。”第二天，清伯又来向阳明先生辞别，他的那几个朋友陪着他一起，各说各的理。阳明先生说：“好了！好了！说自己越来越退步的，每天都勉励自己修炼学业，他就会越来越进步；说别人越来越进步的，并和别人一起为善，他的优点也会越来越多。虽然如此，假如说自己越来越退步，因此意气阻遏或消沉，岂不真的越来越退步吗？说别人越来越进步的，自己却意气不振，同样能不越来越退步吗？这又是进步和退步的关键，吉凶就由此分出了。这能不慎重对待吗？”

赠周以善归省序

乙亥

江山周以善究心格物致知之学有年矣，苦其难而不能有所进也。闻阳明子之说而异之，意其或有见也，就而问之。闻其说，戚然若有所省；归，求其故而不合，则迟疑旬日。又往闻其说，则又戚然若有所省；归，求其故而不合，则又迟疑者旬日。如是往复数月，求之既无所获，去之又弗能也，乃往告之以其故。阳明子曰：“子未闻昔人之论弈乎？‘弈之为数，小数也，不专心致志，则亦不可以得也。’今子入而闻吾之说，出而有鸿鹄之思焉，亦何怪乎勤而弗获矣？”于是退而斋洁，而以弟子之礼请。阳明子与之坐，盖默然良久，乃告之以立诚之说，耸然若仆而兴也。明日，又言之加密焉，证之以《大学》；明日，又言之加密焉，证之以《论》《孟》；明日，又言之加密焉，证之以《中庸》。乃跃然喜，避席而言曰：“积今而后，无疑于夫子之言，而后知圣贤之教若是其深切简易也，而后知所以格物致知以诚吾之身。吾喜焉，吾悔焉，十年之攻，徒以毙精神而乱吾之心术也，悲夫！积将以夫子之言告同志，俾及时从事于此，无若积之底于悔也，庶以报夫子之德，而无负于夫子之教。”居月余，告归。阳明子叙其言以遗之，使无忘于得之之难也。

译文

江山县人周以善醉心于格物致知的学问已经有很多年了，苦于格物致知太难而不能有所突破。听了阳明先生的学说之后，发现有不同之处，心想或许有一些有见地的观点，就来阳明这里求教。听了阳明的讲解，感觉很亲近，好像明白了很多；回去以后和以往的知识见解相参验而不相符合，因此迟疑了十几天。又来听阳明先生的学说，又感觉很亲近，好像明白了很多；回去和以往的知识见解相参验还是不相符合，就迟迟疑疑地又过了十几天。就这样反反复复几个月，继续学吧，无所获；放弃吧，又舍不得，就来阳明这里告诉其中的原因。阳明先生说：“你不曾听过古人讨论下棋吗？下棋作为一种技艺，只是一种小技艺；但如果不专心致志地学习，也是学不会的。现在您到我门下听我的学说，出门又有其他的追求，即使您勤奋学习，也不会有收获，这有什么奇怪的呢。”于是，他回去沐浴斋戒，以弟子之礼拜我为师。阳明先生与他相对而坐，沉默了好长时间，才告诉他专心诚意的学说。他听了之后就像跌倒的人又站了起来，精神为之一振。第二天，给他的讲解加深了，并以《大学》相验证；过了一天更加深入地讲解，《论语》《孟子》相验证；过了一天又更加深入地讲解，以《中庸》相验证。他精神振奋，高兴地站起来说：“从今往后，我不会再怀疑老师您的话了，我才知道圣贤的教诲，原来像您阐述的那样深入浅出、简单平易啊！我才知道格物致知是为了专心诚意。我又高兴又后悔，十年的治学，白白耗费了我的精神，迷乱了我的心智，可悲啊！从此以后我要把老师您的话，告诉志同道合的朋友，使他们赶紧这样去做，不要像我先前那样做，以至追悔莫及。只有这样，大概才能报答老师的恩德，不辜负老师的教诲。”又过了一个多月请辞回家，阳明先生将他的话记录下来并赠送给他，让他不要忘了有此收获的艰难。

赠郭善甫归省序

乙亥

郭子自黄来学，逾年而告归，曰：“庆闻夫子立志之说，亦既知所从事矣。今兹将远去，敢请一言以为夙夜勖。”阳明子曰：“君子之于学也，犹农夫之于田也，既善其嘉种矣，又深耕易耨；去其蝥莠，时其灌溉，早作而夜思，皇皇惟嘉种之是忧也，而后可望于有秋。夫志犹种也，学问思辩而笃行之，是耕耨灌溉以求于有秋也。志之弗端，是美稗也。志端矣，而功之弗继，是五谷之弗熟，弗如荑稗也。吾尝见子之求嘉种矣，然犹惧其或荑稗也；见子之勤耕耨矣，然犹惧其荑稗之弗如也。夫农，春种而秋成，时也。由志学而至于立，自春而徂夏也；由立而至于不惑，去夏而秋矣。已过其时，犹种之未定，不亦大可惧乎？过时之学，非人一己百，未之敢望，而犹或作辍焉，不亦大可哀乎？从吾游者众矣，虽开说之多，未有出于立志者。故吾于子之行，卒不能舍是而别有所说。子亦可以无疑于用力之方矣。”

译文

郭先生从黄州来跟我学习，一年之后请辞回家。说：“非常庆幸能听到老师讲立志的学说，也知道了以后该做什么。现在要离开了，斗胆请您赠我一言，作为我时时刻刻的勉励。”阳明先生说：“君子学习，就像农夫种地，既要选好的种子，又要精心耕种，灭害虫，拔杂草，经常浇水，早起劳作，晚上还要筹划，惶惶不安，只担心种子的生长，然后才可盼望好的收成。志向，就像良种，博学、审问、慎思、明辨，然后笃行，就是深耕细作、灌溉浇地，也是为了有收获。志向不端正，就像好看的稗草。志向端正，而为学的功夫跟不上，犹如不成熟的五谷，还不如稗草呢。我曾见您去选择良种，但还是担心是不是选了稗草。我曾看见您深耕细作，但还是担心最后连稗草也不如。农业，春种秋收，一定要顺应四时。由十五志学到三十而立，这是自春到夏；从三十而立到四十不惑，这是经过夏天到秋天了。已过了播种的季节，但还没有选定种子，不是太可怕了吗？过了时候才去学习，别人用一分力气，自己就要用百分力气，只有这样才敢盼望收获，然而还有时学，有时不学呢，不是太悲哀了吗？跟随我学习的人很多，虽然我说得也很多，但没有超出立志这一主题的。所以在您将要离开的时候，我最终还是不能不说立志而说其他的，您也不必再怀疑这个用功的途径了。”

赠郑德夫归省序

乙亥

西安郑德夫将学于阳明子，闻士大夫之议者，以为禅学也，复已之，则与江山周以善者，姑就阳明子之门人而考其说，若非禅者也，则又姑与就阳明子亲听其说焉。盖旬有九日，而后释然于阳明子之学非禅也，始具弟子之礼，师事之，问于阳明子曰：“释与儒孰异乎？”阳明子曰：“子无求其异同于儒、释，求其是者而学焉可矣。”曰：“是与非孰辨乎？”曰：“子无求其是非于讲说，求诸心而安焉者是矣。”曰：“心又何以能定是非乎？”曰：“无是非之心，非人也。口之于甘苦也，与易牙同；目之于妍媸也，与离娄同；心之于是非也，与圣人同。其有昧焉者，其心之于道，不能如口之于味、目之于色之诚切也，然后私得而蔽之。子务立其诚而已。子惟虑夫心之于道，不能如口之于味、目之于色之诚切也，而何虑夫甘苦妍媸之无辩也乎？”曰：“然则‘五经’之所载、‘四书’之所传，其皆无所用乎？”曰：“孰为而无所用乎？是甘苦妍媸之所在也。使无诚心以求之，是谈味论色而已也，又孰从而得甘苦妍媸之真乎？”既而告归，请阳明子为书其说，遂书之。

西安郑德夫打算跟阳明子学习，听士大夫们的议论，以为我讲的是禅学，就作罢了。后来，和江山县周以善暂且到阳明子的学生那里去考察我的学说，又好像不是禅学，才又暂且和周以善跟着阳明子亲耳听我讲学。大约过了十九天，终于放下心来，明白阳明子的学说不是禅学，这才准备了弟子之礼来拜我为师，问阳明子：“佛家与儒家有什么不同？”阳明子说：“你不要找它们的不同，只要选择其中正确的道理去学习就行了。”又问：“怎么明辨是非？”我说：“你不要在这些学说里辨别是非，要在你的心里分辨，内心觉得安宁就可以了”又问：“心又如何能辨别是非呢？”我回答说：“人皆有是非之心。口对于甘苦的品尝，和易牙相同；眼对于美丑的欣赏，和离娄相同；心对于是非的辨别，和圣人相同。如果有是非不明的，那是因为心对于大道，不能像口对于味道，眼对于颜色那样反应直接、真实，然后私欲就会蒙蔽内心。所以您一定要保持心诚才行。您只需忧虑人心对于大道不能像口对于味道、眼对于颜色那样反应直接和真实，又何须忧虑甘苦美丑没有判断的标准呢？”他又问：“那么‘五经’所记载的和‘四书’所传授的，都没有什么用处吗？”我说：“谁说没有用处？甘苦美丑就在‘四书’‘五经’里，假使不用诚心去研究探索，那就只是空谈味道色彩罢了。谁又能知道甘苦美丑的真谛呢？”不久，他请辞归乡，请阳明子为他写下这段论说，我就写下了。

紫阳书院集序

乙亥

豫章熊侯世芳之守徽也，既敷政其境内，乃大新紫阳书院，以明朱子之学，萃七校之秀而躬教之。于是校士程曾氏采摭书院之兴废为集，而弁以白鹿之规，明政教也。来请予言，以谂多士。夫为学之方，白鹿之规尽矣；警劝之道，熊侯之意勤矣；兴废之故，程生之集备矣。又奚以予言为乎？然予闻之：德有本而学有要，不于其本而泛焉以从事，高之而虚无，卑之而支离，终亦流荡失宗，劳而无得矣。是故君子之学，惟求得其心。虽至于位天地，育万物，未有出于吾心之外也。孟氏所谓“学问之道无他，求其放心而已矣”者，一言以蔽之。故博学者，学此者也；审问者，问此者也；慎思者，思此者也；明辩者，辩此者也；笃行者，行此者也。心外无事，心外无理，故心外无学。是故于父子尽吾心之仁，于君臣尽吾心之义；言吾心之忠信，行吾心之笃敬；惩心忿，窒心欲，迁心善，改心过；处事接物，无所往而非求尽吾心以自慊也。譬之植焉，心其根也；学也者，其培拥之者也，灌溉之者也，扶植而删锄之者也，无非有事于根焉耳矣。朱子白鹿之规，首之以五教之目，次之以为学之方，又次之以处事接物之要，若各为一事而不相蒙者。斯殆朱子平日之意，所谓“随事精察而力行之，庶几一旦贯通之妙也”欤？然而世之学者，往往遂失之支离琐屑，色庄外驰，而流入于口耳声利之习。岂朱子之教使然哉？故吾因诸士之请，而特原其本以相勖，庶几乎操存讲习之有要，亦所以发明朱子未尽之意也。

译文

豫章府侯君熊世芳镇守徽州，在境内施行教化，对紫阳书院大加整修，以光大昌明朱子学说，聚集七所学校的优秀学生并亲自任教。于是，书院的考评官程曾收集书院的兴废之事编为集子，并冠以白鹿书院的规章，来明确教育的方针。请我发言训诫学子们。治学的方法，白鹿书院的规章已经很完备了；警劝的道理，熊侯说得已经很殷勤了；兴废的事情，程曾的集子记载得已经很详细了。我何必再说什么呢？但是我听说，道德有根本，学术有关键。如果不从根本出发，而只泛泛地学习，往高处学会虚无，往低处学会支离破碎，最终是流荡不定，失去宗旨，劳而不获。因此，君子治学，只在明心。即使大到天地运行，万物化育，也没有不在我心里面的。孟子所讲的“治学的方法，没有别的，不过就是把那失去了的本心找回来罢了”，真是用一句话就概括了治学。因此博学，学的就是“明心”；审问，问的就是“明心”；慎思，思考的就是“明心”；明辨，辨别的就是“明心”；笃行，执行的就是“明心”。心外没有事情，心外没有道理，因此心外没有学问。因此，于父子而言要尽心中的仁，于君臣而言要尽心中的义，说明心中的忠信，施行心中的诚敬，警戒心中的愤恨，熄灭心中的欲望，让内心去恶向善，改正心中的过错，为人处世，力求出自本心，从而实现自足快乐。就好比植树，心是树根，学习，是为了培土巩固，浇水灌溉、扶植、剪枝、锄草，都是为了培育好根部啊。朱子白鹿书院的规章，首置五常的条目，其次是治学方法，再次是待人接物的准则，就好像这些内容各自独立而不相蒙混一样。这大概是朱子平日的主张，所谓“每件事都精心观察，然后尽力实行，希望某一天能一下子达到融会贯通的妙境”吗？然而世上的学者往往最终都落得支离破碎，神情很严肃认真，内心却已向外追逐，流入声色货利、口福之享的欲求。这难道是因为朱子的教义吗？所以，我借着各位的请求，特此指出学业的根本来勉励大家，大概也可以让大家记住学习是有关键的，也借此来阐发朱子没有完全阐发出来的意思。

朱子晚年定论序

戊寅

洙泗之传，至孟子而息。千五百余年，濂溪、明道始复追寻其绪。自后辩析日详，然亦日就支离决裂，旋复湮晦。吾尝深求其故，大抵皆世儒之多言有以乱之。守仁蚤岁业举，溺志辞章之习。既乃稍知从事正学，而苦于众说之纷挠疲尔，茫无可入，因求诸老、释，欣然有会于心，以为圣人之学在此矣，然于孔子之教间相出入，而措之日用，往往阙漏无归。依违往返，且信且疑。其后谪官龙场，居夷处困，动心忍性之余，恍若有悟。体验探求，再更寒暑，证诸“六经”、四子，沛然若决江河而放之海也。然后叹圣人之道坦如大路，而世之儒者妄开窦径，蹈荆棘，堕坑堑，究其为说，反出二氏之下，宜乎世之高明之士厌此而趋彼也！此岂二氏之罪哉？间尝以此语同志，而闻者竞相非议，自以为立异好奇，虽每痛反深抑，务自搜剔斑瑕，而愈益精明的确，洞然无复可疑，独于朱子之说有相牴牾，恒疚于心。切疑朱子之贤，而岂其于此尚有未察？及官留都，复取朱子之书而检求之，然后知其晚岁固已大悟旧说之非，痛悔极艾，至以为自诳诳人之罪不可胜赎。世之所传《集注》《或问》之类，乃其中年未定之说，自咎以为旧本之误，思改正而未及。而其诸《语类》之属，又其门人挟胜心以附己见，固于朱子平日之说犹有大相缪戾者。而世之学者局于见闻，不过持循讲习于此，其于悟后之论，概乎其未有闻，则亦何怪乎予言之不信，而朱子之心无以自暴于后世也乎？予既自幸其说之不缪于朱子，又喜朱子之先得我心之同然，且慨夫世之学者徒守朱子中年未定之说，而不复知求其晚岁既悟之论，竞相呶呶，以乱正学，不自知其已入于异端。辄采录而裒集之，私以示夫同志，庶几无疑于吾说，而圣学之明可冀矣。

译文

孔子学说传承到孟子便中断了。经过一千五百多年，周敦颐、程颢等人才重新开始探究圣学的来龙去脉。自此以后，对于文辞的辨析日益详尽，然而圣学也就日益走向支离破碎，很快就又埋没无闻了。我曾经深切地探求其缘故，认为大概是世俗的儒者好讲闲话所以扰乱了圣学吧。我早年从事科举事业，沉溺醉心于辞藻之学，后来慢慢想要追随正道学问，却又苦于众说纷纭疲困，茫然找不到入口，因此求之于佛、道两家学说，欣然有所领悟，认为圣人的学问就在于此！然而佛、道之学却与孔子的学说有所出入，将其用于平日生活，往往有所缺漏而无着落，几次比较参详下来，便将信将疑了。后来我被贬谪到龙场，身处蛮夷困境之地，内心受到触动，性格变得坚韧之际，恍然好像有所醒悟。慢慢体会探求，又过了一年，在“六经”、四子中寻找印证，一下子像是江河汇入大海一般豁然贯通了。然后才感慨圣人之道就像大路一样平坦，世俗的儒者却妄自另辟蹊径，步入荆棘，堕入深坑，考究他们的学说，反而不如佛、道两家。难怪世上高明之人都厌恶儒学而去投向佛、道了！这难道是佛、道的过错吗？其间我曾和同道们说起这番道理，而那些听闻的人争相非议我的学说，认为这是为了标新立异。虽然我每次都深感痛苦，自己务求革除自己的不足，但这一观点却愈发精确明白，没有任何可疑之处。只是与朱子之学相抵牾，一直有愧于心，心想像朱子这般贤明的人，怎会对此没有觉察呢？等到我去南京做官的时候，再次拿朱子的书来看，才知道朱子晚年已经明白自己以前的学说有误，痛苦悔恨到了极点，以至于自认为自欺欺人之罪，赎也赎不清。世间所流传的《四书章句集注》《四书或问》等，都是朱子中年还未确定的学说，朱子将之归咎于旧本的脱误，想要改正却为时太晚；《朱子语类》等文字，又是他的弟子裹挟着争强好胜之心附会自己的意思，固然就与朱子平日的说法大相径庭。然而世俗的儒者局限于所见所闻，不过是持守依循讲习这些朱子还未确定的学说，对于朱子晚年悔悟之后的观点，大概并未听说过。既然这样，那么我所说的话没有人相信，朱子无法将自己的心迹昭示后世，又有什么奇怪的呢？我既为自己的学说不与朱子抵牾而感到幸运，又高兴朱子能够在我之前便明白这些道理，然而也感慨世俗的学者只守着朱子中年还未确定的学说，不知道探求其晚年悔悟的学说，争来吵去，扰乱正学，却不知已堕入异端了。所以我就采录搜集相关的文字，私下里给同道们看，或许可以不再怀疑我的学说，那样圣人之学得以昌明也就可以期望了吧！

别梁日孚序

戊寅

圣人之道若大路，虽有跛蹩，行而不已，未有不至。而世之君子顾以为圣人之异于人，若彼其甚远也，其为功亦必若彼其甚难也，而浅易若此，岂其可及乎！则从而求之艰深恍惚，溺于支离，骛于虚高，率以为圣人之道必不可至，而甘于其质之所便，日以沦于污下。有从而求之者，竞相嗤讪，曰狂诞不自量者也。呜呼！其弊也，亦岂一朝一夕之故哉！孟子云：“徐行后长者谓之弟，疾行先长者谓之不弟。”夫徐行者，岂人所不能哉？所不为也。世之人不知咎其不为，而归咎于其不能，其亦不思而已矣。

译文

圣人之道就像平坦的大路，即使是跛足瘸腿之人，只要一直往前走，就没有走不到目的地的。然而世俗的学者却反而认为圣人不同于常人，超出常人很多，他们下的功夫对于常人而言，亦难以做到。如此浅薄的普通人，怎么能达到圣人的境界呢？于是随着众人一起追求艰深晦涩的道理，沉溺于支离破碎的知识，致力于虚无缥渺的学问，还认为圣人之道无法达到，而自甘于自身资质的偏好，一天天沦落于污浊与卑贱之地。有去探讨圣人之道的，世俗的学者就竞相嗤笑毁谤他们狂妄荒唐，不自量力。唉！这种弊病，又岂是一朝一夕造成的呢？孟子说："缓慢地跟在长者后面走叫作悌，很快地在长者前面走叫不悌。"跟着圣人慢慢走，难道谁还不会吗？只是世人不愿意做。世人不知道责备自己不去做，而是归咎于自己做不到，这也是不思考的结果吧。

进士梁日孚携家谒选于京，过赣，停舟见予。始与之语，移时而别。明日又来，与之语，日昃而别。又明日又来，日入而未忍去。又明日，则假馆而请受业焉。同舟之人强之北者，开譬百端，日孚皆笑而不应，莫不嚣且异。其最亲爱者曰："子有万里之行，戒僮仆，聚资斧，具舟楫，又挈其家室，经营阅岁而始就道，行未数百里而中止，此不有大苦，必有大乐者乎？子亦可以语我乎？"日孚笑曰："吾今则有大苦，亦诚有大乐者，然未易以语子也。子见病狂丧心者乎？方其昏逸瞶乱，赴汤火，蹈荆棘，莫不恬然自信，以为是也。比遇良医，沃之以清冷之浆，而投之以神明之剂，始苏然以醒。告之以其向之所为，又始骇然以苦；示之以其所从归之途，又始欣然以喜，且恨遇斯人之晚也。彼病狂不复者反从而哂咭之，以为是变其常。今吾与子之事，亦何以异于此矣！"居无何，予以军旅之役出，而远日孚者且两月，谓日孚既去矣，及旋，而日孚居然以待！既以委其资斧于逆旅，归其家室于故乡，泊然而乐，若将终身焉。扣其学，日有所明，而月有所异矣。然后益叹圣人之学，非夫自暴自弃，未有不可由之而至。而日孚出于流俗，殆孟子所谓"豪杰之士"者矣。复留余三月，其母使人来谓曰："姑北行，以毕吾愿，然后从尔所好。"知日孚者亦交以是劝。日孚请曰："焯焉能一日而去夫子，将复赴汤火，蹈荆棘矣！”予曰：“其然哉？子以圣人之道为有方体乎？为可拘之以时，限之以地乎？世未有既醒之人而复赴汤火、蹈荆棘者。子务醒其心，毋徒汤火荆棘之为惧！”日孚良久曰：“焯近之矣。圣人之道，求之于心，故不滞于事；出之以理，故不泥于物；根之以性，故不拘以时；动之以神，故不限以地。苟知此矣，焉往而非学也！奚必恒于夫子之门乎？焯请暂辞而北，疑而复求正。”予莞尔而笑曰：“近之矣！近之矣！”

译文

进士梁日孚携带家眷赴京城吏部应选，途经赣江，停船靠岸来拜访我。一开始同他谈话，聊了一会儿他就告辞了。第二天他又来了，我与他交谈，太阳偏西，他才辞别归家。第三天他又登门拜访，直到太阳下山仍不愿离开。第四天他向我借了个住处，请求跟我学习。同船中希望梁日孚北上京城的人想尽办法开导劝说，梁日孚都笑而不答，众人费尽口舌，都感到莫名的奇怪。他最亲近喜爱的人对他说：“您有万里路要走，于是准备仆役，备办旅费，准备船只，又携家带口，经过一年筹划才上了路。可是走了不到几百里您就停下了，这不是因为太苦了，就是因为这里有太让您喜欢的东西，您能不能跟我说说？”日孚笑着说：“我如今是有非常痛苦的事情，也真有特别喜欢的东西，只不过不容易和你说明白。您见过病得发狂、丧失心智的人吗？当他迷乱逸乐两眼昏花之时，奔赴汤火，踩踏荆棘，他也安然淡定，确信不疑，以为这就是对的。等遇到良医，让他出一身清冷的汗，再给开一副清醒精神的药剂，这时他才开始清醒。告诉他先前的所作所为，他才感到害怕，原来以前这么痛苦；给他指出回归的正路，他才面露喜色，而且遗憾自己和这个医生相见太晚。而那些言行昏乱荒谬恢复不了常态的人，反而狂笑大叫，以为这是改变他正常的生活。现在我和先生之间的情形，与这又有什么不同的呢？”过了没多久，我因为军旅上的差遣，远离日孚将近两个月的时间。估计日孚可能已经离去了。等回来之后，梁日孚竟然一直等着我！他把行李盘缠寄放在旅馆，让他的家眷回到家乡，淡泊而快乐，好像要在此终老一生。考查他的学业，每天都会明白新的知识，而每月都有不同的进境。于是我更加叹服圣人之学，只要人不自暴自弃，就一定能找到治学之道去领悟它。日孚能够从世俗之中跳脱出来，大概是孟子所说的“豪杰之士”吧。又继续留在我这待了三月，他的母亲派人来对他说：“你暂且北上京城应选，来实现我的愿望，以后就随你按照自己的喜好行事了。”了解日孚的朋友们也纷纷用他母亲的话劝说他。日孚来和我说：“梁焯怎能离开先生一天呢？一旦离去，那是又要去赴汤蹈火、踩踏荆棘了。”我说：“是这样的吗？您以为圣人之道有固定的形体吗？能够被时间、空间限制吗？世上没有已经清醒的人却还愿意去赴汤蹈火、踩踏荆棘的。你一定要让自己的心保持清醒状态。不要只以为热水、大火与荆棘是可怕的东西。”日孚想了很久说：“我差不多懂了。圣人之道，在于从心里追求，所以不应该被繁琐的事务阻滞；要用天理来表达，所以不应该被外在的物质拘泥；要用性灵去培植，所以不受时间的限制；要用精神去驾驭，所以不被空间所束缚。要是明白了这些，到哪里去不是学习呢？何必长久地待在老师这儿呢？我请求暂且告辞北上，如果有疑问，再回来请求您指点。”我微微一笑，说：“快懂了啊，快懂了啊。”

大学古本序

戊寅

《大学》之要，诚意而已矣。诚意之功，格物而已矣。诚意之极，止至善而已矣。止至善之则，致知而已矣。正心，复其体也；修身，著其用也。以言乎己，谓之明德；以言乎人，谓之亲民；以言乎天地之间，则备矣。是故至善也者，心之本体也。动而后有不善，而本体之知，未尝不知也。意者，其动也。物者，其事也。至其本体之知，而动无不善。然非即其事而格之，则亦无以致其知。故致知者，诚意之本也。格物者，致知之实也。物格则知致意诚，而有以复其本体，是之谓止至善。圣人惧人之求之于外也，而反覆其辞。旧本析而圣人之意亡矣。是故不务于诚意而徒以格物者，谓之支；不事于格物而徒以诚意者，谓之虚；不本于致知而徒以格物诚意者，谓之妄。支与虚与妄，其于至善也远矣。合之以经而益缀，补之以传而益离。吾惧学之日远于至善也，去分章而复旧本，傍为之什，以引其义，庶几复见圣人之心，而求之者有其要。噫！乃若致知则存乎心，悟致知焉，尽矣。

译文

《大学》的宗旨是诚意，诚意的功夫是格物，诚意的极致是止于至善，止于至善的方法是致知。正心，是恢复其本体；修身，是发扬其功用。以之要求自己，叫明德；以之告诫别人，叫亲民；将它广布于天地之间，就万事皆休了。因此至善，是心的本体。行动之后如果有不善的行为，心的本体的良知是不会感觉不到的。意，是本体的运动。物，是本体的施用。本着这个本体的良知去行动，就没有不善的行为。但是如果不依据具体的事物去探究的话，就没有办法获得良知。因此致知，是诚意的根本。格物，是致知的实践。事物之理探究清楚了，良知就获得了，意念就真诚了，就可以恢复心的本体，这就叫作止于至善。圣人害怕人们向外探求，反复阐释。《大学》旧本分崩离析，其中的真意早就没有了。因此不以诚意为目的，而只是去格物，就会支离破碎；不在格物上下功夫，而只追求诚意，就会虚无缥渺；不以致知为根本而只是去格物诚意的，就会虚妄荒诞；支离破碎、虚无缥渺、虚妄荒诞，都离至善很远了。格物、致知、诚意合并在一起治学，就会更加紧密，修修补补地传承，就会愈发支离。我担心治学越来越远离至善，就删去了《大学》的分章而恢复了其旧本的原貌，在旁边注释，用来引申其意义，希望可以重现圣人这心，让求学的人掌握治学的关键。唉！如果想要致知，就要存养这样的心思，这就是体悟致知的道理了，就是最好的了。

礼记纂言序

庚辰

礼也者，理也；理也者，性也；性也者，命也。“维天之命，於穆不已”，而其在于人也谓之性，其粲然而条理也谓之礼，其纯然而粹善也谓之仁，其截然而裁制也谓之义，其昭然而明觉也谓之知，其浑然于其性也，则理一而已矣。故仁也者，礼之体也；义也者，礼之宜也；知也者，礼之通也。经礼三百，曲礼三千，无一而非仁也，无一而非性也。天叙天秩，圣人何心焉，盖无一而非命也。故克己复礼则谓之仁，穷理则尽性以至于命，尽性则动容周旋中礼矣。后之言礼者，吾惑矣。纷纭器数之争，而牵制刑名之末，穷年矻矻，弊精于祝史之糟粕，而忘其所谓“经纶天下之大经，立天下之大本”者。“礼云礼云，玉帛云乎”，而人之不仁也，其如礼何哉？故老、庄之徒，外礼以言性，而谓礼为道德之衰、仁义之失，既已堕于空虚漭荡，而世儒之说，复外性以求礼，遂谓礼止于器数制度之间，而议拟仿像于影响形迹，以为天下之礼尽在是矣。故凡先王之礼烟蒙灰散，而卒以煨烬于天下，要亦未可专委罪于秦火者。僭不自度，尝欲取《礼记》之所载，揭其大经大本，而疏其条理节目，庶几器道本末之一致。又惧其德之弗任，而时亦有所未及也。间尝为之说，曰：“礼之于节文也，犹规矩之于方圆也。非方圆无以见规矩之用，非节文则亦无从而睹所谓礼矣。然方圆者，规矩之所出，而不可遂以方圆为规矩。故执规矩以为方圆，则方圆不可胜用。舍规矩以为方圆，而遂以方圆为之规矩，则规矩之用息矣。故规矩者，无一定之方圆；而方圆者，有一定之规矩。此学礼之要，盛德者之所以动容周旋而中也。”

译文

礼，就是理；理，就是天性；天性，就是天道。“天道的运行，美好肃穆永不停息”，体现在人身上，就叫人性；灿烂而有条理，故称作礼；纯粹而极厚道，故叫作仁；严正而能约束，故称作义；显著而易明察，故称作智。仁、义、礼、智与人性浑然一体，不可分割，是因为只有一个理。所以，仁乃是礼的本体，义乃是礼的权宜，智乃是礼的通行。《经礼》三百条，《曲礼》三千条，无一条不体现仁，无一条不体现天性。对于天的秩序、天的规律，圣人是怎么思考的呢？大概都是天命吧。所以，克制自己的私欲，使言行举止合乎礼节，就是仁了；穷其天理就会尽其天性以至于达到知晓天命；极尽天性，那么举止仪容和进退揖让都会符合礼的要求。后人对礼的讨论，让我感到迷惑！纷纷争论器物名数，被名实赏罚的束缚所困扰，终年勤劳不懈，将精力耗费在祝史司祭的糟粕里，却忘记了所谓“筹划天下的纲领，树立天下的根本法则”这一大义啊。“礼呀！礼呀！仅仅说的是玉器和丝帛吗”？一个人没有仁德，他又怎么能实行礼呢？因此老庄道家之流，摒弃礼来谈天性，认为礼是道德衰败、仁义丧失的表现，并且已经沦落到空洞虚无、激荡无定的地步；而世俗的儒生却离开天性去追求礼，认为礼只存在于礼器的名数制度之中，商议准备仿照形状、声响等外在的东西去演礼，以为天下的礼都在这里了。因此举凡先王制定的礼，像烟灰一样迷蒙散去，最后只留下了一些灰烬，不能只怪罪于秦始皇的焚书坑儒啊。我曾自不量力地想根据《礼记》的内容，揭示礼的纲领和根本，疏通礼的条理节目，希望说清楚天理是道，是根本，万物是器，是末节，他们是浑然一体没有差别的。却又担心自己品德不能胜任，时间也有些来不及。只能偶尔谈一些我的见解：“礼和具体礼节仪式的关系，就像规矩和方圆关系。没有方圆就体现不出规矩的功用，没有具体的礼节仪式，也就没有办法看见所谓礼了。”然而，方圆是由规矩画出来的，但不能就把方圆当作规矩；所以用规矩画方圆，那么方圆就画不完，规矩就用不尽。舍弃规矩去画方圆，而最终以方圆当作规矩，规矩的作用就消失了。因此，用规矩画出的方圆，是不固定的；但方圆却是由固定的规矩画出。这是学习礼的关键之处，也是有德行的人举止仪容进退揖让都能合乎礼的原因。

宋儒朱仲晦氏慨《礼经》之芜乱，尝欲考正而删定之，以《仪礼》为之经，《礼记》为之传，而其志竟亦弗就。其后吴幼清氏因而为《纂言》，亦不数数于朱说，而于先后轻重之间，固已多所发明。二子之见，其规条指画则既出于汉儒矣，其所谓“观其会通，以行其典礼之原”，则尚恨吾生之晚，而未及与闻之也。虽然，后圣而有作，则无所容言矣；后圣而未有作也，则如《纂言》者，固学礼者之箕裘筌蹄，而可以少之乎？姻友胡汝登忠信而好礼，其为宁国也，将以是而施之。刻《纂言》以敷其说，而属序于予。予将进汝登之道而推之于其本也，故为序之若此云。

译文

宋儒朱熹慨叹《礼经》太芜杂混乱，曾想考据、订正、删减以定稿，以《仪礼》为经，《礼记》为传，但他的志向最终没能实现。后来，他的学生吴澄因此编成《纂言》，只不过不死守朱子的观点，而在先后轻重之间，有了很多自己的见解。这两位先生的观点，就条目体例而言都来源于汉儒的学术体系；就其学术中所谓“观察其融会贯通，推行等级礼数的本原”之说，只遗憾自己出生太晚，无缘当面聆听教诲。虽然如此，后世的圣人假如再有创作，就不容我说什么了；后世的圣人假如没有再创作，那么《纂言》一定是学习礼的不可缺少的参考和依据，我的姻亲胡汝登，忠信并且好礼，他到宁国做官，打算以礼施政，于是刻《纂言》来陈述他的想法，嘱咐我给他作一篇序。我就将汝登的理论加以阐发并述及这一理论的本源，因此做了这样一篇序。

象山文集序

庚辰

圣人之学，心学也。尧、舜、禹之相授受，曰：“人心惟危，道心惟微，惟精惟一，允执厥中。”此心学之源也。中也者，道心之谓也；道心精一之谓仁，所谓中也。

译文

圣人的学问，就是心学。尧、舜、禹这些圣人一脉相承的心法是：“人心险恶，道心精微，要精研专一，诚实保持着中道。”这句话就是心学的源头。这里的“中”，说的就是“道心”；而道心精一称为“仁”，即所谓的“中”。

孔孟之学，惟务求仁，盖精一之传也。而当时之弊，固已有外求之者，故子贡致疑于多学而识，而以博施济众为仁。夫子告之以一贯，而教以能近取譬，盖使之求诸其心也。迨于孟氏之时，墨氏之言仁，至于摩顶放踵，而告子之徒又有“仁内义外”之说，心学大坏。孟子辟义外之说，而曰：“仁，人心也。学问之道无他，求其放心而已矣。”又曰：“仁义礼智，非由外铄我也，我固有之，弗思耳矣。”盖王道息而伯术行，功利之徒，外假天理之近似以济其私，而以欺于人，曰“天理固如是”，不知既无其心矣，而尚何有所谓天理者乎？自是而后，析心与理而为二，而精一之学亡。世儒之支离，外索于刑名器数之末，以求明其所谓物理者，而不知吾心即物理，初无假于外也。佛、老之空虚，遗弃其人伦事物之常，以求明其所谓吾心者，而不知物理即吾心，不可得而遗也。至宋周、程二子，始复追寻孔、颜之宗，而有“无极而太极”“定之以仁义，中正而主静”之说。动亦定，静亦定，无内外，无将迎之论，庶几精一之旨矣。自是而后，有象山陆氏，虽其纯粹和平若不逮于二子，而简易直截，真有以接孟子之传。其议论开辟，时有异者，乃其气质意见之殊，而要其学之必求诸心，则一而已。故吾尝断以陆氏之学，孟氏之学也，而世之议者以其尝与晦翁之有同异，而遂诋以为禅。夫禅之说，弃人伦，遗物理，而要其归极，不可以为天下国家。苟陆氏之学而果若是也，乃所以为禅也。今禅之说与陆氏之说，其书具存，学者苟取而观之，其是非同异，当有不待于辩说者。而顾一倡群和，剿说雷同，如矮人之观场，莫知悲笑之所自，岂非贵耳贱目，不得于言而勿求诸心者之过欤！夫是非同异，每起于人持胜心，便旧习而是己见。故胜心旧习之为患，贤者不免焉。

译文

孔孟的学问，只致力于“求仁”，这就是“精研专一”思想的传承。当时已经出现了外求的问题，所以子贡才会怀疑“博学多识”的说法，他认为只有“广泛施舍来周济众人”，才算是“仁”。孔子给他讲了“一以贯之”的道理，并且以“推己及人”的方法来教导他，这是孔子教导他要从自己心上去寻求吧。到孟子的时代，墨子说“仁”就是“不辞辛劳”，而告子之流又有“仁内义外”的说法。到了这个时候，心学已经没落。孟子批驳告子“义外”的说法，他说：“仁，就是人心。学问之道没有别的，就是找回来那丧失了的善心罢了。”他又说：“这仁义礼智都不是由外在的因素加给我的，而是我本身固有的，只不过平时没有去想它因而不觉得罢了。”王道日趋衰微，霸术日渐盛行，那些追求功利的人，打着与天理近似的旗号，以满足自己的私欲，为了蒙骗他人，还说“天理本就如此”。这些人不知道自己的“心”都已经没有了，哪里还有所谓的“天理”呢？从此往后，把“心”和“理”一分为二，“精研专一”的学问也就消亡了。世儒的学问支离琐碎，外求探究刑赏名实、礼器数量这些细枝末节的事情，以求明了所谓的“物理”。他们却不知道“我心就是物理”，从一开始就不需要假借外求。佛家、道家的学问又落入了空虚之中，想通过遗弃人伦事物之常，以求明悟所谓“我心”，却不知道“物理就是我心”，人伦事物之常是不能遗弃的。到了宋代，周子、程子开始重新追寻孔子、颜子的学问根本，然后有了“由无极生太极”“用中庸、正义、仁德、义道作为标准来静定”的说法，“动也是定，静也是定，无内外之别，无迎来送往之分”的言论，他们的这些说法都非常接近“精研专一”的宗旨了。在此之后，又有陆象山的学说崛起，其学说虽不像周、程二先生那样纯粹平和，但是极为简易直接，真可以说是直承孟子的心法。他的言论表达，常与孟子不同，那是因为他的气质、主张有所不同所致，而他学问的重点在于必求之于心，这与孟子是完全一致的。所以我曾断言，“陆氏之学就是孟氏之学”。而社会上那些指责陆氏之学的人，是由于陆象山与晦翁的学说不同，于是把他的学问认定成“禅学”。而禅学是要人遗弃人伦物理，从最终的结果来看，不能用来治理天下国家。如果陆氏之学果真如此，那就应该算是“禅学”。可今天“禅学”与陆氏之说，都有各自的著作，学者只要取而观之就自然明了，它们的是非差别根本无须辩论。而现在是，一倡百应，抄袭附和，这就如一个矮子去看热闹，被人遮挡，而搞不清哭笑从何而来一样。这样岂不是重其所闻，轻其所见，犯了告子“外在道理尚不明了，就不要先求之于内心”的错误！所谓的“是非同异”，都跟人们怀有胜心、安于旧习、固执己见相关。所以，胜心、旧习所导致的问题，有时连贤者都难免。

抚守李茂元氏将重刊象山之文集，而请一言为之序，予何所容言哉？惟读先生之文者务求诸心，而无以旧习己见先焉，则糠粃精凿之美恶，入口而知之矣。

抚州太守李茂元准备重新刊印陆象山的文集，请我写篇序言，其实何须我再多言？唯望诸位在读陆象山先生文章时，务必求之于心，而不要把旧习、己见放到前边。如此，陆氏之学的好坏，就像糠秕和精米的区别，入口便能知道了。

观德亭记

戊寅

君子之于射也，内志正，外体直，持弓矢审固，而后可以言中，故古者射以观德。德也者，得之于其心也。君子之学，求以得之于其心，故君子之于射，以存其心也。是故懆于其心者其动妄，荡于其心者其视浮，歉于其心者其气馁，忽于其心者其貌惰，傲于其心者其色矜。五者，心之不存也。不在也者，不学也。君子之学于射，以存其心也。是故心端则体正，心敬则容肃，心平则气舒，心专则视审，心通故时而理，心纯故让而恪，心宏故胜而不张，负而不弛。七者备而君子之德成。君子无所不用其学也，于射见之矣，故曰："为人君者，以为君鹄；为人臣者，以为臣鹄；为人父者，以为父鹄；为人子者，以为子鹄。射也者，射己之鹄也；鹄也者，心也。各射己之心也，各得其心而已。"故曰："可以观德矣。"作《观德亭记》。

译文

君子在射箭时，内心思虑纯正，外形身体正直，手持弓箭稳固有力，这样以后才考虑发射中不中靶的问题。因此古代根据射箭来考察一个人的品德。品德，是来自内心的一种收获。君子治学，是讲究心灵收获的，所以君子在射箭上也是用心的呀。这是由于内心躁动不安的人，他的动作必定是随意的；内心摇摆不定的人，他的视线必定是飘浮的；内心惭愧的人，他的气息必定是微弱的；粗枝大叶的人，他的相貌必定疏懒；内心骄傲的人，他的神色必定矜持。这五种情形，就是失去本心造成的。之所以丧失本心，是因为没有学习。君子学习射箭，就是要保留本心。这是因为：内心端正，身体就会正直；内心恭敬，神情就会严肃；内心平静，呼吸就会舒畅；内心专注，视力就会清晰；内心通透，所以能把握时机而作出处理；内心单纯，所以能谦让并严格遵守规矩；内心宽广，所以成功时不会张扬，失败时不会松懈。如果这七者都具备了，那么君子的品德也就形成了。君子没有不运用所学知识的，在射箭上也能体现出来。所以说：作为别人的君王，就要以君王的标准为目标；作为别人的臣民，就要以臣子的标准为目标；作为别人的父亲，就要以父亲的标准为目标；作为别人的子女，就要以子女的标准为目标。射箭，就是要射中自己的目标；目标，就是自己的本心；每个人都要对准自己的内心，都要获得自己的本心罢了。所以说：射箭可以看出一个人的品德。谨此写下这篇《观德亭记》。

重修文山祠记

戊寅

宋丞相文山文公之祠旧在庐陵之富田。今螺川之有祠，实肇于我孝皇之朝，然亦因废为新，多缺陋而未称。正德戊寅，县令邵德容始恢其议于郡守伍文定，相与白诸巡抚、巡按、守巡诸司，皆以是为风化之所系也，争措财鸠工，图拓而新之。协守令之力，不再逾月而工萃。圮者完，隘者辟，遗者举，巍然焕然，不独庙貌之改观，而吉之人士奔走瞻叹，翕然益起其忠孝之心，则是举之有益于名教也诚大矣。使来请记。

译文

纪念南宋丞相文天祥的文山祠，曾在庐陵的富田，现在螺川有文山祠，实际上是从我朝孝宗皇帝那时开始的。然而也是翻旧为新，多有缺陋，不如人意。正德戊寅年，县令邵德容，先向郡守伍文定郑重提议，两人又一起向巡抚、巡按、守巡等上级部门报告。各级官吏都认为这是关系到风俗教化的问题，争相筹措钱款，招集工匠，打算扩建翻新。太守县令勠力同心，不到两个月就竣工了：坍塌的地方修牢固了，堵住的地方修通畅了，倒下的地方修起来了，巍然耸立，焕然一新，不但祠庙外貌为之改观，而且吉州人士奔走相告，瞻仰感叹，和顺安然地更加激起了忠孝之心。因此重修文山祠这一举措对鼓舞名教的好处真是太大了。派人前来请我为此作记。

呜呼！公之忠，天下之达忠也。结椎异类，犹知敬慕，而况其乡之人乎！逆旅经行，犹存尸祝，而况其乡之士乎！凡有职守，皆知尊尚，而况其土之官乎！然而乡人之慕之也，三有司之崇尚之也，文公之没，今且三百年矣。吉士之以气节行义，后先炳耀，谓非闻公之风而兴不可也。然忠义之降，激而为气节；气节之弊，流而为客气。其上焉者，无所为而为，固公所谓成仁取义者矣。其次有所为矣，然犹其气之近于正者也。迨其弊也，遂有凭其愤戾粗鄙之气，以行其娼嫉褊骜之私。士流于矫拂，民入于健讼。人欲炽而天理灭，而犹自视以为气节。若是者容有之乎？则于公之道，非所谓操戈入室者欤？吾故备而论之，以勖夫兹乡之后进，使之去其偏以归于全，克其私以反于正，不愧于公而已矣。

译文

唉！文公的忠心是天下最大的忠心啊。梳着汉族发式的异族之人，尚且知道敬慕文公，何况他的家乡人呢？旅客往返于此，尚且祭奠文公，何况他的家乡学者呢？凡是在外任职的，都知道尊奉崇拜文公，何况他家乡的官员呢？然而家乡人民敬慕他，各级官员崇拜他，文公逝世也已有三百年了。吉州士人讲究气节、躬行道义，先后辉映，不得不说这是受了文公风采的影响。然而忠义降杀，就会激发出气节；气节衰疲，就会流荡成戾气。追求忠义的人，不为什么目的去做事，却成就了最大的价值，文公所说的“成仁取义”就是这一类。讲究气节的人，都是有目的地去做事的，但是他们的意气还是接近于正气的。等到气节衰疲，那些充满戾气的人就会凭着愤恨暴戾、粗俗鄙薄之气，去干嫉妒偏狭，任性傲慢的私事了。士人习惯违背情理；百姓喜好争长论短。人欲炽热，天理灭亡，却还自以为有气节。这样的人或许有很多吧？这对于文公的精神而言，不是所谓的“拿我的武器进我的屋子来攻击我”吗？因此，我详尽地辩论这一点，以勉励该地的后生，希望他们能除去偏狭而归于周全，克服私心而恢复正气，这样才无愧于文公啊。

今巡抚暨诸有司之表励崇饰，固将以行其好德之心，振扬风教，《诗》所谓“民之秉彝，好是懿德”者也。人亦孰无是心？苟能充之，公之忠义在我矣，而又何羡乎！然而时之表励崇饰，有好其实而崇之者，有慕其名而崇之者，有假其迹而崇之者。忠义有诸己，思以喻诸人，因而表其祠宇，树之风声，是好其实者也。知其美而未能诚诸身，姑以修其祠宇，彰其事迹，是慕其名者也。饰之祠宇而坏之于其身，矫之文具而败之于其行，奸以掩其外，而袭以阱其中，是假其迹者也。若是者容有之乎？则于公之道，非所谓毁瓦画墁者欤？吾故备而论之，以勖夫后之官兹土者，使无徒慕其名而务求其实，毋徒修公之祠而务修公之行，不愧于公而已矣。

译文

现在，巡抚以及各级官员表彰奖励文公，崇敬地装饰文公祠，实质是为了推行崇尚道德的思想，振奋发扬风气教化，就像《诗经》所说的“百姓掌握那些不变的规律，于是就喜爱优良的品德”。人，谁没有好德之心呢？如果能扩充发扬，那么我也会有文公的忠义之心，又何必羡慕文公呢！然而现在表彰奖励文公，崇敬地装饰文公祠，有追求实质的崇敬，有仰慕名声的崇敬，有假借古迹的崇敬。忠义在自己的心中，又想将它告知别人，所以建祠堂来树立风范，这是追求实质的崇敬。明白忠义的美德但是未能在自己身上体现的，姑且以修建祠堂庙宇来宣传表彰他的事迹，这是仰慕名声的崇敬；装饰祠堂庙宇而自身德性极坏，表面装作善良而行为很败坏，施奸计掩饰外表而内心却设下陷阱袭击别人，这是假借事迹。像这样的或许有很多吧？这对文公的思想，不是一种污浊破坏吗？于是我详尽地论说，来勉励以后来到此地为官的，使他们不要只敬慕名声，而要追求实质，不要光知修文公祠堂，而要追求文公的德行，这样就无愧于文公了。

某尝令兹邑，睹公祠之圮陋而未能恢，既有愧于诸有司；慨其风声气习之或弊，而未能讲去其偏，复有愧于诸人士。乐兹举之有成也，推其愧心之言而为之记。

译文

我曾经在此地当县令，眼看着文公祠崩塌坏陋，我却不能恢复，这已经有愧于各级官府；慨叹本乡风声习气有的流入弊端，我却不能讲习道德，教导他们除去偏狭，又有愧于各位有识之士。如今很高兴地看到修饰祠堂的事办成了，因此写了这篇记来表达我的惭愧之情。

从吾道人记

乙酉

海宁董萝石者，年六十有八矣，以能诗闻江湖间。与其乡之业诗者十数辈为诗社，旦夕操纸吟鸣，相与求句字之工，至废寝食，遗生业。时俗共非笑之，不顾，以为是天下之至乐矣。嘉靖甲申春，萝石来游会稽，闻阳明子方与其徒讲学山中，以杖肩其瓢笠诗卷来访。入门，长揖上坐。阳明子异其气貌，且年老矣，礼敬之。又询知其为董萝石也，与之语连日夜。萝石辞弥谦，礼弥下，不觉其席之弥侧也。退谓阳明子之徒何生秦曰："吾见世之儒者支离琐屑，修饰边幅，为偶人之状；其下者，贪饕争夺于富贵利欲之场，而尝不屑其所为，以为世岂真有所谓圣贤之学乎？直假道于是以求济其私耳。故遂笃志于诗，而放浪于山水。今吾闻夫子良知之说，而忽若大寐之得醒，然后知吾向之所为，日夜弊精劳力者，其与世之营营利禄之徒，特清浊之分，而其间不能以寸也。幸哉！吾非至于夫子之门，则几于虚此生矣。吾将北面夫子而终身焉，得无既老而有所不可乎？"秦起拜贺曰："先生之年则老矣，先生之志何壮哉！”入以请于阳明子。阳明子喟然叹曰：“有是哉！吾未或见此翁也。虽然，齿长于我矣。师友一也，苟吾言之见信，奚必北面而后为礼乎？”萝石闻之，曰：“夫子殆以予诚之未积欤？”辞归两月，弃其瓢笠，持一缣而来。谓秦曰：“此吾老妻之所织也。吾之诚积若此缕矣，夫子其许我乎？”秦入以请。阳明子曰：“有是哉！吾未或见此翁也。今之后生晚进，苟知执笔为文辞，稍记习训诂，则已侈然自大，不复知有从师学问之事。见有或从师问学者，则哄然共非笑指斥若怪物。翁以能诗训后进，从之游者遍于江湖，盖居然先辈矣。一旦闻予言，而弃去其数十年之成业如敝屣，遂求北面而屈礼焉，岂独今之时而未见若人，将古之记传所载，亦未多数也。夫君子之学，求以变化其气质焉尔。气质之难变者，以客气之为患，而不能以屈下于人，遂至自是自欺，饰非长敖，卒归于凶顽鄙倍。故凡世之为子而不能孝，为弟而不能敬，为臣而不能忠者，其始皆起于不能屈下，而客气之为患耳。苟惟理是从，而不难于屈下，则客气消而天理行。非天下之大勇，不足以与于此，则如萝石，固吾之师也，而吾岂足以师萝石乎？”萝石曰：“甚哉！夫子之拒我也，吾不能以俟请矣。”入而强纳拜焉。阳明子固辞不获，则许之以师友之间。与之探禹穴，登炉峰，陟秦望，寻兰亭之遗迹，徜徉于云门、若耶、鉴湖、剡曲。萝石日有所闻，益充然有得，欣然乐而忘归也。其乡党之子弟亲友与其平日之为社者，或笑而非，或为诗而招之返，且曰：“翁老矣，何乃自苦若是耶？”萝石笑曰：“吾方幸逃于苦海，方知悯若之自苦也，顾以吾为苦耶？吾方扬鬐于渤澥，而振羽于云霄之上，安能复投网罟而入樊笼乎？去矣，吾将从吾之所好！”遂自号曰“从吾道人”。阳明子闻之，叹曰：“卓哉萝石！‘血气既衰，戒之在得’矣，孰能挺特奋发，而复若少年英锐者之为乎？真可谓之能从吾所好矣。世之人从其名之好也，而竞以相高；从其利之好也，而贪以相取；从其心意耳目之好也，而诈以相欺：亦皆自以为从吾所好矣，而岂知吾之所谓真吾者乎！夫吾之所谓真吾者，良知之谓也。父而慈焉，子而孝焉，吾良知所好也；不慈不孝焉，斯恶之矣。言而忠信焉，行而笃敬焉，吾良知所好也；不忠信焉，不笃敬焉，斯恶之矣。故夫名利物欲之好，私吾之好也，天下之所恶也；良知之好，真吾之好也，天下之所同好也。是故从私吾之好，则天下之人皆恶之矣，将心劳日拙而忧苦终身，是之谓物之役。从真吾之好，则天下之人皆好之矣，将家国天下无所处而不当；富贵、贫贱、患难、夷狄，无入而不自得。斯之谓能从吾之所好也矣。夫子尝曰‘吾十有五而志于学’，是从吾之始也；‘七十而从心所欲，不逾矩’，则从吾而化矣。萝石逾耳顺而始知从吾之学，毋自以为既晚也。充萝石之勇，其进于化也何有哉？呜呼！世之营营于物欲者，闻萝石之风，亦可以知所适从也乎！”

译文

海宁董萝石，今年已经六十八岁了，以能作诗闻名于江湖间。他与其家乡以作诗为专业的十多人结为诗社，日夜拿着纸吟哦写作，互相研讨诗句字词的工巧，以至忘记了饮食睡眠，荒废了家中的生计。世俗的人一起讥笑他们，他也不顾惜，认为这是天下最快乐的事情。嘉靖三年的春天，萝石到绍兴来游玩，听说阳明和学生们正在山中讲学，就用拐杖背着水瓢、斗笠和诗卷来访。进门以后，作了个揖就昂然坐在上首。我见到他的这种神气相貌，年纪又老，心中惊异，对他很敬重有礼。又问其姓名而得知他就是董萝石，便和他从白天一直谈到晚上。萝石的语气越来越恭敬，执礼越来越谦下，坐席也不觉越来越往旁边挪移。从我这里出去后，萝石对我的学生何秦说：“我以往看见世上的儒者，学问都零碎琐屑，只注重仪表的修饰，一副木偶的样子。还有那更低下的，贪得无厌，成天与人争夺于富贵名利的场所。我曾因瞧不起他们的行为，认为世上哪里真有什么圣贤的学问，无非是一些人借此为手段以求实现其私利罢了，所以就专心于吟诗，逍遥于山水之间。今天听了老师的‘良知’之说，好像忽然从大梦中醒来，这才知道我以前为了作诗而日日夜夜使自己精神衰弊，筋力劳瘁，和世上那些忙碌于追求利禄的人，不过是所追求的事情有点清、浊的不同罢了，这中间的差别其实是很小的。真幸运啊！我假如今天不到老师这来，这辈子几乎是虚度了！我将要一辈子做老师的学生，不知会不会因为我已老了而不被许可呢？”何秦起立向萝石拜贺说：“先生的年纪是老了些，但先生的志向却是多么地雄壮！”随即进来向阳明请示。阳明长叹一声说：“有这样的事！我还没有见过像这样的老人。不过，他的年龄长于我，师生和朋友其实是一样的，假如他信服我的话，又何必一定要行师生之礼呢？”萝石听到我的意见后，说：“老师大概是觉得我的诚意还不够吧！”萝石告辞回去后过了两个月，没再带水瓢、斗笠，捧着一匹缣来了，对何秦说：“这缣是我的老妻亲手织的，我的诚意之深厚就像这缣上的丝线那样无法计量，老师这次可以接纳我了么？”何秦进来请示。阳明说：“有这样的事吗！我真是没见过这样的老人。现在的年轻人，只要学会了执笔写文章，稍微懂得些古书的字义，就已经自以为很了不起，不再觉得有拜师求学问的必要，看到有人拜师请教学问，就一齐哄然讥笑，将那人指斥为怪物。萝石以擅长作诗而教诲学生，在江湖间处处有向他学诗的人，已然是一位前辈了。一旦听了我的话，就像扔掉双破鞋一样，放弃了他数十年来已经有所成就的事业，要求作为学生来向我行礼致敬，这样的人不但今天难以遇见，就是古人传记中所记载的，也并不多啊！君子治问，是为了改变自己的气质。人的气质之所以难于改变，都是因为骄傲的习气在作怪，所以不能向人谦虚学习，以至自以为是，自我欺骗，掩饰过错，滋长傲气，最后变成凶恶卑鄙的人。世上凡是做儿子不能孝顺、做弟弟不能尊敬、做臣子不能忠诚的人，都是因为不能向人谦虚学习，而这都是骄傲的习气在作怪罢了。假如我们能唯理是从，而不怕向人谦虚地学习，那么骄傲的习气就会消失，而良知就得以畅行无阻了。如果不是天下的大勇之人，是不可能做到这一点的。那么像萝石这样的人，已经是我的老师了，我哪里配作萝石的老师呢？”萝石听了我的话，说：“老师拒绝我真够厉害呀！我不能再等候在外面来请求老师的同意了！”就进屋来，硬是要拜我为师。阳明再三推辞不成，只好以介于老师和朋友之间的身份来考虑与他的关系。这以后和他一起去探寻禹穴，攀升香炉峰，登陟秦望山，又同访兰亭遗址，徘徊游赏于云门、若耶、鉴湖和剡溪边。萝石每天听到以前所未知的道理，其收获日益丰富，就欣欣然乐而忘归。萝石家乡的子弟亲友，以及平时一起搞诗社的人，有的讥笑非难，有的作诗寄来招他回去，而且说：“你已经老了，何必还这样使自己受苦呢？”萝石笑道：“我刚在庆幸自己逃出了苦海，也刚懂得可怜你们的自讨苦吃，怎么你们反而认为我在受苦？我现在正像一条大鱼扬鳍在渤海中遨游，像一只大鸟展翅在云霄上翻翔，怎么还肯重返网罗，重入樊笼！各走自己的路吧！我从此只顺从自己的爱好了。”就自号为“从吾道人”。我听说以后感叹：“萝石真是了不起！‘血气衰弱了，要防止自满’，人老了，谁还能挺然独特地努力奋发，像年轻人那样英勇进取呢？他真正称得上能‘顺从我自己的爱好’。世人顺从其对于名的爱好，而彼此相争，把自己凌驾于别人之上；顺从其对于利的爱好，而贪得无厌，相互夺取；顺从其心意耳目的爱好，而用诈伪互相欺骗。他们都以为是在顺从我自己的爱好，但这些人哪里知道‘我’之所以成为‘真我’的东西呢？我之所以成为‘真我’的东西，也就是所谓的良知。做父亲的慈爱，做儿子的孝顺，这都是出于良知的爱好；而不慈爱、不孝顺，那就是良知所憎恶的了。言语忠信，行为笃敬，这都是出于良知的爱好：而言语不忠信，行为不笃敬，那也都是良知所憎恶的了。对于名利、物欲的爱好，是‘私我’的爱好，是天下人共同憎恶的；发于良知的爱好，则是‘真我’的爱好，也是天下人共同的爱好。所以，顺从‘私我’的爱好，天下的人就都憎恶他，尽管他费尽心力，也只会越弄越糟，终生忧愁苦恼，这就是所谓外物的仆役。听从‘真我’的爱好，则会受到天下人的喜爱，他们不论是处置国家还是天下的事务，都不会不适宜，不论置身于富贵、贫贱、患难、夷狄之中，都不会不怡然自得，这样的人才称得上是能‘顺从我自己的爱好’。孔子曾说‘我十五岁的时候立下求学问的志向’，这是他顺从自己的开始；孔子又说‘我到了七十岁的时候，能随心所欲而行为不违反规矩’，这是他顺从自己而进入了变化自如的境界。萝石年过六十才开始懂得顺从自己的学问，不要以为已经为时过晚。发扬萝石的勇气，要达到变化自如的境界，有什么难的呢？唉！世上忙碌地追求物欲的人，听说了萝石的风采，也应知道该追求什么了吧！”

亲民堂记

乙酉

南子元善之治越也，过阳明子而问政焉。阳明子曰："政在亲民。"曰："亲民何以乎？"曰："在明明德。"曰："明明德何以乎？"曰："在亲民。"曰："明德、亲民，一乎？"曰："一也。明德者，天命之性，灵昭不昧，而万理之所从出也。人之于其父也，而莫不知孝焉；于其兄也，而莫不知弟焉；于凡事物之感，莫不有自然之明焉。是其灵昭之在人心，亘万古而无不同，无或昧者也，是故谓之明德。其或蔽焉，物欲也。明之者，去其物欲之蔽，以全其本体之明焉耳，非能有以增益之也。"曰："何以在亲民乎？"曰："德不可以徒明也。人之欲明其孝之德也，则必亲于其父，而后孝之德明矣；欲明其弟之德也，则必亲于其兄，而后弟之德明矣。君臣也，夫妇也，朋友也，皆然也。故明明德必在于亲民，而亲民乃所以明其明德也。故曰一也。"曰："亲民以明其明德，修身焉可矣，而何家、国、天下之有乎？"曰："人者，天地之心也；民者，对己之称也。曰民焉，则三才之道举矣。是故亲吾之父以及人之父，而天下之父子莫不亲矣；亲吾之兄以及人之兄，而天下之兄弟莫不亲矣。君臣也，夫妇也，朋友也，推而至于鸟兽草木也，而皆有以亲之，无非求尽吾心焉，以自明其明德也。是之谓明明德于天下，是之谓家齐国治而天下平。"曰："然则乌在其为止至善者乎？""昔之人固有欲明其明德矣，然或失之虚罔空寂，而无有乎家国天下之施者，是不知明明德之在于亲民，而二氏之流是矣；固有欲亲其民者矣，然或失之知谋权术，而无有乎仁爱恻怛之诚者，是不知亲民之所以明其明德，而五伯功利之徒是矣：是皆不知止于至善之过也。是故至善也者，明德亲民之极则也。天命之性，粹然至善。其灵昭不昧者，皆其至善之发见，是皆明德之本体，而所谓良知者也。至善之发见，是而是焉，非而非焉，固吾心天然自有之则，而不容有所拟议加损于其间也。有所拟议加损于其间，则是私意小智，而非至善之谓矣。人惟不知至善之在吾心，而用其私智以求之于外，是以昧其是非之则。至于横骛决裂，人欲肆而天理亡，明德亲民之学大乱于天下。故止至善之于明德亲民也，犹之规矩之于方圆也，尺度之于长短也，权衡之于轻重也。方圆而不止于规矩，爽其度矣；长短而不止于尺度，乖其制矣；轻重而不止于权衡，失其准矣；明德亲民而不止于至善，亡其则矣。夫是之谓大人之学。大人者，以天地万物为一体也，夫然后能以天地万物为一体。”元善喟然而叹曰：“甚哉！大人之学若是其易简也。吾乃今知天地万物之一体矣！吾乃今知天下之为一家、中国之为一人矣！‘一夫不被其泽，若己推而内诸沟中’，伊尹其先得我心之同然乎？”于是名其莅政之堂曰“亲民”，而曰：“吾以亲民为职者也，吾务亲吾之民，以求明吾之明德也夫！”爰书其言于壁而为之记。

译文

南元善治理越地的时候，拜访阳明，问为政之道。阳明说：“为政在于亲民。”问：“亲民在于什么呢？”答：“在于明明德，”问：“明明德在于什么呢？”答：“在于亲民。”问：“明德、亲民，是一回事吗？”答：“是一回事。明德，是天命的本性，灵验光明，万事的道理都从那里出来。人们对于自己的父亲，没有不知道孝顺的；对于自己的兄长，没有不知道恭悌的；对于各种事物的感受，没有不具备自然自觉的理解能力的。这是因为灵验光明的天性本来就在人心，万古以来没有不同，从未被蒙昧，因此叫作明德。它如果被遮蔽了，是受物欲的诱惑。发扬它，就是去除物欲的遮蔽，来保全其本体的光明，而不是对其有所增益。”问：“为什么在于亲民呢？”答：“德行不会空洞地发扬。人们想要发扬其孝顺的德行，就一定亲近自己的父来，而后孝顺的德行就发扬了；想要发扬恭悌的德行，一定亲近自己的兄长，而后恭悌的德行就发扬了。君臣、夫妇、朋友，都是这样。因此明明德一定在于亲民，而亲民就是用来明明德的。所以说两者是一样的。”问：“亲民用来发扬明德，对于修养自身还可以，怎么能用在家国天下呢？”答：“人，是天地的心；民，是人对自己的称呼；叫作民，天地人三者之间的关系就具备了。因此亲近自己的父亲，以至于亲近别人的父亲，如此天下的父子没有不相互亲近的了；亲近自己的兄长，以至于亲近别人的兄长，如此天下的兄弟没有不相互亲近的了。君臣、夫妇、朋友，类推到鸟兽草木，都可以有理由亲近，不就是探求尽心，去发扬自己明德吗。这就是所谓在全天下发扬明德，就是所谓达到齐家、治国、平天下的境界了。”问：“这样的话，那么怎么又在于止于至善呢？”答：“过去有人本来想要发扬明德，但是犯了空洞虚无的毛病，没有具体施行到家国天下，是因为他们不知道发扬明德在于亲民。佛道两家就是这样。当然也有想要亲民的，却犯了使用谋略权术的错误，而没有仁爱怜悯恻隐的诚意，不知道亲民是为了发扬明德的。追求功利的春秋五霸就是这样。这两者都是犯了不知道止于至善的过失啊。因此，至善，是明德亲民的最高法则。天命的本性，是纯粹至善的，其灵验光明，都是至善的表现，都是明德的本体，也就是所谓良知。尽善的表现，对就是对，错就是错，原本是我心里天然就有的是非标准，中间不准许有任何假设、议论、增加或减损。如果有所假设、议论、增加或减损，就是自私心与小聪明，而不是尽善。人只是不知道至善存在于我们的心里，而用其自私心与小聪明去外面探求，因此蒙昧了是非的标准，以至于纵横驰骋，异常坚决，人欲横流而天理消亡，‘明德亲民’的学说受到了很大的扰乱。因此止于至善对于明德、亲民来说，就像规矩画方圆、尺度量长短、天平称轻重一样。方圆如不受规矩的约束，就失去了法度；长短如不受尺度的限制，就失去分寸；轻重要不受秤的衡量，也就失去了准则。明德亲民如果不受尽善的制约，也就失去了标准。这样，才称得上是‘大人’之学，所谓‘大人’是以天地万物为一体的人，然后才能将天地万物合为一体。”元善感叹道：“厉害啊！大人的学问竟是像这样简易啊。我今天才知道天地万物是一体啊！才知道天下是一家、中国为一人啊！‘如果一个人没受到恩惠，就像自己把他推到水沟里’，伊尹早就想到这些了吧？”于是元善把自己为政的房屋命名为“亲民”，并且说：“我以亲民为自己的职责，我一定爱我的百姓来追求发扬我的明德！”于是我把他的话写在墙壁上，并为此作记。

万松书院记

乙酉

万松书院在浙省南门外，当湖山之间。弘治初，参政周君近仁因废寺之址而改为之，庙貌规制略如学宫，延孔氏之裔以奉祀事。近年以来，有司相继缉理，地益以胜，然亦止为游观之所，而讲诵之道未备也。嘉靖乙酉，侍御潘君景哲奉命来巡，宪度丕肃，文风聿新。既简乡闱，收一省之贤而上之南宫矣，又以遗才之不能尽取为憾，思有以大成之。乃增修书院，益广楼居斋舍为三十六楹，具其器用，置赡田若干顷，揭白鹿之规，抡彦选俊，肄习其间，以倡列郡之士，而以属之提学佥事万君汝信。汝信曰："是固潮之责也。"藩臬诸君咸赞厥成，使知事严纲董其役，知府陈力、推官陈篪辈相协经理。阅月逾旬，工讫事举，乃来请言以纪其事。

译文

万松书院在浙江省会杭州的南门外，位处湖山之间。弘治初年，参政周近仁君利用山间一座废弃的寺庙改建而成，其外观和规模职能大致类如孔庙，周君又请来孔子的后裔主持祭祀工作。近年来，有关部门相继对书院加以完善，这里逐渐成为一处名胜，但也只是作为参观游览的场所，书院的讲学职能却一直未能健全。嘉靖乙酉年，侍御史潘景哲君奉命出任浙江巡抚，他执法严明，使当地文教风气蔚然一新。乡试结束后，本来已将全省优秀人才选拔出来，报送礼部参加明年的会试，又因落选的人才还有很多而感到遗憾，希望他们能有更大的成就，于是就扩建万松书院，增建教学楼、学生宿舍三十六间，添置教学设施及用具，又购置供养书院的学田若干顷，以白鹿洞书院学规作为办学宗旨，选拔优秀学子来院学习，希望他们成为各地学子的表率。同时又将书院的筹建工作托付给浙江提学佥事万汝信君，汝信说："这原本就是我的职责。"浙江布政使、按察使等官员都赞同书院的建设，委派知事严纲主管工程建设，杭州知府陈力、推官陈篪等人负责具体承办。

经过数月施工，工程全部结束，书院正式开学，于是来请我为书院作一篇记文。

惟我皇明，自国都至于郡邑，咸建庙学，群士之秀，专官列职而教育之。其于学校之制，可谓详且备矣。而名区胜地，往往复有书院之设，何哉？所以匡翼夫学校之不逮也。夫三代之学，皆所以明人伦；今之学宫皆以“明伦”名堂，则其所以立学者，固未尝非三代意也。然自科举之业盛，士皆驰骛于记诵辞章，而功利得丧分惑其心，于是师之所教，弟子之所学者，遂不复知有明伦之意矣。怀世道之忧者思挽而复之，则亦未知所措其力。譬之兵事，当玩弛偷惰之余，则必选将阅伍，更其号令旌旗，悬非格之赏以倡敢勇，然后士气可得而振也。今书院之设，固亦此类也欤？士之来集于此者，其必相与思之曰：“既进我于学校矣，而复优我于是，何为乎？宁独以精吾之举业而已乎？便吾之进取而已乎？则学校之中，未尝不可以精吾之业，而进取之心，自吾所汲汲，非有待于人之从而趋之也。是必有进于是者矣，是固期我以古圣贤之学也。”古圣贤之学，明伦而已。尧舜之相授受曰：“人心惟危，道心惟微，惟精惟一，允执厥中。”斯明伦之学矣。道心也者，率性之谓也，人心则伪矣。不杂于人伪，率是道心而发之于用也，以言其情则为喜怒哀乐，以言其事则为中节之和，为三千三百经曲之礼，以言其伦则为父子之亲、君臣之义、夫妇之别、长幼之序、朋友之信，而三才之道尽此矣。舜使契为司徒以教天下者，教之以此也，是固天下古今圣愚之所同具，其或昧焉者，物欲蔽之，非其中之所有不备，而假求之于外者也。是固所谓不虑而知，其良知也；不学而能，其良能也。孩提之童，无不知爱其亲者也。孔子之圣，则曰所求乎子，以事父未能也。是明伦之学，孩提之童亦无不能，而及其至也，虽圣人有所不能尽也。人伦明于上，小民亲于下，家齐国治而天下平矣，是故明伦之外无学矣。外此而学者，谓之异端；非此而论者，谓之邪说；假此而行者，谓之伯术；饰此而言者，谓之文辞；背此而驰者，谓之功利之徒、乱世之政。虽今之举业，必自此而精之，而谓不愧于敷奏明试；虽今之仕进，必由此而施之，而后无忝于行义达道。斯固国家建学之初意，诸君缉书院以兴多士之盛心也，故为多士诵之。

译文

我大明王朝，从首都以至各地州县，都建有孔庙和学校，对于大批优秀学子，国家配备有专职的学官对他们实施教育，学校教育的各项制度，可说是非常详尽而完备的。但在一些风量名胜之地，常常又建有书院，其中原因何在呢？这是因为书院教育能够纠正和弥补学校教育的不足。上古三代时候的学校，都是为了推行做人教育。今天的学校也都是以“明伦”两字来为讲堂命名，那么如今设立学校的目的，与上古时候并无什么不同。但是自从科举应试教育盛行以来，学生们都热衷于死记硬背，让急功近利、个人得失这些想法蛊惑了他们的内心，从此老师所教的、学生所学的，就再也不知道有什么“做人教育”了。对这种社会现实深感忧虑的人，希望教育回归到它的本质，却又不知从何入手。这就好比打仗的时候，遇到部队涣散松懈、士气不振的情况，就一定要重新挑选将领、检阅队伍、更换番号、组建部队、破格悬赏来激发勇敢顽强的精神，然后才能够振奋士气。现在设立书院，大概也是类似的目的吧？被集中到这里的学子们，一定都会这么想：“省城已经建有府学了，却又把我选送到这里来，究竟是为什么呢？难道只是为了提高我的科举考试成绩吗？只是为了让我更快地考取吗？如果是这样，那么在省城的府学里，也不是不能提高我的成绩：要说考取的想法，在我个人当然非常迫切，并不需要别人来引导。选我到这里学习必定是另有原因，那一定就是希望我学习古代圣贤的学问了。”古代圣贤的学问，说到底也就是做人的学问罢了。尧帝传位给舜帝的时候说：“人心本是凶险的，要想求索天地间至真至善的法则，希望是那样的渺茫，只有始终如一地不懈努力，才是实现那天人合一美好理想的必由之路。”这就是做人的学问。所谓“天地间至真至善的法则”，就是要顺着人的本性，相比之下，人心却是存着私心和欲望的，不夹杂私心和欲望，遵循着这“天地间至真至善的法则”，并将其运用到社会生活中去，从情感上说，就是自然而然的喜怒哀乐；从对待事物上说，就是合理的态度和方式，就是各种合乎道德标准的礼仪规范：从社会伦理关系上说，就是“父子之间的亲情、君臣之间的仁义、夫妇之间的分担、长幼之间的顺序、朋友之间的诚信”，《周易》中所说的天、地、人三才之道也都包含在这里面了。当年舜帝委派契作司徒来教育天下之人，也就是用这些内容来教育人们。所以说天地之间自古而今，无论圣贤还是愚昧之辈，从本性上讲都是一样的，之所以有人浑浑噩噩，是因为他的内心受到了私欲的蒙蔽，并不是他不具备人的善良本性，而需要求助于外界的帮助。因此孟子说，“不需要思索就具有的认识，就是人的良知；无须通过学习就具备的能力，就是人的良善本能”，“幼小的孩子，没有不知道爱直己的父母的”。就连孔夫子那样的圣人也说过“我追求孝道，希望好好侍奉自己的父亲，然而没能做到”。所以做人的学问，连幼小的孩子也能做到，但是等到他长大成人以后，即便是圣人，有时也未必完全能够做到。孟子还说：“道德教育首先要从上面做起，上面的榜样做好了，下面的百姓自然就能和谐相处了。”只有家庭美满、国家安定，才能实现天下太平啊。所以“做人教育”以外，没有任何其他的教育，偏离了“做人教育”的教育，可以称之为旁门左道；抨击“做人教育”的论调，可以称之为邪恶之说；奉行这种邪说的教育，可以称之为功利主义的教育；为这种功利主义教育所做的宣传，可说是骗人的谎言；与“做人教育”背道而驰的人和行为，可以称之为名利小人和祸国殃民之举。即使是现在的科举考试，也必须按照“做人教育”的要求进行改革，这样才不愧是选拔真才实学的国家考试；即使是现在对官员的选拔，也必须按照“做人教育”的要求来贯彻落实，这样才称得上是推行道义。这就是国家兴办教育的本意，也是各位先生筹建书院培育更多人才的美好愿望，在此特向各位学子说明！

稽山书院尊经阁记

乙酉

经，常道也。其在于天谓之命，其赋于人谓之性，其主于身谓之心。心也，性也，命也，一也。通人物，达四海，塞天地，亘古今，无有乎弗具，无有乎弗同，无有乎或变者也，是常道也。其应乎感也，则为恻隐，为羞恶，为辞让，为是非；其见于事也，则为父子之亲，为君臣之义，为夫妇之别，为长幼之序，为朋友之信。是恻隐也，羞恶也，辞让也，是非也；是亲也，义也，序也，别也，信也，一也，皆所谓心也，性也，命也。通人物，达四海，塞天地，亘古今，无有乎弗具，无有乎弗同，无有乎或变者也，是常道也。是常道也，以言其阴阳消息之行焉，则谓之《易》；以言其纪纲政事之施焉，则谓之《书》；以言其歌咏性情之发焉，则谓之《诗》；以言其条理节文之著焉，则谓之《礼》；以言其欣喜和平之生焉，则谓之《乐》；以言其诚伪邪正之辩焉，则谓之《春秋》。是阴阳消息之行也，以至于诚伪邪正之辩也，一也，皆所谓心也，性也，命也。通人物，达四海，塞天地，亘古今，无有乎弗具，无有乎弗同，无有乎或变者也，夫是之谓"六经"。"六经"者非他，吾心之常道也。故《易》也者，志吾心之阴阳消息者也；《书》也者，志吾心之纪纲政事者也；《诗》也者，志吾心之歌咏性情者也；《礼》也者，志吾心之条理节文者也；《乐》也者，志吾心之欣喜和平者也；《春秋》也者，志吾心之诚伪邪正者也。君子之于"六经"也，求之吾心之阴阳消息而时行焉，所以尊《易》也；求之吾心之纪纲政事而时施焉，所以尊《书》也；求之吾心之歌咏性情而时发焉，所以尊《诗》也；求之吾心之条理节文而时著焉，所以尊《礼》也；求之吾心之欣喜和平而时生焉，所以尊《乐》也；求之吾心之诚伪邪正而时辩焉，所以尊《春秋》也。盖昔者圣人之扶人极、忧后世而述"六经"也，犹之富家者之父祖虑其产业库藏之积，其子孙者或至于遗忘散失，卒困穷而无以自全也，而记籍其家之所有以贻之，使之世守其产业库藏之积而享用焉，以免于困穷之患。故"六经"者，吾心之记籍也，而"六经"之实则具于吾心，犹之产业库藏之实积，种种色色，具存于其家。其记籍者，特名状数目而已。而世之学者，不知求"六经"之实于吾心，而徒考索于影响之间，牵制于文义之末，硁硁然以为是"六经"矣。是犹富家之子孙，不务守视享用其产业库藏之实积，日遗忘散失，至于窭人丐夫，而犹嚣嚣然指其记籍曰："斯吾产业库藏之积也。"何以异于是？呜呼！"六经"之学，其不明于世非一朝一夕之故矣。尚功利，崇邪说，是谓乱经；习训诂，传记诵，没溺于浅闻小见，以涂天下之耳目，是谓侮经；侈淫辞，竞诡辩，饰奸心盗行，逐世垄断而自以为通经，是谓贼经。若是者，是并其所谓记籍者而割裂弃毁之矣，宁复知所以为尊经也乎？

译文

经是永恒不变的真理，它在天称为命，秉赋于人称为性，作为人身的主宰称为心。心、性、命，是一个东西。它沟通人与物，遍及四海，充塞天地，贯通古今，无处不存在，无处不相同，无处有变化，它是永恒不变之道。它表现在人的情感里，便是恻隐之心，羞恶之心，谦让之心，是非之心；它表现在人际关系上，便是父子之亲，君臣之义，夫妇之别，兄弟之序，朋友之信。这个恻隐心、羞恶心、谦让心、是非心，这个亲、义、序、别、信，是同一个东西，都是心、性、命。它沟通人与物，普及四海，充塞天地，贯穿古今，无处不存在，无处不相同，无处有变化，它是永恒不变之道。这永恒不变之道，用以阐述阴阳盛衰的运行，便称为《易》；用以表明纪纲政事的施行，便称为《书》；用以传达歌咏性情的感发，便称为《诗》；用以显示体统仪节的表征，便称为《礼》；用以宣泄欣喜和平的跃动，便称为《乐》；用以辨别真假邪正的标准，便称为《春秋》。这个阴阳盛衰的运行，以至于真假邪正的辨别，同样是一个东西，都是心、性、命。它沟通人与物，遍及四海，充塞天地，贯穿古今，无处不存在，无处不相同，无处有改变，唯其如此所以称为“六经”。“六经”不是别的，就是我们心中永恒不变之道。因此《易》是记我们内心的阴阳盛衰的经：《书》是记我们心中的纪纲政事的经；《诗》是记我们心中的歌咏性情的经；《礼》是记我们心中的体统仪节的经；《乐》是记我们心中的欣喜和平的经；《春秋》是记我们心中的真假邪正的经。君子对待“六经”，省察心中的阴阳盛衰而使之按时运行，这才是尊重《易》；省察心中的纪纲政事而使之按时施行，这才是尊重《书》；省察心中的歌咏性情而使之按时感发，这才是尊重《诗》；省察心中的体统仪节而使之按时表露，这才是尊重《礼》；省察心中的欣喜和平而使之按时跃动，这才是尊重《乐》；省察心中的真假邪正而按时辨明，这才是尊重《春秋》。古代的圣人匡扶人间正道、忧心后世的颓败而著述“六经”，正如同富家的上一辈，忧心他们的产业和库藏中的财富，到子孙手里会被遗忘散失，不知哪一天陷入穷困而无以自谋生活，因而记录下他们家中所有财富的账目而遗留给子孙，使他们能永世守护这些产业库藏中的财富而得以享用，以避免贫困的祸患。所以“六经”，是我们内心的账本，而“六经”的实际内容，则具备在我们内心，正如同产业库藏的财富，各种各样的具体物资，都存在家里。那账本，不过记下它们的名称品类数目罢了。而世上学“六经”的人，不懂得从自己的心里去探求“六经”的实际内容，却白白地从实际内容之外的仿佛的形迹之中去探索，拘守于文字训诂的细枝末节，鄙陋地以为那些就是“六经”了，这正像富家的子孙，不致力守护和享用家中的产业库藏中的实际财富，一天天遗忘散失，而最终变成穷人乞丐，却还要嚷嚷地指着账本，说道：”这便是我家产业库藏的财富！”这有什么两样？唉！“六经”之学不显于世，不是一朝一夕的事了。重视功利，崇奉谬论，这叫作淆乱经义；学习文字训诂，教授章句记诵，沉陷于浅薄的知识和琐屑的见解，以掩蔽天下的耳目，这叫作侮慢经文；肆意发表放荡的论调，逞诡辩以取胜，文饰其邪恶的心术和卑劣的行为，驰骋世间以自高身价，而还自命为通晓“六经”，这叫作残害经书。像这样一些人，简直是连所谓账本都割裂弃废掉了，哪里还知道什么叫作尊重“六经”呢！

越城旧有稽山书院，在卧龙西冈，荒废久矣。郡守渭南南君大吉既敷政于民，则慨然悼末学之支离，将进之以圣贤之道。于是使山阴令吴君瀛拓书院而一新之，又为尊经之阁于其后，曰：“经正则庶民兴，庶民兴，斯无邪慝矣。”阁成，请予一言以谂多士。予既不获辞，则为记之若是。呜呼！世之学者既得吾说而求诸其心焉，其亦庶乎知所以为尊经也矣。

译文

越城过去有稽山书院，在卧龙西岗，荒废已久了。郡守渭南人南大吉君，在治理民政的空暇，即慨然痛惜晚近学风的颓败，将使之重归于圣贤之道，于是命山阴县令吴瀛君扩大书院使之一新，又建造一座尊经阁于书院之后，说道："经学归于正途则百姓就会振发，百姓振发那便不会犯罪作恶了。"尊经阁落成，邀我写一篇文章，以告知广大的士子，我既推辞不掉，便为他写了这篇记。唉！世上的读书人，掌握我的主张而求理于内心，大概也接近于知道怎么样才是真正地尊重"六经"的了。

重修山阴县学记

乙酉

山阴之学，岁久弥敝。教谕汪君瀚辈以谋于县尹顾君铎而一新之，请所以诏士之言于予。时予方在疚，辞未有以告也。已而顾君入为秋官郎，洛阳吴君瀛来代，复增其所未备，而申前之请。昔予官留都，因京兆之请，记其学而尝有说矣。其大意以为朝廷之所以养士者，不专于举业，而实望之以圣贤之学。今殿庑堂舍，拓而辑之，饩廪条教，具而察之者，是有司之修学也。求天下之广居安宅者而修诸其身焉，此为师、为弟子者之修学也。其时闻者皆惕然有省，然于凡所以为学之说，则犹未之及详。今请为吾越之士一言之。

译文

山阴县学败落已久，教谕汪瀚等人与山阴县县令顾铎商量，对其进行修复增建。曾请我为之作记以昭告于诸学子。当时我身体不适，便推辞了。不久，顾铎调任京城担任秋官郎一职，洛阳的吴瀛继任山阴县县令，又一次对山阴县学进行增建，派人来重申先前的请求。以前我在南京做官的时候，应京兆尹所请，写了《应天府重修儒学记》，因而有些议论，其大意是：朝廷设立学校来养士，并非只是研习科举，而是希望士人学习圣贤之学。扩建翻新殿庑堂舍，具列明察规章制度，这是官府的治学。寻求天下的学生，让他们修身成仁，这是师弟子的治学。当时听闻者皆戒惕反省。然而关于治学，我还有很多未尽之言，现在就请允许我为浙江的士子们谈一谈我的看法。

夫圣人之学，心学也，学以求尽其心而已。尧、舜、禹之相授受曰：“人心惟危，道心惟微，惟精惟一，允执厥中。”道心者，率性之谓，而未杂于人，无声无臭，至微而显，诚之源也。人心，则杂于人而危矣，伪之端矣。见孺子之入井而恻隐，率性之道也，从而内交于其父母焉，要誉于乡党焉，则人心矣。饥而食，渴而饮，率性之道也，从而极滋味之美焉，恣口腹之饕焉，则人心矣。惟一者，一于道心也。惟精者，虑道心之不一，而或二之以人心也。道无不中，一于道心而不息，是谓“允执厥中”矣。一于道心，则存之无不中，而发之无不和。是故率是道心而发之于父子也无不亲，发之于君臣也无不义，发之于夫妇、长幼、朋友也无不别、无不序、无不信，是谓中节之和，天下之达道也，放四海而皆准，亘古今而不穷。天下之人同此心，同此性，同此达道也。舜使契为司徒而教以人伦，教之以此达道也。当是之时，人皆君子而比屋可封，盖教者惟以是为教，而学者惟以是为学也。圣人既没，心学晦而人伪行，功利、训诂、记诵、辞章之徒纷沓而起，支离决裂，岁盛月新，相沿相袭，各是其非，人心日炽，而不复知有道心之微。间有觉其纰缪而略知反本求源者，则又哄然指为禅学而群訾之。呜呼！心学何由而复明乎？夫禅之学与圣人之学皆求尽其心也，亦相去毫厘耳。圣人之求尽其心也，以天地万物为一体也。吾之父子亲矣，而天下有未亲者焉，吾心未尽也；吾之君臣义矣，而天下有未义者焉，吾心未尽也；吾之夫妇别矣，长幼序矣，朋友信矣，而天下有未别、未序、未信者焉，吾心未尽也。吾之一家饱暖逸乐矣，而天下有未饱暖逸乐者焉，其能以亲乎？义乎？别、序、信乎？吾心未尽也，故于是有纪纲政事之设焉，有礼乐教化之施焉。凡以裁成辅相，成己成物，而求尽吾心焉耳。心尽而家以齐，国以治，天下以平，故圣人之学不出乎尽心。禅之学非不以心为说，然其意以为是达道也者，固吾之心也。吾惟不昧吾心于其中则亦已矣，而亦岂必屑屑于其外？其外有未当也，则亦岂必屑屑于其中？斯亦其所谓尽心者矣，而不知已陷于自私自利之偏。是以外人伦，遗事物，以之独善或能之，而要之不可以治家国天下。盖圣人之学无人己，无内外，一天地万物以为心；而禅之学起于自私自利，而未免于内外之分，斯其所以为异也。今之为心性之学者，而果外人伦，遗事物，则诚所谓禅矣。使其未尝外人伦，遗事物，而专以存心养性为事，则固圣门精一之学也，而可谓之禅乎哉！世之学者，承沿其举业词章之习，以荒秽戕伐其心，既与圣人尽心之学相背而驰，日骛日远，莫知其所抵极矣。有以心性之说而招之来归者，则顾骇以为禅，而反仇雠视之，不亦大可哀乎？夫不自知其为非而以非人者，是旧习之为蔽，而未可遽以为罪也。有知其非者矣，藐然视人之非而不以告人者，自私者也。既告之矣，既知之矣，而犹冥然不以自反者，自弃者也。吾越多豪杰之士，其特然无所待而兴者为不少矣，而亦容有蔽于旧习者乎？故吾因诸君之请而特为一言之。呜呼！吾岂特为吾越之士一言之而已乎？

译文

圣人之学，就是心学，为学的实质就是尽心而已。尧、舜、禹这些圣人一脉相承的心法是："人心惟危，道心惟微，惟精惟一，允执厥中。"道心，就是人的善良本性，没有掺杂丝毫的私欲，没有声音，没有气味，最隐微，也最显著，这是"诚"的本源。人心，掺杂了私欲，因而危险，这是"伪"的开端。当我们发现一个小孩子掉进井里而产生恻隐之心，这是道心，而因此去结交孩子的父母，想要获得乡人的称赞，就是人心了。饥饿了想吃饭，口渴了想喝水，这是道心，而因此要尝尽食物之美味，满足口腹之欲望，就是人心了。"惟一"，就是要专一于道心。"惟精"，就是忧虑不能专一于道心，或者忧虑掺杂了人心的私欲。道心没有不中正的，专一于道心而不停息，这就是"允执厥中"。专一于道心，则内心的存养就无不中正，外在的行为就无不和谐。因此，遵循道心去处理父子之间的关系，就会出处都充满亲情；处理君臣之间的关系，就会事事都合乎道义；处理夫妻关系，兄弟关系、朋友关系，就会有内外区别，尊卑次序，诚实信任，这就是"中节之和"，是天下的大道，是放之四海而皆准、贯通古今而不变的真理。全天下的人同心、同性、同此大道。舜派契作司徒去教化人民，教的就是遵循道心。在这个时候，人人都德性高尚，家家都值得封赏，大概是因为教育者教的是遵循道心，学习者学的也是遵循道心。圣人离世以后，心学隐晦，人们也就随之出现各种充满私欲的行为。追求功名利禄、训诂解经、强记背诵、修辞章句的人，蜂拥而起，纷至沓来，分散破裂，随着岁月的更迭，相互沿用，相互因袭，各自为是，以人为非，人们内心日益炽烈，而不再懂得还有道心的微妙。间或有人觉察流行学说的纰漏谬误，而稍略懂得返回根本、探求本源的人，则又遭到哄然嘲笑，被指责为佛家禅宗的学说，而受到群起訾毁。唉！心学怎么才能恢复光明呢？禅宗的学说与圣人的学说，都主张求尽心，相差毫厘。圣人的求尽心，是以天地万物为一个整体的。我们的父子有骨肉亲情，而天下还有未能达到骨肉亲情的人，所以我们还未尽心；我们的君臣有高下礼义，而天下还有未能达到高下礼义的人，所以我们还未尽心；我们的夫妻有内外区别，长幼有尊卑次序，朋友有诚实信任，而天下还有未能达到内外区别、未能达到尊卑次序、未能达到诚实信用的人，所以我们还未尽心。我们一家吃饱穿暖、安逸欢乐，而天下还有未能吃饱穿暖、安逸欢乐的人，他们能有骨肉亲情吗？能有高下礼义吗？能有内外区别、尊卑次序、诚实信任吗？因此我们还未尽心。于是就有纲纪法度、政治事务的设立，就有礼仪音乐、教育感化的实施了。都是为了有所作为，成就自己，成就万物，而求尽心吧。假如人人尽心，则家齐、国治，天下也就太平了。因此，圣人之学，都讲究尽心。而禅学，虽然也讲人们的心性，但是它却将人心作为追求的目标，认为只要人们不昧良心就算是修成正果了，没有必要去顾及心外的事物。心外不合理的事情，何必去关心它呢？禅宗所说的也是尽心吧，却不知已经陷溺于自私自利的偏颇。这是摒除人伦，遗弃事物，以此独善其身，或许还可以，关键是不能够治理家国天下。圣人的学说，无人我的分别，无内外的区分，一统天地万物为己心；而禅宗的学说，发起于自私自利，而免不了内外之分，这就是禅宗之学和圣人之学的不同。现在研究心性学说的人，果断摒除人伦，遗弃事物，那么确实是所谓的禅宗了。假使他们未曾摒除人伦，遗弃事物，而专门从事存善心、养天性，那么本是圣人门下“精一”的学说，而可以称他们为禅宗之学吗？可是仍然有不少世人，沿袭科举词章之陋习。使芜杂玷污其内心，追名逐利，和圣人之学相差太远，背道而驰，不明白他们到底想干什么。有人以心学的旗帜号召人们回归内心，可世人却顾视惊骇怀疑是禅学而仇视他，这不是太悲哀了吗？

那些不知道自己错了，却认为他人错了的人，是受了陈旧习俗的蒙蔽，不能以此就认为这是罪过。知道他人是错误的，却轻蔑地看待他人的错误，而不告诉他人，是自私的人；别人已经告诉了，自己已经知道了，但还是沉默糊涂，不能反省的，是自暴自弃的人。我们浙东之地多有豪杰之士，他们特立独行，不用等待圣贤便能兴起的，实在不在少数，其中大概也有被陈旧习俗蒙蔽的人吧？所以我因诸位君子的邀请，而特地写出这一番言论。唉！我难道只是为我们浙东人士而作这一番言论而已吗？

梁仲用默斋说

辛未

仲用识高而气豪，既举进士，锐然有志天下之务。一旦责其志曰："於呼！予乃太早，乌有己之弗治而能治人者？"于是专心为己之学，深思其气质之偏，而病其言之多也。以"默"名庵，过予而请其方。予亦天下之多言人也，岂足以知默之道？然予尝自验之，气浮则多言，志轻则多言。气浮者耀于外，志轻者放其中。予请诵古之训，而仲用自取之。

译文

梁仲用是一个有见识高意气豪的人，中了进士之后，更是勇往直前，有志于天下大事。忽然有一天自责说："哎！我太躁进了。哪有不管好自己而能管别人的呢！"于是专心于提升自己的修养水平，深刻反思自己在个性上的偏颇，认为自己有说话轻率随便的毛病，所以用"默"来命名自己的书斋，拜访我来讨教改正毛病的办法。我也是天下多话的人，哪里知道沉默的方法！但我的亲身经验是，气浮的人话多，志轻的人话多。气浮的人喜欢外在的炫耀，志轻的人容易自满而放松自己。请允许我诵一些古训让仲用自己选用吧。

夫默有四伪：疑而不知问，蔽而不知辩，冥然以自罔，谓之默之愚；

以不言餂人者，谓之默之狡；虑人之觇其长短也，掩覆以为默，谓之默之诬；深为之情，厚为之貌，渊毒阱狠，自托于默以售其奸者，谓之默之贼。夫是之谓四伪，又有八诚焉。孔子曰："君子耻其言而过其行。"古者言之不出，耻躬之不逮也，故诚知耻而后知默。又曰："君子欲讷于言而敏于行。"夫诚敏于行，而后欲默矣。"仁者言也讱"，非以为默而默存焉。又曰"默而识之"，是故必有所识也。"终日不违如愚"者也，"默而成之"，是故必有所成也，"退而省其私，亦足以发"者也。故善默者莫如颜子。"暗然而日章"，默之积也，"不言而信"，而默之道成矣。"天何言哉？四时行焉，万物生焉"，而默之道至矣。非圣人其孰能与于此哉？夫是之谓八诚。仲用盍亦知所以自取之？

译文

默有四伪：有疑问而不知要问，受蒙蔽而不知要论争是非，无知而糊涂，是默之愚；用不说话来诱取讨好别人，是默之狡；担心别人看出他的长短，用沉默来遮掩自己，是默之诬；表面宽厚内心狠毒，用沉默来推行他的奸诈，是默之贼。这就是所说的四伪。默还有八诚。孔子说："君子以说得多做得少为耻辱。"古人不轻易乱说话，因为他们以自己做不到为耻。所以要知耻，而后才能懂得沉默。孔子还说："君子说话要谨慎而行动要敏捷果敢。"行动敏捷，而后就会言语谨慎。"仁人的言语迟钝"，这不是为了沉默而沉默存在。孔子还说："默默地记住所学的知识"，所以必然要有所学习有所记取，"成天不知道提出反对意见和疑问，像个愚蠢的人。""默默地成事"，所以必定有所成就，考察其日常的言行，其作为也充分发挥了所学的知识与经验。因此最善沉默的莫过于颜回。"君子之道深藏不露却日益彰明"，这是沉默中的积累凝聚。"君子不用说什么就能得到别人的信任，获得崇高的声望"，那样沉默之道就已经成功了。"上天说过些什么呢？四季交替运转，万物蓬勃生长。"这已经达到沉默之道的极致了。只有圣人才能领略其中的奥妙！这就是所说的八诚。仲用何不也了解一下，用来采纳参考呢？

示弟立志说

乙亥

予弟守文来学，告之以立志。守文因请次第其语，使得时时观省，且请浅近其辞，则易于通晓也，因书以与之。

译文

我的弟弟守文来找我学习圣门之学，我告诉他要立志。守文希望我能详细说说立志的次序，以便他自己时时都能观看学习并省察自己，同时他还请我讲得简单一些，方便自己理解，因此我写了这封信给他。

夫学莫先于立志。志之不立，犹不种其根而徒事培拥灌溉，劳苦无成矣。世之所以因循苟且，随俗习非而卒归于污下者，凡以志之弗立也。故程子曰："有求为圣人之志，然后可与共学。"人苟诚有求为圣人之志，则必思圣人之所以为圣人者安在，非以其心之纯乎天理而无人欲之私欤？圣人之所以为圣人，惟以其心之纯乎天理而无人欲，则我之欲为圣人，亦惟在于此心之纯乎天理而无人欲耳。欲此心之纯乎天理而无人欲，则必去人欲而存天理。务去人欲而存天理，则必求所以去人欲而存天理之方。求所以去人欲而存天理之方，则必正诸先觉，考诸古训，而凡所谓学问之功者，然后可得而讲，而亦有所不容已矣。

译文

所谓学，必须要先立志。志如果不立，就好比种树不种根，而只是去栽培灌溉，必然劳苦而没有所成。世上之所以这么多人只顾眼前，得过且过，随波逐流，最终变得卑陋鄙下，都是因为没有把志立起来。所以程子才说："一个人必须要有了成为圣人的志向，然后才可以跟他一起学习圣人之学。"人如果真正有了想要成为圣人的志向，则必然会思考圣人为什么能成为圣人呢？难道不是因为圣人的心完全合乎天理，没有一丝一毫人欲吗？

圣人之所以能成为圣人，是因为他们的完全合乎天理，那我如果想要成为圣人，肯定也需要让心完全合乎天理而没有一丝一毫人欲才行。如果我们想让自己心完全合乎天理而没有一丝一毫人欲，就必须要去人欲而存天理；想要去人欲而存天理，必然想要去寻找去人欲而存天理的方法；想要找到去人欲存天理的方法，则必然要去向之前有觉悟之人请教，必然要去古圣先贤的典籍中寻找。这样才能得到所谓的为学的功夫，但是这些功夫肯定有很多是自己想不清楚，想不明白的。

夫所谓正诸先觉者，既以其人为先觉而师之矣，则当专心致志，惟先觉之为听。言有不合，不得弃置，必从而思之；思之不得，又从而辩之，务求了释，不敢辄生疑惑。故《记》曰："师严，然后道尊；道尊，然后民知敬学。"苟无尊崇笃信之心，则必有轻忽慢易之意。言之而听之不审，犹不听也；听之而思之不慎，犹不思也。是则虽曰师之，犹不师也。

译文

所谓的向之前有觉悟之人请教，既然已经认为人家觉悟了，把人家当成老师了，就应该专心致志听老师说。如果感觉不对，也不要放弃，还要认真思考，思考想不明白，又要认真分辨，务必最后求得理解清晰，绝不敢乱生猜疑之心。所以《礼记·学记》中讲："老师受到尊敬，然后真理学问才会受到敬重。真理学问受到尊敬，然后人民才会敬重学问。"如果我们没有尊崇、笃信的心，则必然会有对轻视、忽怠、简慢的念头。如果老师所讲的东西我们都不仔细地去听，那还不如不听；如果我们听了以后不去慎重地思考，那就跟没思考一样，如果这样的话，虽然说是跟老师学习，跟没老师是一样的。

夫所谓考诸古训者，圣贤垂训，莫非教人去人欲而存天理之方，若"五经""四书"是已。吾惟欲去吾之人欲，存吾之天理而不得其方，是以求之于此，则其展卷之际，真如饥者之于食，求饱而已；病者之于药，求愈而已；暗者之于灯，求照而已；跛者之于杖，求行而已。曾有徒事记诵讲说，以资口耳之弊哉？

译文

所谓的考诸古训，古圣先贤的垂训，无非都是教我们去人欲存天理的方法，比如“五经”“四书”就是。我们真心想要去我心之人欲，存我心之天理，却始终没有找到方法，所以才会到“五经”“四书”中找寻方法，因此在看书的时候，就像饥饿的人看见食物一样，是为了吃饱肚子；生病的人看到良药一样，是为了治好病；处在暗中的人看到了灯火一样，是为了求光明；像崴了脚的人看到了拐杖一样，是为了能走路。怎么可能只是为了记诵一些内容去跟别人吹牛聊天呢？

夫立志亦不易矣。孔子，圣人也，犹曰：“吾十有五而志于学，三十而立。”立者，志立也。虽至于“不逾矩”，亦志之不逾矩也，志岂可易而视哉？夫志，气之帅也，人之命也，木之根也，水之源也。源不浚则流息，根不植则木枯，命不续则人死，志不立则气昏。是以君子之学，无时无处而不以立志为事。正目而视之，无他见也；倾耳而听之，无他闻也。如猫捕鼠，如鸡覆卵，精神心思凝聚融结，而不复知有其他，然后此志常立，神气精明，义理昭著。一有私欲，即便知觉，自然容住不得矣。故凡一毫私欲之萌，只责此志不立，即私欲便退；听一毫客气之动，只责此志不立，即客气便消除。或怠心生，责此志即不怠；忽心生，责此志即不忽；懆心生，责此志即不懆；妒心生，责此志即不妒；忿心生，责此志即不忿；贪心生，责此志即不贪；傲心生，责此志即不傲；吝心生，责此志即不吝。盖无一息而非立志责志之时，无一事而非立志责志之地。故责志之功，其于去人欲，有如烈火之燎毛，太阳一出而魍魉潜消也。

译文

但是立志确实不容易。孔子作为一个圣人，都说：“我十五岁的时候有志于为圣人之学，三十岁的时候志向才真正立起来。”立，就是志向立起来的意思。虽然说孔子以后达到了从心所欲不逾矩的境界，也是志的不逾矩而已，这么看，我们还能轻视立志觉得很容易吗？志，是气的统帅，人的生命，木的根部，水之源头。源头不通则水流就会断，根部没种好则树木就会枯萎，生命不延续则人就会死，志不立则我们人就会浑浑噩噩。所以君子之学，无时无处不以立志为要。每天眼睛看的，耳朵听的，没有其他的，只有圣人之志。就像猫捉老鼠，就像母鸡孵蛋，精神极度集中，心念高度专注，绝不会想其他的东西，然后我们的志向就会恒常立于心中，精气神明，天理显现。一有私欲，马上我们就会知觉，自然容他不得。因此，但凡有一毫私欲萌生，只要我们责备自己志又没立起来，则私欲马上消退；听到一毫邪气萌动，只要我们责备自己志又没立起来，则马上邪气消散。有时候懈怠之心升起，责备自己志又没立起来就不会懈怠。忽视之心升起，责备自己志又没立起来就不会忽视。焦虑之心升起，责备自己志又没立起来就不会焦虑。嫉妒之心升起，责备自己志又没立起来就不会嫉妒。愤恨之心升起，责备自己志又没立起来就不会愤恨。贪婪之心升起，责备自己志又没立起来就不会贪婪。傲慢之心升起，责备自己志又没立起来就不会傲慢。吝啬之心升起，责备自己志又没立起来就不会吝啬。大概在我们的日常生活里，没有一时一刻，没有一个事儿不是在做立志和责志。因此，责志的功夫，对于去除人欲，就像烈火烧毛发一样有效，太阳一出，鬼魅全消。

自古圣贤，因时立教，虽若不同，其用功大指无或少异。《书》谓“惟精惟一”，《易》谓“敬以直内，义以方外”，孔子谓格致诚正，博文约礼，曾子谓“忠恕”，子思谓“尊德性而道问学”，孟子谓集义养气，“求其放心”。虽若人自为说，有不可强同者，而求其要领归宿，合若符契，何者？夫道一而已。道同则心同，心同则学同。其卒不同者，皆邪说也。

译文

自古以来，圣贤是根据不同的环境去教大家为学的方法，虽然各不相同，但是功夫的本源、主旨，基本都是一样的。《尚书》讲“惟精惟一”，《易经》讲“敬以直内，义以方外”，孔子讲“格致诚正”“博文约礼”，曾子讲“忠恕”，子思讲“尊德性而道问学”，孟子讲“集义养气”“求其放心”，虽然每个人都有自己的讲法，没必要强求一样，但是究其要领，都是一模一样的。那这个主旨要领是什么呢？道是一致的。道同所以心同，心同所以学同。如果不同，那就是邪说。

后世大患，尤在无志，故今以立志为说，中间字字句句，莫非立志。盖终身问学之功，只是立得志而已。若以是说而合精一，则字字句句皆精一之功；以是说而合敬义，则字字句句皆敬义之功。其诸“格致”“博约”“忠恕”等说，无不吻合。但能实心体之，然后信予言之非妄也。

译文

后世的大病患，就在于没有志。所以我今天讲立志，字字句句所讲的，莫非是立志，终身为学的功夫，就是要立得志向而已。如果用我这个立志的说法去对照“精一”，则字字句句其实都是精一之功；如果以立志的说法去对照“敬以直内，义以方外”，则字字句句其实都是敬义的功夫。其他所谓的“格致诚正”“博文约礼”“忠恕之道”，其实都是一样的意思，只要我们能真诚地用心体悟，自然会相信我所说的绝非妄言。

约斋说

甲戌

滁阳刘生韶既学于阳明子，乃自悔其平日所尝致力者泛滥而无功，琐杂而不得其要也。思得夫简易可久之道而固守之，乃以“约斋”自号，求所以为约之说于予。予曰：“子欲其约，乃所以为烦也。其惟循理乎！理一而已，人欲则有万其殊，是故一则约，万则烦矣。虽然，理亦万殊也，何以求其一乎？理虽万殊而皆具于吾心，心固一也，吾惟求诸吾心而已。求诸心而皆出乎天理之公焉，斯其行之简易，所以为约也已。彼其胶于人欲之私，则利害相攻，毁誉相制，得失相形，荣辱相缠，是非相倾，顾瞻牵滞，纷纭舛戾，吾见其烦且难也，然而世之知约者鲜矣。孟子曰‘学问之道无他，求其放心而已’，其知所以为约之道欤？吾子勉之。吾言则亦以烦。”

译文

有一位滁阳的学生，叫刘韶，跟阳明学习之后，后悔自己之前的学问功夫支离破碎，繁杂芜琐，劳而无功，不得要领。所以想找一个简易的办法，长期坚持下去，于是给自己取号“约斋”，并向我请教，问怎样才能做到守约。我说：“您想守约，是因为平日你的用功处太烦琐了。守约不过就是遵循天理。理，只有一个，而人之欲，则有千千万万的差别。所以，遵循天理就是守约，听凭人欲就会烦琐。虽然如此，理也是众说纷纭，各有不同的见解和说法，怎样求一个‘一’呢？世间的理虽千千万万，但莫不具备于我心，而我心只有一个，所以只要去观察、体认我的心就可以了。观察、体认自己内心正大无私的符合天理的那一面，这就是简单易行的办法，也是守约的功夫了。如果陷在私欲里，就会发生利害相互攻击、毁誉相互制衡、得失相互体现、荣辱相互缠绕、是非相互倾轧的事情，障碍重重，纷乱错谬，真是又烦琐又艰难。然而世人真正知道守约的人很少，孟子说‘做学问的途径，没有别的什么，不过就是把那失去了的本心找回来罢了’，这大概就是守约的办法吧？您自勉吧！我的话也已经很烦琐了。”

见斋说

乙亥

辰阳刘观时学于潘子，既有见矣，复学于阳明子。尝自言曰：“吾名观时，观必有所见，而吾犹懵懵无睹也。”扁其居曰“见斋”以自励。问于阳明子曰：“道有可见乎？”曰：“有，有而未尝有也。”曰：“然则无可见乎？”曰：“无，无而未尝无也。”曰：“然则何以为见乎？”曰：“见而未尝见也。”观时曰：“弟子之惑滋甚矣，夫子则明言以教我乎！”阳明子曰：“道不可言也，强为之言而益晦；道无可见也，妄为之见而益远。夫有而未尝有，是真有也；无而未尝无，是真无也；见而未尝见，是真见也。子未观于天乎？谓天为无可见，则苍苍耳，昭昭耳，日月之代明，四时之错行，未尝无也。谓天为可见，则即之而无所，指之而无定，执之而无得，未尝有也。夫天，道也；道，天也。风可捉也？影可拾也？道可见也？”曰：“然则吾终无所见乎？古之人则亦终无所见乎？”曰：“神无方而道无体，仁者见之谓之仁，知者见之谓之知，是有方体者也，见之而未尽者也。颜子则‘如有所立卓尔’。夫谓之‘如’，则非有也；谓之‘有’，则非无也。是故‘虽欲从之，末由也已’，故夫颜氏之子为庶几也。文王‘望道而未之见’，斯真见也已。”曰：“然则吾何所用心乎？”曰：“沦于无者，无所用其心者也，荡而无归；滞于有者，用其心于无用者也，劳而无功。夫有无之间，见与不见之妙，非可以言求也，而子顾切切焉，吾又从而强言其不可见，是以瞽导瞽也。夫言饮者不可以为醉，见食者不可以为饱。子求其醉饱，则盍饮食之？子求其见也，其惟人之所不见乎？夫亦‘戒慎乎其所不睹’也已。斯真睹也已，斯求见之道也已。”

译文

辰阳人刘观时向潘先生求学，有了一些见识之后，又来跟我学习。他曾说：“我名叫观时，观看就一定要看见什么，但我仍然感觉自己糊里糊涂，没有见到什么。”于是就给他的住所挂起了一块“见斋”的匾额，来勉励自己。他问阳明：“天道有可见的吗？”答：“有，有但不曾有。”问：“那么无可见的吗？”答：“无，无但不曾无。”问：“那么怎么样才是见呢？”答：“见但不曾见。”观时说：“学生越来越迷惑了，先生您就明白地告诉我吧！”阳明说：“天道不可言说，强行去说的话，天道就会越来越隐晦；天道没有可见的，妄自去见的话，天道就会离我们越来越远。有但不曾有，这是真有；无但不曾无，这是真无；见但不曾见，这是真见。您没有观察天空吗？如称天空是没有可见的，但是它青色苍茫、昭明爽朗，太阳和月亮迭代光明，春夏秋冬四季交错运行，不曾没有啊；如称天空是有可见的，但是靠近它却没有着落，指向它却没有定点，抓住他却没有东西，不曾有啊。天，就是道；道就是天。清风可以捉摸吗？光影可以拾掠吗？天道可以见到吗？”问：“既然如此，那么我们就终究也看不见天道吗？古人也终究看不见天道吗？”答：“神没有方位，道没有形体，仁爱的人见到它，称它为仁爱；智慧的人见到它，称它为智慧，这是有方位形体的，是见到天道却并没有完全见到。《论语》里面颜回称‘如同有一个十分高大的东西立在我前面’，称为‘如同’，那就不是有；称为‘有’，那就不是没有。所以‘虽然欲要跟从他，却没有路径经由’，所以颜回这个人是差不多见到天道了。《孟子·离娄篇》里说周文王‘仰望天道而没有见到’，这是真见。”问：“那么我应该把心用在哪里呢？”答：“陷入无的人，找不到恰当地方用心，游荡而没有归宿；拘泥于有的人，把心用在没用的地方，辛劳而没有功效，有与无的区别，见与不见的奥妙，是无法言传的。您既然急切地想知道这些，我也就勉强同你说这不可见的东西，这就像盲人给盲人领路一样。谈论饮酒是不会醉的，看见食物是不会饱的。您想要喝醉吃饱，为什么不饮酒吃饭呢？您想寻求见到的，还是想寻求别人见不到的？这也是《中庸》里面所讲‘在无人看见的地方，要戒备谨慎’啊。这是真的看见了，也是寻求看见天道的方法。”

矫亭说

乙亥

君子之行，顺乎理而已，无所事乎矫，然有气质之偏焉，偏于柔者矫之以刚，然或失则傲；偏于慈者矫之以毅，然或失则刻；偏于奢者矫之以俭，然或失则陋。凡矫而无节则过，过则复为偏。故君子之论学也，不曰“矫”而曰“克”。克以胜其私，私胜而理复，无过不及矣。矫犹未免于意必也，意必亦私也，故克己则矫不必言，矫者未必能尽于克己之道也。虽然，矫而当其可，亦克己之道矣。行其克己之实，而矫以名焉，何伤乎！古之君子也，其取名也廉；后之君子，实未至而名先之。故不曰“克”而曰“矫”，亦矫世之意也。方君时举以“矫”名亭，请予为之说。

译文

君子的行为，只要遵循天理就可以了，不必刻意矫正。但是人在气质上会有偏颇，偏于柔顺了，就要用刚毅来矫正，但是过于刚毅可能会带来高傲的缺陷；偏于仁慈了，就要用严厉来矫正，但是过于严厉了就可能导致苛刻的结果；偏于奢侈了，就要用俭朴来矫正，但是过于俭朴了就可能会产生吝啬的问题。如果只说矫正，而没有一定的节制，就容易矫正过度，过度了就会从一种偏颇转化为另一种偏颇。所以君子谈论学习，不说“矫正”而说“克制”，克制内心就可以战胜私欲，私欲战胜了，天理就恢复了，就没有过度或者不及等偏颇了。矫正难免会有臆断或者固执的特征，而臆断或者固执，也是一种私欲。所以克制住了自己的私欲，就不必谈什么矫正的问题了，而矫正未必能够达到克制自己私欲的目的。即使如此，如果矫正恰好符合天理，那也能实现克制自己私欲的目的。如果真的能克制私欲，而以矫正命名，又有什么关系呢？古代的君子命名比较谦虚，后世的君子，事实还未发生，名字已经命好了。所以不说克服，而说矫正，也是矫正世事的意思。方时举君想用“矫”来为亭命名，请我写了这篇文章。

谨斋说

乙亥

君子之学，心学也。心，性也；性，天也。圣人之心，纯乎天理，故无事于学。下是，则心有不存而汩其性，丧其天矣，故必学以存其心。学以存其心者，何求哉？求诸其心而已矣。求诸其心何为哉？谨守其心而已矣。博学也，审问也，慎思也，明辩也，笃行也，皆谨守其心之功也。谨守其心者，无声之中而常若闻焉，无形之中而常若睹焉。故倾耳而听之，惟恐其或缪也；注目而视之，惟恐其或逸也。是故至微而显，至隐而见，善恶之萌而纤毫莫遁，由其能谨也。谨则存，存则明，明则其察之也精，其存之也一。昧焉而弗知，过焉而弗觉，弗之谨也已。故谨守其心，于其善之萌焉，若食之充饱也；若抱赤子而履春冰，惟恐其或陷也；若捧万金之璧而临千仞之崖，惟恐其或坠也。其不善之萌焉，若鸩毒之投于羹也，若虎蛇横集而思所以避之也，若盗贼之侵陵而思所以胜之也。古之君子所以凝至道而成盛德，未有不由于斯者。虽尧、舜、文王之圣，然且兢兢业业，而况于学者乎？后之言学者，舍心而外求，是以支离决裂，愈难而愈远，吾甚悲焉！

译文

君子之学是心学。心，就是性；性，就是天。圣人的心，完全合乎天理，因此不需要学习。圣人以下的人，善心得不到保存，天性就会泯灭，天道就会丧失，所以一定要通过学习来保存善心。通过学习来保存善心，应该从哪里做起呢？当然是从自己的内心做起。怎么从自己的内心做起？就是谨慎地守护好自己的善心。古人所说的博学、审问、慎思、明辨、笃行，都是为了谨慎地守护好自己的善心。谨慎地守护自己善心，就像于无声之中也要时时地听着，于无形之中也要时时地看着。倾耳仔细听，惟恐有错误；注目认真看，惟恐有散失。这样，再细微也会明显，再隐秘也会发现，无论是善的还是恶的念头，只要一萌动，就一点逃遁的机会也没有，这都是谨慎的缘故。如果我们对内心保持谨慎，善心就会得到保存，善心得到保存，内心就能光明，内心光明，对事物的观察就会精确，对善心的保存就会专一。相反，如果我们内心糊涂，就会对内心的变化没有认识，做了错事也察觉不到，这都是不谨慎的缘故。因此，一个人要谨慎地守护好自己的善心，一旦内心中有善念萌动，就如同吃饭一定要吃饱一样；如同抱着婴儿走在春天的薄冰上一样，小心翼翼，惟恐自己掉到冰窟窿里；如同捧着价值万金的玉璧站在千仞深的悬崖上，惟恐它掉下去。一旦发现内心中有恶念萌动，就如同有人将毒药投到你的饭碗里一样；就如同进入一个到处都是老虎和毒蛇的环境一样，要一心想着怎样避开他们；就如同遇到盗贼来打劫，要想方设法战胜他们。古代的君子之所以能遵循大道的要求修养成崇高的德性，都是通过这种方式。即使尧、舜、周文王这样的圣人，尚且要始终保持战战兢兢的状态，何况是一般的学者呢？后世的人一谈到学习，就主张要舍弃内心而向外追求，因此学到的知识支离破碎，知识越来越难，而离天理越来越远，这让我感到太悲哀了。

吾友侍御杨景瑞以“谨”名其斋，其知所以为学之要矣。景瑞尝游白沙陈先生之门，归而求之，自以为有见，又二十年而忽若有得，然后知其向之所见犹未也。一旦告病而归，将从事焉，必底于成而后出。君之笃志若此，其进于道也孰御乎？君遣其子思元从予学，亦将别予以归，因论君之所以名斋之义以告思元，而遂以为君赠。

译文

我的朋友侍御史杨景瑞，用“谨”字命名他的书斋，他是知道做学问的根本的。景瑞曾经向白沙陈献章先生问学，回来以后反躬自省，以为有了真知灼见。又过了二十年，忽然有所顿悟，才知道以前的所谓真知灼见是不对的。并且发誓一旦告老还乡，就专心治学，一定要学成之后才会罢休。杨君志向如此坚定，还有谁能阻挡他前进呢？他让儿子杨思元跟随我学习，此时，思元也要离开我而回家，我就把杨君之所以用“谨”字命名书斋的原因阐发出来，告诉思元，也算是我给杨君的赠礼。

夜气说

乙亥

天泽每过，辄与之论夜气之训，津津既有所兴起。至是告归，请益，复谓之曰：“夜气之息，由于旦昼所养，苟梏亡之反复，则亦不足以存矣。今夫师友之相聚于兹也，切磋于道义而砥砺乎德业，渐而入焉，反而愧焉，虽有非僻之萌，其所滋也亦已罕矣。迨其离群索居，情可得肆而莫之警也，欲可得纵而莫之泥也，物交引焉，志交丧焉，虽有理义之萌，其所滋也亦罕矣。故曰：‘苟得其养，无物不长；苟失其养，无物不消。’夫人亦孰无理义之心乎？然而不得其养者多矣，是以若是其寥寥也。天泽勉之！”

译文

天泽每次经过我这里，我都要和他讨论孟子关于“夜气”的训诫，津津有味，兴致勃勃。现在，天泽要辞官归乡了，请我再多说几句，我就又跟他说：“夜气的生长，是由于白天的滋养，但如果反复地束缚和消亡它，那么它也就不存在了。现在咱们师友相聚在此，切磋道义，探讨德业，逐渐地进入修道的境界，反省自己并感到惭愧，这个时候，即使有邪恶之心萌发，但是很少有能滋长壮大的。等到我们离群独居的时候，情感可能会恣肆但得不到警惕，欲望可能会放纵但得不到约束，外物一再引诱，志气一再丧失，即使有理义之心萌发，也很少有能滋长壮大的。因此说：‘如果得到滋养，万物都会生长，如果失去滋养，万物都会消亡。’人，有谁没有理义之心呢？然而得到滋养的很少，所以有理义之心的人才会这样寥寥无几。与天泽共勉！”

修道说

戊寅

率性之谓道，诚者也；修道之谓教，诚之者也。故曰：“自诚明，谓之性；自明诚，谓之教。”《中庸》为诚之者而作，修道之事也。道也者，性也，不可须臾离也；而过焉，不及焉，离也。是故君子有修道之功，戒慎乎其所不睹，恐惧乎其所不闻，微之显，诚之不可掩也。修道之功若是其无间，诚之也，夫然后喜怒哀乐之未发谓之中，发而皆中节谓之和，道修而性复矣。致中和，则大本立而达道行，知天地之化育矣。非至诚尽性，其孰能与于此哉？是修道之极功也，而世之言修道者离矣，故特著其说。

译文

顺从天性就是天道，这是真诚；修明天道就是教化，这是使人真诚。所以说：“从本性真诚而明晓道理，称之为天性；从明晓道理而生发诚心，称之为教化。”《中庸》为了让人真诚而创作，讲修明天道的事情。天道就是人性，不可须臾片刻分离，超过和不及都属于分离。所以，君子都有修明天道的功夫。在没有人看得见的地方，要警戒谨慎；在没有人听得到的地方，要惊恐畏惧。越是微小，才越是明显，真诚是不可能掩盖住的。修明天道的功夫如果像这样没有间隙，就是真诚。这样以后，喜悦、愤怒、悲哀、快乐的情绪没有表露出来，称为中；表露出来但都符合礼节，称为和，天道得以修明，而人性得以恢复。如果达到“中和”境界，就能建立起人生根本，达到至高的境界，参透天地运行、万物化育的规律了。没有至高的真诚，完美的人性，谁能做到这样啊！这是修明天道的极致功夫了。世人讨论修明天道有所背离，特此发表这个论说。

自得斋说

甲申

孟子云：“君子深造之以道，欲其自得之也。自得之则居之安，居之安则资之深，资之深则取之左右逢其原，故君子欲其自得之也。”夫率性之谓道，道，吾性也；性，吾生也，而何事于外求？世之学者，业辞章，习训诂，工技艺，探赜而索隐，弊精极力，勤苦终身，非无所谓深造之者，然亦辞章而已耳，训诂而已耳，技艺而已耳，非所以深造于道也，则亦外物而已耳，宁有所谓自得逢原者哉！古之君子，戒慎不睹，恐惧不闻，致其良知而不敢须臾或离者，斯所以深造乎是矣。是以大本立而达道行，天地以位，万物以育，于左右逢原乎何有？

译文

孟子说：“君子要依循正确的方法获得高深的造诣，就是要求他自觉地有所得。自觉地有所得，就能牢固地掌握它而不动摇；牢固地掌握它而不动摇，就能积蓄很深；积蓄很深，就能左右逢源取之不尽，所以君子要自觉地有所得。”顺从天性，就是道，道，是我的天性；性，是我出生便有的，哪里还要外求呢？当世的学者，学习词章，练习训诂，苦练技艺，探秘隐晦神秘的道理，费心竭力，劳苦终身，这也不能说不是高深的造诣，但只是词章而已，训诂而已，技艺而已，并不是在天道上有高深的造诣，这些都是些表面的东西罢了，又岂能自得而左右逢源呢？古时候的君子们，在人看不到的地方也常警惕谨慎，在人听不到的地方也常唯恐有失，保持他们的良知不敢一时一刻离开，这才是真正的深造。只有这样，才能建立起人生根本，达到最高的境界，位于天地之间，而化育万物，这时，左右逢源又有什么难的呢？

黄勉之省曾氏以“自得”名斋，盖有志于道者，请学于予而蕲为之说。予不能有出于孟氏之言也，为之书孟氏之言。嘉靖甲申六月朔。

黄勉之省曾以“自得”为书斋名，大概有志于修养道性，向我求学并请我为书斋写一篇勉说。我不能有出乎孟子的教诲，因此，以孟子的教诲为其写勉说。嘉靖甲申六月朔。

博约说

乙酉

南元真之学于阳明子也，闻致知之说而恍若有见矣。既而疑于博约先后之训，复来请曰：“致良知以格物，格物以致其良知也，则既闻教矣，敢问先博我以文，而后约我以礼也，则先儒之说得无亦有所不同欤？”阳明子曰：“理，一而已矣；心，一而已矣。故圣人无二教，而学者无二学。博文以约礼，格物以致其良知，一也。故先后之说，后儒支缪之见也。夫礼也者，天理也。天命之性具于吾心，其浑然全体之中，而条理节目森然毕具，是故谓之天理，天理之条理谓之礼。是礼也，其发见于外，则有五常百行、酬酢变化、语默动静、升降周旋、隆杀厚薄之属。宣之于言而成章，措之于为而成行，书之于册而成训，炳然蔚然，其条理节目之繁，至于不可穷诘，是皆所谓文也。是文也者，礼之见于外者也；礼也者，文之存于中者也。

文，显而可见之礼也；礼，微而难见之文也。是所谓体用一源而显微无间者也，是故君子之学也，于酬酢变化、语默动静之间而求尽其条理节目焉，非他也，求尽吾心之天理焉耳矣。于升降周旋、隆杀厚薄之间而求尽其条理节目焉，非他也，求尽吾心之天理焉耳矣。求尽其条理节目焉者，博文也；求尽吾心之天理焉者，约礼也。文散于事而万殊者也，故曰博；礼根于心而一本者也，故曰约。博文而非约之以礼，则其文为虚文，而后世功利辞章之学矣；约礼而非博学于文，则其礼为虚礼，而佛老空寂之学矣。是故约礼必在于博文而博文乃所以约礼。二之而分先后焉者，是圣学之不明，而功利异端之说乱之也。

译文

南元真求学于阳明，听了阳明的致知之说后恍然若有发现。继而对博约之说的先后顺序有所疑问，又来请教阳明："致良知是为了格物，格物是为了致良知，我已受教了。但敢问老师，先广泛地学习文献，再用礼节来加以约束，先儒们所说的恐怕与您所说的不一样吧？"阳明说："理，就是个一；心，也是这个一。因此，圣人教人也是这个一，学者学习也为了这个一。广求学问是为了恪守礼法，格物是为了致良知，都是这个一啊。因此，博文约礼先后之说，那是后儒的支离的谬论。礼，就是天理。上天赋予人的天性，全存在我们的心中，浑然一体，它们的条理层级、枝节细目，茂密森然，完全具备，因此称它们为天理，天理的条理层级称为礼。这个礼，它们表现在外就有伦常德行、应对变化、言语静默、行动静坐、升迁降贬、交际周旋、尊卑高下、亲疏厚薄等类。礼用文字来凝练就是文章，用人身之作为表达就是行动，记录于书卷就是训诫，光明炳耀，蔚为大观。礼的条理层级、枝节细目的繁琐，以至于无穷无尽，这都是所说的文。这个文，就是表现在外的礼；这个礼，就是存在心里的文。文，是显著可见的礼；礼是隐微难见的文。这就是所谓的本体与运用同一源泉，而显著与隐微没有间隙吧。因此，君子治学，在应对变化、言语静默、行动静定之间，力求详尽其中的条理层级、枝节细目，没有其他的目的，只是力求完善心中的天理罢了；在上下周旋、尊卑厚薄之间，力求详尽其中的条理层级、枝节细目，没有其他的目的，只是力求完善心中的天理罢了。力求详尽其中的条理层级、枝节细目，这是博文；力求完善心中的天理，这是约礼。文分散在不同的万事万物中，故称为博，礼扎根于本心并以理为本，故称为约。如果博文却没有约礼，那么文则为虚文，不切实际，这就是后世追求功利辞章的学说。如果约礼却没有博文，那么礼则为虚礼，空洞无物，这就落入了佛家求虚、道家求仙的学说中了。因此，约礼要以博文为基础，而博文最终是为了约礼。二者没有先后之分，将两者分开来，那是圣人之学不明于世，追求功利和异端之说导致的。

“昔者，颜子之始学于夫子也，盖亦未知道之无方体形像也，而以为有方体形像也；未知道之无穷尽止极也，而以为有穷尽止极也。是犹后儒之见事事物物皆有定理者也，是以求之仰钻瞻忽之间而莫得其所谓。及闻夫子博约之训，既竭吾才以求之，然后知天下之事虽千变万化而皆不出于此心之一理。然后知殊途而同归，百虑而一致。然后知斯道之本无方体形像，而不可以方体形像求之也；本无穷尽止极，而不可以穷尽止极求之也。故曰：‘虽欲从之，末由也已。’盖颜子至是而始有真实之见矣。博文以约礼，格物以致其良知也，亦宁有二学乎哉？”

译文

“从前，颜回开始求学于孔子，大概也没有懂得大道没有方圆体貌、形状现象，而以为大道具有方圆体貌、形状现象；没有懂得大道没有完结穷尽、止境终极，而以为大道具有完结穷尽、止境终极。这犹如后代儒家学者看见各种事物，认为都有既定真理，因此，想要以仰之弥高、钻之弥坚、瞻之在前、忽焉在后的钻研探讨的精神去寻找这个真理，但是什么也找不到。等到听闻孔子博文约礼的训告，继而竭尽才能去探求，然后懂得天下的事物，虽然千变万化，但都不会超出内心的天理；然后懂得殊途同归，百虑一致的道理；然后懂得天道根本没有方圆体貌、形状现象，因而不能用方圆体貌、形状现象去寻求它。天道本没有完结穷尽、止境终极，因此不能以完结穷尽、止境终极去探求它。因此说：‘虽然欲要追随上去，也总是感到无路可从。’大概颜回达到这个境界，也会开始具有真正切实的见解了。博文是为了约礼，格物是为了致其良知，这难道还要区分为两种学问吗？”

惜阴说

丙戌

同志之在安成者，间月为会五日，谓之“惜阴”。其志笃矣，然五日之外，孰非惜阴时乎？离群而索居，志不能无少懈，故五日之会，所以相稽切焉耳。

译文

在安成的同道们，每隔一月相聚讨论五天，取名“惜阴”。他们的志向真可称得上笃实，但除了这相聚的五天，其余的日子里哪一刻不是值得珍惜的时间呢？这是因为在离群独处时，人的意志不能不稍微松懈，所以隔月一次的五天聚会，正是用来互相督责的机会。

呜呼！天道之运，无一息之或停；吾心良知之运，亦无一息之或停。良知即天道，谓之“亦”，则犹二之矣。知良知之运无一息之或停者，则知惜阴矣；知惜阴者，则知致其良知矣。“子在川上曰：‘逝者如斯夫！不舍昼夜。’”此其所以学如不及，至于发愤忘食也。尧舜兢兢业业，成汤日新又新，文王纯亦不已，周公坐以待旦，惜阴之功，宁独大禹为然？子思曰：“戒慎乎其所不睹，恐惧乎其所不闻。”“知微之显，可以入德矣。”或曰：“鸡鸣而起，孳孳为利。凶人为不善，亦惟日不足，然则小人亦可谓之惜阴乎？”

译文

唉！天道的运行，没有一刻的停息；我们心中良知的活动，也没有一刻的停息。良知即天道，如果把这“即”说成是“亦”，那么良知和天道就好像是两回事了。懂得良知的活动是无时停息的人，就会懂得珍惜光阴；懂得珍惜光阴的人，当然也就懂得去获致他的良知了。当年孔子站在一条流水边说：“世间万事万物的消逝，也就同这水一样吧——昼夜间一刻也不停息。”所以他求学要如同来不及的样子，以至于用起功来发愤忘食。古代的尧舜治理国家兢兢业业，商代的国君成汤日日更新他的德业，周文王的纯一之道如同天道似的运行不息，周公更是半夜就起身等候天明。珍惜光阴的功夫，哪里只有大禹是这样呢？子思说：“要在无人看见你的时候仍然警惕、谨慎，在无人听见你的时候仍然栗栗危惧。”“懂得从隐微转化为明显的道理，就可以达到圣人的德行了。”有人说：“孟子曾经提到，那种忙忙碌碌谋求私利的人，也是每天听见鸡啼就起身的。《尚书》中也提到，即使是凶人，也在日夜不停地行恶。但这些小人的行为难道也可被称为是‘惜阴’吗？”

卷之八　文录五

杂著

书汪汝成格物卷

癸酉

予于汝成“格物致知”之说、“博文约礼”之说、“博学笃行”之说、“一贯忠恕”之说，盖不独一论再论，五六论，数十论不止矣。汝成于吾言，始而骇以拂，既而疑焉，又既而大疑焉，又既而稍释焉，而稍喜焉，而又疑焉。最后与予游于玉泉，盖论之连日夜，而始快然以释，油然以喜，冥然以契。不知予言之非汝成也，不知汝成之言非予言也。於戏！若汝成，可谓不苟同于予，亦非苟异于予者矣。卷首汝成之请，盖其时尚有疑于予。今既释然，予可以无言也已。叙其所以而归之。

译文

我对于汝成关于“格物致知”“博文约礼”“博学笃行”“一贯忠恕”的学说，辩论大概不只一次两次、五次六次，几十次也不止了。汝成对于我的主张，一开始惊骇得不愿意听，不久之后表示怀疑，后来疑心越来越重，再后来这种疑虑稍微得到消释，并且产生了略微的喜爱之情，但后来又产生了疑惑。最后我们同游玉泉，连续讨论了大概有几天几夜的时间，汝成才终于彻底消释了疑虑，喜悦之情油然而生，并恍惚中与我的主张相契合。不知道是我不同意汝成的学说，还是汝成不同意我的主张。啊！像汝成这样的人，可以说不会随便地附和我，也不会轻易地反驳我。汝成请我写一篇序置于卷首，当时他对我的主张还有疑惑，现在既然已经消释了，我就没有什么可说的了。我把这前因后果记述下来送给了汝成。

书石川卷

甲戌

先儒之学得有浅深，则其为言亦不能无同异。学者惟当反之于心，不必苟求其同，亦不必故求其异，要在于是而已。今学者于先儒之说苟有未合，不妨致思，思之而终有不同，固亦未为甚害，但不当因此而遂加非毁，则其为罪大矣。同志中往往似有此病，故特及之。程先生云：“贤且学他是处，未须论他不是处。”此言最可以自警。“见贤思齐焉，见不贤而内自省”，则不至于责人已甚，而自治严矣。

译文

先儒的学问有深有浅，那么他们的观点就不可能完全相同。后来的学者就应该在心中反思，不必非要找出古人思想观点的相同之处，也不必特地找出他们的相异之处，关键在于要找出其中合理的观点和内容而已。现在学者对于先儒学说如果有不同见解，不妨深思一番，深思之后最终还是有所不同，当然也没有什么坏处，但不应该因此就对先儒学说加以贬毁，若如此便太不对了。同道中人往往有人好像有这个毛病，所以特此提到这一点。程先生说："对于优秀的人我们学习的是他对的方面，不要老是盯着他不对的地方进行议论。"这话最值得我们自我警醒。"看到贤者的可取之处就要学习，发现不可取的就反思自己"，有了这样的态度，就不至于只是对别人要求严格了，自我的约束也会加强。

议论好胜，亦是今时学者大病。今学者于道，如管中窥天，少有所见，即自足自是，傲然居之不疑。与人言论，不待其辞之终而已先怀轻忽非笑之意，訑訑之声音颜色，拒人于千里之外。不知有道者从傍视之，方为之疏息汗颜，若无所容；而彼悍然不顾，略无省觉，斯亦可哀也已。近时同辈中往往亦有是病者，相见时可出此以警励之。

译文

议论之时争强好胜，也是当今学者的严重问题。今天的学者对于道，就像从管孔里窥测天空一样，稍微有点见解，就自感满足自以为是了，骄傲地对自己的见解深信不疑。和别人讨论学问，不等别人说完就已经提前心怀轻视讥笑的想法，洋洋自得的语调和表情足以将人拒绝在千里之外。不知道有道之士在旁边看着，都为他叹息羞愧、难堪不已；而他自己却全然不顾，丝毫不知道反省，不感觉难为情，这也真是可悲啊！最近同辈中人往往有人也有这个毛病，如果再见到他们，可以将这拿给他们看看，来警醒勉励他们。

某之于道，虽亦略有所见，未敢尽以为是也；其于后儒之说，虽亦时有异同，未敢尽以为非也。朋友之来问者，皆相爱者也，何敢以不尽吾所见？正期体之于心，务期真有所见，其孰是孰非，而身发明之，庶有益于斯道也。若徒入耳出口，互相标立门户，以为能学，则非某之初心，其所以见罪之者至矣。近闻同志中亦有类此者，切须戒勉，乃为无负。孔子云"默而识之""学而不厌"，斯乃深望于同志者也。

译文

我对于道，虽说也略有所见，却不敢认为自己所知都是正确的；对于后学儒者的学问，虽也时有不同看法，却不敢就说别人都是错的。朋友有来交流探讨的，都是相互欣赏的，怎敢不把自己的见解说清楚呢？正盼着用心体会彼此的观点，定然期望能真有所得，亲身体验探明不同观点谁是谁非，这样才有益于我的道啊。若只是耳朵上听听，口头上说说，互相标榜各自的学说，以为这就是学习，这并不是我的初心，这样做，过错就太大了。近来听闻同道之中也有这样的人，切记务必诚勉改过，才无愧于道！孔子说“默默地探求领会”“不断学习永不满足”，这正是我对同道中人的深切期望。

与傅生凤

甲戌

祁生傅凤，志在养亲而苦于贫。徐曰仁之为祁也，悯其志，尝育而教之。及曰仁去祁，生乃来京师谒予，遂从予而南。闻予言，若有省，将从事于学。然痛其亲之贫且老，其继母弟又聋而愚，无所资以为养，乃记诵训诂，学文辞，冀以是干升斗之禄。日夜不息，遂以是得危疾，几不可救。同门之士百计宽譬之，不能已，乃以质于予。予曰：“嘻！若生者亦诚可怜者也。生之志诚出于孝亲，然已陷于不孝而不之觉矣。若生者亦诚可怜者也！”生闻之悚然，来问曰：“家贫亲老而不为禄仕，得为孝乎？”予曰：“不得为孝矣。欲求禄仕而至于成疾，以殒其躯，得为孝乎？”生曰：“不得为孝矣。”“殒其躯而欲读书学文以求禄仕，禄仕可得乎？”生曰：“不可得禄仕矣。”曰：“然则尔何以能免于不孝？”于是泫然泣下，甚悔，且曰：“凤何如而可以免于不孝？”予曰：“保尔精，毋绝尔生；正尔情，毋辱尔亲；尽尔职，毋以得失为尔惕；安尔命，毋以外物戕尔性。斯可以免矣。”其父闻其疾危，来视，遂欲携之同归。予怜凤之志而不能成也，哀凤之贫而不能赈也，悯凤之去而不能留也。临别，书此遗之。

译文

祁州书生傅凤立志要孝敬父母，苦于家里贫穷而不得志。徐曰仁在祁州做知州时，非常同情他，尝尝接济和教导他。在曰仁离开祁地之后，傅凤便来到京师拜访我，并且跟着我南下。他听了我的言论之后，若有所悟，打算好好学习。但考虑家里贫穷并且父母又老了，同父异母的弟弟又瞎又傻，没有办法养家，于是就记诵经典、训释文字，学习八股文章，希望以此能谋取一官半职，得到些微薄的俸禄。因此夜以继日地用功学习，由于过于刻苦，最终得了重病，差点丧命。同学们想方设法宽慰他，但傅凤并不打算放弃刻苦学习，于是来问我。我说："哎，像你这样也确实让人感到可怜。你的初衷的确是出于孝敬父母，但是你这样做，已经落到不孝的境地了，你自己却没有觉察。像你这样也确实让人感到可怜啊！"傅凤听了，感到很惊悚，就问道："家境贫苦，父母年老，如果不努力得到任用，获得俸禄，算得上孝吗？"我说："当然是不孝。但是，想要获得俸禄而把自己累病了，损伤身体，算得上孝吗？"傅生说："算不上孝。""损伤自己的身体，甚至要把自己累死，用这种方式读书学习来求取官职俸禄，还能得到官职俸禄吗？"傅生说："得不到官职俸禄。"我说："这样你怎么可能逃脱不孝的指责呢？"傅凤听后，流下了眼泪，非常后悔以前的做法，又问："我现在怎样才能避免落入不孝的境地？"我说："保养好你的精神，不要损害你的生命；调整你的感情，不要使你的父母感到羞辱；尽你最大的努力，不要过多地担忧得失和成败；安然接受可能出现的各种结果，不要让外在的东西伤害了你的本性。这样就可以避免了。"傅凤的父亲听说他病得很重，就来看望他，并想带傅凤一起回家。我同情傅凤的志向，却不能帮他实现；我哀叹他家里贫寒，却不能接济他；我痛惜他的离去，却不能留住他。离别在即，我就将这些记下来赠给他吧。

书王天宇卷

甲戌

徐曰仁数为予言天宇之为人，予既知之矣。今年春，始与相见于姑苏，话通宵，益信曰仁之言。天宇诚忠信者也，才敏而沉潜者也。于是乎慨然有志于圣贤之学，非豪杰之士能然哉？出兹卷，请予言。予不敢虚，则为诵古人之言曰：圣，诚而已矣。君子之学以诚身。格物致知者，立诚之功也。譬之植焉，诚，其根也。格致，其培壅而灌溉之者也。后之言格致者，或异于是矣。不以植根而徒培壅焉，灌溉焉，弊精劳力而不知其终何所成矣。是故闻日博而心日外，识益广而伪益增，涉猎考究之愈详，而所以缘饰其奸者愈深以甚。是其为弊亦既可睹矣，顾犹泥其说而莫之察也，独何欤？今之君子或疑予言之为禅矣，或疑予言之求异矣，然吾不敢苟避其说，而内以诬于己，外以诬于人也。非吾天宇之高明，其孰与信之！

译文

徐曰仁多次跟我说起过天宇的为人，对天宇我已经很熟悉了。今年春天，我们才第一次在姑苏城相见，聊了一整夜，我更加相信曰仁的话了。天宇确实是一位忠信之人，才思敏捷而又含蓄内敛。那个时候，他愤然立志要学习圣贤的学说，如果不是豪杰之士哪能这样呢？天宇把他写的这篇文章拿给我看，请我提些意见。我不敢谦虚，为他背了一句古人的话“圣，诚而已矣”。君子的学问是以诚身为根本目的的，而格物致知是立诚的功夫。就像种树，诚，是树根；格物致知，就是培土浇水。后人对格物致知的讨论，有的不同于我的观点，他们不主张护理好树根，而只强调培土浇水，费心劳神，耗尽体力，却不知道最终为了什么。因此见闻越广博而人心离天道越来越远，知识越丰富而虚假的东西越来越多，钻研考察得越详细，对内心奸恶的掩饰就会越来越深，越来越厉害。这种弊病已经可以看出来了，但是那些人仍然拘泥于他们对格物致知的理解而不去体察这种弊病，这是为什么呢？现在的君子，有人怀疑我说的话有禅意，有人怀疑我是在标新立异。然而我不敢随便地隐藏我的观点，对内欺骗自己，对外欺骗别人。如果不是天宇高妙精明，有谁会相信我呢！

书王嘉秀请益卷

甲戌

仁者以天地万物为一体，莫非己也，故曰："己欲立而立人，己欲达而达人。"古之人所以能见人之善若己有之，见人之不善则恻然若己推而纳诸沟中者，亦仁而已矣。今见善而妒其胜己，见不善而疾视轻蔑不复比数者，无乃自陷于不仁之甚而弗之觉者邪？夫可欲之谓善，人之秉彝，好是懿德，故凡见恶于人者，必其在己有未善也。瑞凤祥麟，人争快睹。虎狼蛇蝎，见者持挺刃而向之矣。夫虎狼蛇蝎，未必有害人之心，而见之必恶，为其有虎狼蛇蝎之形也。今之见恶于人者，虽其自取未必尽恶，无亦在外者犹有恶之形欤？此不可以不自省也。

译文

仁爱的人把天地万物当作一个整体，没有不是自己的。因此说："己欲立而立人，己欲达而达人。"古代的人之所以能够看到别人有善德善行就好像自己有善德善行一样，看到别人做违背善德善行的事情就会伤心难过好像是自己把他们推掉进沟中一样，只不过是仁爱的原因啊。现在，有人看到别人有善德善行超过自己就会嫉妒别人，见到别人不知为善就鄙视轻蔑而不愿意靠近别人，这不是自己已经深深地陷入了不仁的境地却还没有觉察出来吗？值得追求的便叫善，"人们掌握这种常规，喜好这样的美德"。因此，凡是被别人厌恶的，一定是因为他自己有不善之处。吉祥的凤凰、麒麟，大家都争先恐后一睹为快。虎狼蛇蝎，看到它们的人一定会拿着刀去杀死它们。那些虎狼蛇蝎，不一定就有害人之心，可是人们见了它们就感到厌恶，是因为它们有着虎狼蛇蝎的样子。现在那些让人见了就厌恶的人，并不一定都是坏人，难道也像虎狼蛇蝎一样有着一副让人讨厌的外表吗？这是我们不得不自我反思的事情。

君子之学，为己之学也。为己故必克己，克己则无己。无己者，无我也。世之学者执其自私自利之心而自任以为为己，漭焉入于隳堕断灭之中，而自任以为无我者，吾见亦多矣。呜呼！自以为有志圣人之学，乃堕于末世佛老邪僻之见而弗觉，亦可哀也夫！“有一言而可以终身行之者，其恕乎！”“强恕而行，求仁莫近焉。”“恕”之一言，最学者所吃紧。其在吾子，则犹对病之良药，宜时时勤服之也。“见贤思齐焉，见不贤而内自省。”夫能见不贤而内自省，则躬自厚而薄责于人矣，此远怨之道也。

译文

君子学习，是为了完善自己的人格。为了完善自己的人格，因此就必须克制私欲。克制私欲就会没有私欲，没有私欲，就会达到“无我”的境界。当下这些做学问的人，守着一颗自私自利的心，却自信地认为是为了完善自己的人格；渺茫地进入到衰颓灭绝之中，却自信地认为达到了“无我”的境界，我见到的已经很多了。唉！他们自以为立志学的是圣人之学，却堕落到衰亡之世佛老的歪门邪道上去了，而自己竟然毫不觉察，实在可悲。“有一个字是可以让人终生去践行的，大概是恕吧！”“努力地按照推己及人的恕道去做，到达仁的境界的道路没有比这种方法更近的了。”“恕”这个字，是学者们最看重的。对于嘉秀你而言，就好像是对症的良药一样，应该经常服用。“看到贤明的人就想着向他看齐，看到不贤的人就好好反省自己。”那些看见不贤的人能在内心反省自己的人，那他一定对自己要求严格，而很少责备别人，这就是远离怨恨的方法。

书孟源卷

乙亥

圣贤之学，坦如大路。但知所从入，苟循循而进，各随分量，皆有所至。后学厌常喜异，往往时入断蹊曲径，用力愈劳，去道愈远。向在滁阳论学，亦惩末俗卑污，未免专就高明一路开导引接。盖矫枉救偏，以拯时弊，不得不然。若终迷陋习者，已无所责，其间亦多兴起感发之士，一时趋向，皆有可喜。近来又复渐流空虚，为脱落新奇之论，使人闻之，甚为足忧。虽其人品高下，若与终迷陋习者亦微有间，然究其归极，相去能几何哉？

译文

圣贤的学问，就像大路一样平坦。只要知道从哪儿入门，如果再循序渐进，量力而行，就都能有所收获。后世的学者治学喜欢标新立异，经常走入旁门小道，学习越辛苦，离圣贤之道就越远。过去，我在滁阳讲学，出于惩戒当时世俗卑下污陋的学风，难免只从高妙精明这一方面进行了启发引导。当时为了矫正错误，挽救偏离，来拯救当时学风的弊端，我不得不那么做。至于有人最终还是沉迷于卑陋的学风中，就没有办法再去责备他们了。但也有很多人有所感悟，振奋精神，致力于追求高妙精明的境界，而且都有可喜的收获。可是近来，他们又渐渐流入空虚的境地，发表虚无新奇的言论，让人听了，非常为他们担心。尽管他们的品格高低不等，好像与那些一直沉迷于卑陋学风中的人相比，也稍微有些区别，但考察他们最终的归宿，相差又有多大呢？

孟源伯生复来金陵请益，察其意向，不为无进；而说谈之弊，亦或未免，故因其归而告之以此，遂使归告同志，务相勉于平实简易之道，庶无负相期云耳。

译文

孟源再次来到南京，请我再多说一些。我观察揣摩他的意图，不能说没有进步，但也难免有时有空谈的毛病。因此趁着他要回乡，我把这些话告诉了他，正好也请他回去转告那些志同道合之人，一定要以一种平实简易的风气互相勉励，这也不辜负我们彼此相互期望的心情啊！

书杨思元卷

乙亥

杨生思元自广来学，既而告归曰："夫子之教，思元既略闻之。惧不克任，请所以砭其疾者而书诸绅。"予曰："子强明者也，警敏者也。强明者病于矜高，是故亢而不能下；警敏者病于浅陋，是故浮而不能实。砭子之疾，其谦默乎！谦则虚，虚则无不容，是故受而不溢，德斯聚矣；默则慎，慎则无不密，是故积而愈坚，诚斯立矣。彼少得而自盈者，不知谦者也；少见而自衒者，不知默者也。自盈者吾必恶之，自衒者吾必耻之。而人有不我恶者乎？有不我耻者乎？故君子之观人而必自省也，其谦默乎！"

译文

书生杨思元从广东来求学，不久之后，跟我告辞说："先生的教诲，思元已经大致听了一些。害怕自己不能完全领会，请您针对我的问题给我提供一些救治之方，我一定记在绅带上，随身携带。"我说："你是一个强干精明的人，一个机警敏捷的人。强干精明的人，有高傲自大的毛病，因此只能处上而不能处下；机警敏捷的人，有浅薄粗陋的毛病，因此就会浮浅而不切实际。纠正你的毛病的方法，大概就是谦虚沉默吧！谦虚就会虚空，虚空就会无所不容，因此就会接受很多知识而不向外流溢，这样德行就汇聚了；沉默就会谨慎，谨慎就没有不细密的，因此就会积累很多知识而越来越坚固，这样诚实就形成了。那些稍微有点收获就自满的人，是不知道谦虚的；稍微有点见识就炫耀的人，是不知道沉默的。自满的人，我一定会讨厌他，自炫的人，我一定会替他羞愧。但是别人有没有讨厌我的？有没有替我羞愧的呢？所以，君子观察别人，一定要多自我反省，这大概就做到谦虚沉默了吧。"

书玄默卷

乙亥

玄默志于道矣，而犹有诗文之好，何耶？奕，小技也，不专心致志则不得，况君子之求道而可分情于他好乎？孔子曰：“词达而已矣。”盖世之为词章者，莫不以是借其口，亦独不曰“有德者必有言，有言者不必有德”乎？德犹根也，言犹枝叶也。根之不植，而徒以枝叶为者，吾未见其能生也。予别玄默久，友朋得玄默所为诗者，见其辞藻日益以进。其在玄默，固所为根盛而枝叶茂者耶？玄默过留都，示予以斯卷，书此而遗之。玄默尚有以告我矣。

译文

玄默立志探求圣人之道，却又喜爱诗词文章，为什么呢？下棋，只是一种小技艺，但如果不专心致志地学习，也是学不会的。何况君子探求圣人之道却可以分心于其他爱好吗？孔子说：“文词要达意啊。”世上学习词章的人，没有不以这句话为借口的，只不过他们为什么不说“有德的人一定有好的言辞，但有好言辞的人不一定有德”这句话呢？德行，就像树根，言辞，就像枝叶。树根没有培植好，而只关心枝叶，我没有见到能让树成活的。我和玄默分别已经有很长时间了，朋友中有人得到玄默所写的诗，我发现他的辞藻越来越有文采了。大概对于玄默而言，这不正是因为他作为根本的德行越来越深厚，所以作为枝叶的诗文才越来越茂盛吗？玄默经过南京，把这篇文章拿给我看，我写了这段话送给他。玄默如果有什么意见一定要告诉我。

书顾维贤卷

辛巳

维贤以予将远去，持此卷求书警戒之辞。只此“警戒”二字，便是予所最丁宁者。今时朋友大患不能立志，是以因循懈弛，散漫度日。若立志，则警戒之意当自有不容已。故警戒者，立志之辅。能警戒，则学问思辩之功、切磋琢磨之益，将日新又新，沛然莫之能御矣。

译文

维贤在我将要出远门的时候，拿着这篇文章来请我写一些警戒性的话。只这“警戒”两个字，便是我最关心的。如今的学者，一个非常大的问题是不能立志，因此怠惰松懈，懒散度日。如果立志，那么就有了警戒的意识，当然也就不容许怠惰松懈，懒散度日。因此，警戒是立志的辅助手段。一个人能够警戒，那么学习、思考、讨论的功夫和好处，就每天都会有新的进步，并且这种进步的势头是没有什么能够阻挡的。

程先生云：“学者为气所胜、习所夺，只好责志。”又云：“凡为诗文亦丧志。”又言：“且省外事，但明乎善，惟尽诚心，其文章虽不中，不远矣。所守不约，泛滥无功。学问之道，‘四书’中备矣。”后儒之论，未免互有得失。其得者不能出于“四书”之外，失者遂有毫厘千里之谬，故莫如专求之“四书”。“四书”之言简实，苟以忠信进德之心求之，亦自明白易见。与不善人居，如入鲍鱼之肆，久而不觉其臭，则与之俱化。孔子，大圣，尚赖“三益”之资，致“三损”之戒。吾侪从事于学，顾随俗同污，不思辅仁之友，欲求致道，恐无是理矣。非笑诋毁，圣贤所不免。伊川有涪州之行，孔子尚微服过宋。今日风俗益偷，人心日以沦溺，苟欲自立，违俗拂众，指摘非笑纷然而起，势所必至，亦多由所养未深，高自标榜所至。学者便不当自立门户，以招谤速毁；亦不当故避非毁，同流合污。

译文

程先生说："学者的天性如果被血气所支使、被习染所剥夺，就只能寄希望于立志了。"又说："专心于作诗写文章也会丧失志向。"又说："对外在事物的思考尽量不要浪费太多精力，重要的是探究明白关于善的道理，要在使自己的心能够完全达到诚的状态上多下功夫。这样的话，即使在外在的文辞上不完全符合道义的要求，距离也不会太远。如果不能专心地坚守志向，四处用力，学习就不能取得好的结果。至于如何学习的原则和方法，'四书'中已经记载得很详细了。"后世儒者的言论，难免有得有失。他们的得不可能出于"四书"之外，而他们的失，则可能是差之毫厘谬以千里。所以，不如把"四书"钻研透了。"四书"中的语言简要朴实，如果能够抱着诚恳的、提高德性修养的态度去读，里面的道理也很容易理解和掌握。和品行恶劣的人一起，就如同进入卖咸鱼的店铺里一样，时间久了，就闻不到腥臭的气味了，自己已经沾染并习惯这种气味了。孔子是大圣人，尚且依靠正直、诚信、有见识的朋友的帮助，同时提出远离花言巧语、阿谀奉承之类所谓的朋友的告诫。我们在学习的过程中，如果只是在世俗的风气中同流合污，不想结交高尚的朋友来帮助我们修道，恐怕是不可能实现对圣贤之道的追求的。被讥笑诋毁，即使是圣人也在所难免。程颐都曾被贬到涪州，孔子都曾被迫改换装束通过宋国。如今社会风气日益浇薄，人心也越来越沦丧，如果我们想要坚守自己的志向，就往往与世俗的风气和大众的观念相违背，自然就会招致大量的指责和耻笑，这是在所难免的。其中当然也有我们的修养还不够高，却过度夸张和自我吹嘘所导致。因此，学者不要轻易自立门户，以免招来毁谤和抵制；也不应当为了避免毁谤和抵制，而与小人同流合污。

维贤温雅，朋友中最为难得，似非微失之弱，恐诋笑之来，不能无动；谗为所动，即依阿隐忍，久将沦胥以溺。每到此便须反身，痛自切责为己之志未能坚定，亦便志气激昂奋发。但知明己之善，立己之诚，以求快足乎己，岂暇顾人非笑指摘？故学者只须责自家为己之志未能坚定，志苟坚定，则非笑诋毁不足动摇，反皆为砥砺切磋之地矣。今时人多言人之非毁亦当顾恤，此皆随俗习非之久相沿其说，莫知以为非。不知里许尽是私意，为害不小，不可以不察也。

译文

维贤温文尔雅，在朋友中最是难得，但是似乎稍微有点失于柔弱。害怕别人的诋毁和耻笑，心里非常在意；心里才在意，却有曲意顺从，忍气吞声，久而久之就会意志沦丧，溺于习俗。一旦遇到这种情况，就必须深刻地反思和警醒，一定是自己的志向还不够坚定，以便激昂志气，奋发向上。只知道去彰显自己的美德，树立自己的诚意，来让自己快乐、满足，哪里还有时间顾及别人的毁谤和耻笑呢？所以说，学者只需要责备自己的志向不够坚定，一旦志向坚定了，那么，即使遇到毁谤和耻笑也就不会动摇了，反过来，它还能磨炼自己，提高自己。如今经常有人说，别人的指责和诋毁，我们也要考虑和同情，这都是由于在世俗中一直随波逐流而养成了错误的心态的结果，这种观点沿袭日久，渐渐地大家不知道它是错误的了。却不知道这里面包含的都是个人的私心杂念，它们危害很大，不能不加以省察。

壁帖

壬午

守仁鄙劣，无所知识，且在忧病奄奄中，故凡四方同志之辱临者，皆不敢相见。或不得已而相见，亦不敢有所论说，各请归而求诸孔孟之训可矣。夫孔孟之训，昭如日月。凡支离决裂、似是而非者，皆异说也。有志于圣人之学者，外孔孟之训而他求，是舍日月之明而希光于萤爝之微也，不亦缪乎？有负远来之情，聊此以谢。荒迷不次。

译文

守仁鄙陋粗劣，没有什么学问，并且现在卧病在床，忧愁痛苦，奄奄一息，所以，远道而来的朋友们，我都不敢相见。有些实在不得已而见面的朋友，我也不敢有所论说，请各位都回去，学习孔子、孟子的教诲就可以了。

孔孟的教诲，像日月一样光明。那些支离破碎、似是而非的言论，都是异端之说。立志追求圣贤学说的人，不去学习孔孟的教诲，而从其他言论求取，实在是舍弃日月的光明，却要从萤火虫、蜡烛那寻求光亮，这不是很荒谬吗？我实在辜负了朋友们远道而来的一片心情，谨以此文跟你们道歉。慌张迷乱，叙述不清，恳望谅解。

书王一为卷

癸未

王生一为自惠负笈来学，居数月，皆随众参谒，默然未尝有所请。视其色，津津若有所喜然。一日，众皆退，乃独复入堂下而请曰：“致知之训，千圣不传之秘也，一为既领之矣，敢请益。”予曰：“千丈之木，起于肤寸之萌芽。予谓肤寸之外无所益欤，则何以至于千丈？予谓肤寸之外有所益欤，则肤寸之外，予将何以益之？”一为跃然起拜，曰：“闻教矣！”又三月，思其母老于家，告归省视。因书以与之。

译文

书生王一为从惠州游学至此，连续数月，都随着众人一起来听我讲学，很少说话，也不曾向我请教什么。观察他的神情，津津有味，好像有什么高兴的事情一样。有一天，众人都回去了，他独自一人又来到堂下，请教说：“致知的教诲，这一千古圣贤不传授的秘密，我已经领会了，敢请先生再多讲一点吧！”我说：“参天大树，生长于极小的萌芽。我要说这极小的萌芽之外，没有什么可以增加的，那它又怎么能长成参天大树呢？我要说这极小的萌芽之外，有可以增加的东西，那么这极小的萌芽之外，我将用什么来增加它呢？”一为听了，一跃而起，拜谢道：“我明白了！”又过了三个月，一为思念家中老母，请求回去看望她。于是我写下这段话送给他。

书朱守谐卷

甲申

守谐问为学，予曰："立志而已。"问立志，予曰："为学而已。"守谐未达。予曰："人之学为圣人也，非有必为圣人之志，虽欲为学，谁为学？有其志矣，而不日用其力以为之，虽欲立志，亦乌在其为志乎！故立志者，为学之心也；为学者，立志之事也。譬之奕焉，奕者，其事也，'专心致志'者，其心一也；'以为鸿鹄将至'者，其心二也；'惟奕秋之为听'，其事专也；'思援弓缴而射之'，其事分也。"守谐曰："人之言曰：'知之未至，行之不力。'予未有知也，何以能行乎？"予曰："是非之心，知也，人皆有之。子无患其无知，惟患不肯知耳，无患其知之未至，惟患不致其知耳。故曰：'知之非艰，行之惟艰。'今执途之人而告之以凡为仁义之事，彼皆能知其为善也；告之以凡为不仁不义之事，彼皆能知其为不善也。途之人皆能知之，而子有弗知乎？如知其为善也，致其知为善之知而必为之，则知至矣。如知其为不善也，致其知为不善之知而必不为之，则知至矣。知犹水也，人心之无不知，犹水之无不就下也；决而行之，无有不就下者。决而行之者，致知之谓也。此吾所谓知行合一者也，吾子疑吾言乎？夫道，一而已矣。"

译文

守谐问我如何学习，我说："立志就行了。"又问如何立志，我说："学习就行了。"守谐不理解。我说："人们学习成为圣人，如果没有树立一定要成为圣人的志向，即使想要学习，学什么呢？有了志向，但是如果每天不努力学习去实现志向，即使他想立志，又怎能说他是为了自己的志向呢？因此，立志，是学习的用心所在，学习，则是立志要做的具体事情。就像下棋，下棋是具体事情，'专心致志'是用心专一，'以为鸿鹄将至'，是用心不一；'惟奕秋之为听'，是只想做一件事，'思援弓缴而射之’，是想着其他事。”守谐说：“人们常说‘认知还没达到，行动就不会尽力’。我还没有认知，又怎么能有所行动呢？”我说：“是非之心，就是一种认知，每个人都拥有它。你不要担心你没有认知，只要担心你愿不愿意去认知；不要担心你的认知还没有达到，只要担心怎么样去获得认知，所以说‘认知并不难，行动起来才难’。现在随便从大路上拉住一个人，告诉他那些仁义的事，他们都能知道那是善举；告诉他那些不仁义的事，他们都能知道那是恶行。一个路人能有认知，难道你没有吗？如果知道这是善举，我们能够根据我们的认知，努力追求我们所认为的善的行为，并一定去做，那么这种认知就完善了；如果知道这是恶行，我们能够根据我们的认知，努力避免我们所认为的恶行，而不去做，那么这种认知就完善了。认知就像水一样，人没有不会认知的，就像水没有不往低处流的一样。如果疏通水道让水流通畅，水没有不往低处流的。疏通水道让水流通畅，说的就是‘致知’。这就是我所说的‘知行合一’，你还怀疑我的话吗？所谓道，只有一个啊。”

书诸阳伯卷

甲申

妻侄诸阳伯复请学，既告之以格物致知之说矣。他日，复请曰：“致知者，致吾心之良知也，是既闻教矣。然天下事物之理无穷，果惟致吾之良知而可尽乎？抑尚有所求于其外也乎？”复告之曰：“心之体，性也，性即理也。天下宁有心外之性？宁有性外之理乎？宁有理外之心乎？外心以求理，此告子‘义外’之说也。理也者，心之条理也。是理也，发之于亲则为孝，发之于君则为忠，发之于朋友则为信。千变万化，至不可穷竭，而莫非发于吾之一心。故谓端庄静一为养心，而以学问思辩为穷理者，析心与理而为二矣。若吾之说，则端庄静一亦所以穷理，而学问思辩亦所以养心，非谓养心之时无有所谓理，而穷理之时无有所谓心也。此古人之学所以知行并进而收合一之功，后世之学所以分知行为先后，而不免于支离之病者也。”

曰："然则朱子所谓如何而为'温凊之节'，如何而为'奉养之宜'者，非致知之功乎？"曰："是所谓知矣，而未可以为致知也。知其如何而为'温凊之节'，则必实致其温凊之功，而后吾之知始至；知其如何而为'奉养之宜'，则必实致其奉养之力，而后吾之知始至。如是乃可以为致知耳。若但空然知之为如何温凊奉养，而遂谓之致知，则孰非致知者耶？《易》曰：'知至，至之。'知至者，知也；至之者，致知也。此孔门不易之教，百世以俟圣人而不惑者也。"

译文

娄任诸阳伯复向我请教学问，我跟他说了格物致知的观点。又一天，他又请教学问，说："致知，是求我心中的良知，这个我已经听您教过了。然而天下事物的理无穷无尽，如果只求我心中的良知，怎么能求得尽天下万事万物的理呢？是不是还应该向心外追求呢？"我再次告诉他说："心的本体，就是性；性，就是理。天下难道还有心外的性吗？难道还有性外的理吗？难道还有理外的心吗？离开心去追求理，这是告子'义是外因引起的，不是生自内心'的观点。理，是心的条理。这个理，作用到双亲身上就是孝；作用到君主身上就是忠；作用到朋友身上就是信。这个理千变万化，可以变化到无穷无尽，但是根源都是我们这个人心。因此，认为端正、庄重、安静和专一是调养身心的，而学习、问难、思考和明辨是探究天理的，这是把心和理一分为二了。按我的观点，端正、庄重、安静和专一，也是在探究天理，而学习、问难、思考和明辨，也是在调养身心。不是说养心的时候就没有理了，也不是说穷理的时候就没有心了。古人做学问，知和行齐头并进，因而可以收到知行合一的功效；后人做学问，把知和行分开了先后，这么一来学问就难免会有支离破碎的毛病。"诸阳又问道："既然如此，那么朱子所说的如何是'冬天让父母暖和，夏天让父母清凉'；如何是'恰到好处地侍候和赡养父母'，这难道不是'致知'的功夫吗？"我说："这只是所谓的'知'，还不能认为是'致知'；知道怎么样是'冬天让父母暖和，夏天让父母清凉'还不够，要真正地做到'冬天让父母暖和，夏天让父母清凉'，做到了才算求得了自己的良知；知道怎么样是'恰到好处地侍候和赡养父母'，也必须实际做到'恰到好处地侍候和赡养父母'，做到了才算求得了自己的良知。这样才可以说是'致知'。如果没有真正的实践，而只是凭空知道怎么样'冬天让父母暖和，夏天让父母清凉'，把这样的凭空知道认为是'致知'，那么谁又不是'致知'者呢？《易经》说：'知至，至之。'知至，这是知道；至之，这才是致知，是致良知。这是儒家永远不变的做学问的方法，即使三千年后有圣人出现，这也是不会被怀疑的。"

书张思钦卷

乙酉

三原张思钦元相将葬其亲，卜有日矣，南走数千里而来请铭于予。予之不为文也久矣，辞之固，而请弗已，则与之坐而问曰："子之乞铭于我也，将以图不朽于其亲也，则亦宁非孝子之心乎。虽然，予以为孝子之图不朽于其亲也，尽于是而已乎。将犹有进于是者也。夫图之于人也，则曷若图之于子乎？传之于其人之口也，则曷若传之于其子之身乎？故子为贤人也，则其父为贤人之父矣；子为圣人也，则其父为圣人之父矣。其与托之于人之言也孰愈？夫叔梁纥之名，至今为不朽矣，则亦以仲尼之为子耶？抑亦以他人为之铭耶？"思钦蹙然而起，稽颡而后拜曰："元相非至于夫子之门，则几失所以图不朽于其亲者矣。"明日，入而问圣人之学，则语以格致之说焉；求格致之要，则语之以良知之说焉。思钦跃然而起，拜而复稽曰："元相苟非至于夫子之门，则尚未知有其心，又何以图不朽于其亲乎？请归葬吾亲，而来卒业于夫子之门，则庶几其不朽之图矣。"

译文

三原的张思钦元相准备安葬他的父亲。日子已经占卜好了，他南行几千里的路来请我给他父亲写墓志铭。我已经很久不写文章了，就坚决辞绝了他，他却不肯罢休。我便和他坐下，问他："你请我给你父亲写墓志铭，是想让你父亲不朽于世，只不过这并不是一颗孝子之心吧。尽管如此，我认为，孝子想让他的父亲不朽于世，已经足够了。但是，还有比这更好的。想借别人让你父亲不朽于世，为何不寄希望于你自己呢？与其借别人的传颂而流传后世，哪如借他儿子的身体流传后世呢？因此，儿子如果是个贤人，那么他的父亲便是贤人的父亲；儿子如果是个圣人，那么他的父亲便是圣人的父亲。这种做法与借别人的传颂而流传于世的做法相比，哪一种更好呢？叔梁纥的名字直到今天仍然不朽，是因为仲尼是他的儿子呢？还是因为别人给他写了墓志铭呢？”思钦窘迫不安地站起来，屈膝下拜，以额触地，然后拜谢说：“元相要不是来到先生的门下，差一点就失去了让我父亲不朽于世的机会了。”第二天，他又来到我这，询问有关圣人的学问。我就把格物致知的学说告诉了他。他又追问学习格物致知学说的关键，我就把致良知的观点告诉了他。思钦一跃而起，向我稽首拜谢道：“元相要是不来跟先生请教，都不知道心是什么，又拿什么来使父亲不朽呢？请先生允许我回去安葬好父亲，再来听先生讲学，完成学业，那样也许会实现使父亲不朽的愿望。”

书中天阁勉诸生

乙酉

“虽有天下易生之物，一日暴之，十日寒之，未有能生者也。”承诸君之不鄙，每予来归，咸集于此，以问学为事，甚盛意也。然不能旬日之留，而旬日之间，又不过三四会。一别之后，辄复离群索居，不相见者动经年岁。然则岂惟十日之寒而已乎？若是而求萌蘖之畅茂条达，不可得矣。故予切望诸君勿以予之去留为聚散。或五六日、八九日，虽有俗事相妨，亦须破冗一会于此。务在诱掖奖劝，砥砺切磋，使道德仁义之习日亲日近，则世利纷华之染亦日远日疏，所谓“相观而善”“百工居肆以成其事”者也。相会之时，尤须虚心逊志，相亲相敬。大抵朋友之交，以相下为益。或议论未合，要在从容涵育，相感以诚，不得动气求胜，长傲遂非。务在默而成之，不言而信。其或矜己之长，攻人之短，粗心浮气，矫以沽名，讦以为直，挟胜心而行愤嫉，以圮族败群为志，则虽日讲时习于此，亦无益矣。诸君念之念之！

译文

“虽然天下万物有生命力旺盛极易生长者，但是经历一天酷热的阳光暴晒，又连续历经十天的严寒，即使生命力再旺盛，在如此环境下也无法生长。”承蒙各位不嫌弃，每次我回来，大家都聚集到这里，向我询问有关学问的事，心意十分热忱。然而我每次至多不过只能逗留十日，十日之间与诸位聚会讲学又不过三四次而已。一旦离别之后，大家又各回各家，恢复到独居的状态，期间不能相见论学者动辄以年岁计。这又岂止是“十日之寒”啊？如果以这种方式学习圣学，想要为学的进境如同萌发的新芽想要畅旺茂盛、枝条通达一般，是不可能达成的。所以我殷切地希望诸位朋友不要我来就跟着聚会讲学，我离开就不再聚会讲学。每次或者五六天，或者八九天，虽然有世俗之事需要忙碌，也要排除困难举行一次聚会。其目的在于引导扶持，奖励劝勉，道学之间相互讨论交流，使涵养心性的功夫越做越亲近顺利，这样就会让世俗物欲之沾染离自己越来越远，这就是“相观而善”“百工居肆以成其事，君子学以致其道”所说的意思了吧。朋友聚会切磋的时候，一定要谦虚逊让，相亲相敬。一般而言，朋友交往以谦逊为最好。在讨论的时候，如果观点有不同，要心平气和、诚心诚意地相互探究、相互包容、相互借鉴，不能动不动就生气，想要说服对方，压倒对方，这样很容易助长傲气，错误也得不到纠正。关键在于宁静无为却可以使事情自然地获得成功，默默无言却可以使人产生信赖的感觉。有一种人，喜欢拿自己的长处，攻击别人的短处，心浮气躁，用标新立异来沽名钓誉，将攻击他人当作正直。怀着一颗好胜心来做一些愤世嫉俗的事情，以破坏群体的团结为追求。这样的人，即使天天与大家讨论，也是没有意义的。请各位切记！切记！

书朱守乾卷

乙酉

黄州朱生守乾请学而归，为书“致良知”三字。夫良知者，即所谓“是非之心”，人皆有之，不待学而有，不待虑而得者也。人孰无是良知乎？独有不能致之耳。自圣人以至于愚人，自一人之心，以达于四海之远，自千古之前以至于万代之后，无有不同。是良知也者，是所谓“天下之大本”也。致是良知而行，则所谓“天下之达道”也。天地以位，万物以育，将富贵贫贱，患难夷狄，无所入而弗自得也矣。

译文

黄州书生朱守乾来向我问学后回去，我写了“致良知”三个字赠给他。所谓良知，就是人们所说的“是非之心”，是每个人心中本来都有的，并不要是经过学习才具有、经过思考才获得的。只要是人，谁心中没有这种良知呢？只是有人不能致良知罢了。从圣人到愚人，从一个人的内心，到四海之际的所有人的心，从千古以前的人直至万代以后的人，没有不是同样具有这种良知的，这就是所谓的天下的根本。致这样的良知，然后照着去做，这就是所谓天下的大道。天地由此而定位，万物由此而繁育，而且无论是置身于何处，不管是富贵贫贱、患难夷狄，都不会不怡然自得。

书正宪扇

乙酉

今人病痛，大段只是傲。千罪百恶，皆从傲上来。傲则自高自是，不肯屈下人。故为子而傲，必不能孝；为弟而傲，必不能弟；为臣而傲，必不能忠。象之不仁，丹朱之不肖，皆只是一“傲”字，便结果了一生，做个极恶大罪的人，更无解救得处。汝曹为学，先要除此病根，方才有地步可进。“傲”之反为“谦”。“谦”字便是对症之药。非但是外貌卑逊，须是中心恭敬，撙节退让，常见自己不是，真能虚己受人。故为子而谦，斯能孝；为弟而谦，斯能弟；为臣而谦，斯能忠。尧舜之圣，只是谦到至诚处，便是允恭克让，温恭允塞也。汝曹勉之敬之，其毋若伯鲁之简哉！

译文

今人的毛病主要就是骄傲，各种罪恶，都是从骄傲上生出来。骄傲的人就自高自大，自以为是，不肯服从他人。所以做儿子的如果骄傲，必然不能对父母孝敬；做弟弟的如果骄傲，必然不能对兄长敬重；做臣子的如果骄傲，必然不能对君主忠诚。象之所以不仁，丹朱之所以不才，都是因为一个“傲”字，结果断送了一生，成为罪大恶极的人，再也无从挽救。你们做学问，首先要根除骄傲这个毛病，才能有进步的空间。骄傲的反面是谦虚，谦虚便是治骄傲的对症良药，不但要外貌谦逊，更应是内心恭敬，遇事克制忍让，时时看到自己的错失，真正能使自己虚心，接受别人的意见。所以，做儿子的能谦虚，就能孝敬父母；做弟弟的能谦虚，就能敬重兄长；做臣子的能谦虚，就能忠于君主。像尧舜那样的圣人，只是因为谦虚到了至诚的地步，这就是恭敬而谦让，温和而充实。你们要自勉敬慎，千万别像古代的子桑伯子那样简率啊！

书魏师孟卷

乙酉

心之良知是谓圣。圣人之学，惟是致此良知而已。自然而致之者，圣人也；勉然而致之者，贤人也；自蔽自昧而不肯致之者，愚不肖者也。愚不肖者虽其蔽昧之极，良知又未尝不存也。苟能致之，即与圣人无异矣。此良知所以为圣愚之同具，而人皆可以为尧舜者，以此也。是故致良知之外，无学矣。自孔孟既没，此学失传几千百年。赖天之灵，偶复有见，诚千古之一快，百世以俟圣人而不惑者也。每以启夫同志，无不跃然以喜者，此亦可以验夫良知之同然矣。间有听之而疑者，则是支离之习没溺既久，先横不信之心而然。使能姑置其旧见，而平气以绎吾说，盖亦未有不憣然而悔悟者也。

译文

人心中的良知，就是所谓的圣。修习圣人的学问，唯一的目的就是要致良知。能够自然而然地致良知的是圣人；通过努力能够致良知的是贤人；而自我蒙蔽自我愚昧不肯致良知的，便是愚笨而不贤的人。这些愚笨不贤的人，虽然蒙蔽昏昧到极点，但这种良知却是一直存在于他们的内心。如果能扩充、光大它，就和圣人没什么差别了。良知之所以是圣人愚人共同拥有的，每个人之所以都可以成为尧舜，正是从这一点而言的。因此除了致良知以外，不用再学其他的了。自孔孟去世以后，这种学说失传差不多有千百年了。依赖上天神灵，致良知的学说偶然再现，这实在是千古一快的大事，就算用一百代的时间来等待圣人的出现，也不再会产生困惑了。每次用这种学说来启迪志同道合之人，没有不欢欣鼓舞的，这也可以用来检验良知确实为所有人共同拥有。也有人听了这一学说而感到怀疑，那是因为他们沉溺于支离破碎的学风中太久了，先以一个不信的心横阻在那里导致的。如果他们放下陈见，心平气和地分析我的观点，一般也没有不幡然悔悟的。

南昌魏氏兄弟旧学于予，既皆有得于良知之说矣。其季良贵、师孟因其诸兄而来请。其资禀甚颖而意向甚笃，然以偕计北上，不得久从于此。吾虽略以言之，而未能悉也，故特书此以遗之。

译文

南昌的魏氏兄弟曾跟我学习，他们在良知的学说中都有很多收获。其中排行最小的师孟因为他的哥哥们，就也来向我请教。他天赋异禀，非常聪明，而且志向笃定。然而，因为要与哥哥们一起北上，所以不能长久跟我学习。我虽然大致跟他说了些良知的学说，但并不详尽。因此特意写了这篇文字送给他。

书朱子礼卷

甲申

子礼为诸暨宰，问政，阳明子与之言学而不及政。子礼退而省其身，惩己之忿，而因以得民之所恶也；窒己之欲，而因以得民之所好也；舍己之利，而因以得民之所趋也；惕己之易，而因以得民之所忽也；去己之蠹，而因以得民之所患也；明己之性，而因以得民之所同也。三月而政举。叹曰："吾乃今知学之可以为政也已。"

译文

子礼做诸暨地方的行政长官，问有关政务上的事情。阳明子与他谈论学问，并不言及政事，子礼回去后反省自身。惩戒自己的愤恨，因而得以体会到百姓所痛恨的是什么；克制自己的欲求，因而得以体会到百姓所喜好的是什么；舍弃自己的私利，因而得以体会到百姓所需求的是什么；警惕自己的疏漏，因而得以体会到百姓所忽视的是什么；去除自己的毛病，因而得以体会到百姓所忧患的是什么；明确自己的心性，因而得以体会到百姓所赞同的是什么。如此三个月，政治得以振兴。于是慨叹道："我今天才知道学问也可用于为政啊。"

他日，又见而问学，阳明子与之言政而不及学。子礼退而修其职，平民之所恶，而因以惩己之忿也；从民之所好，而因以窒己之欲也；顺民之所趋，而因以舍己之利也；警民之所忽，而因以惕己之易也；拯民之所患，而因以去己之蠹也；复民之所同，而因以明己之性也。期年而化行。叹曰："吾乃今知政之可以为学也已。"

译文

过了几天，子礼又来见阳明，并请教学问。阳明与他谈论政治而不去谈及学问的事。子礼回去后努力增进学识修养，平息百姓所憎恨的，并因而惩戒了自己的愤恨；顺从百姓的喜好，并因而杜塞自己的欲望；顺应百姓的趋向，并因而舍弃自己的利益；警惕百姓所忽视的，并因而提醒自己易于轻视的；拯救百姓所忧患的，并因而也去除自己的毛病；恢复百姓所认同的，并因而也明确了自己的心性。过了一年，教化风行。于是慨叹道："我今天才知道政治也可以作为一门学问啊。"

他日，又见而问政与学之要，阳明子曰："明德、亲民，一也。古之人明明德以亲其民，亲民所以明其明德也。是故明明德，体也；亲民，用也。而止至善，其要矣。"子礼退而求至善之说，炯然见其良知焉，曰："吾乃今知学所以为政，而政所以为学，皆不外乎良知焉。信乎，止至善其要也矣。"

译文

过了几天，子礼又来见阳明，问为政与治学的关键是什么，阳明说："明德与亲民是一体，古代的人明明德是为了亲民，亲民是为了明明德。因此，明明德是体，亲民是用；止于至善，便是两者的关键。"子礼回去后便探求至善的学问，最终豁然开朗，发现了自己内心的良知，说："我到现在才知道治学所以是为政，而为政所以是治学，都是因为内心的良知。止于至善确实是明明德和亲民的关键啊。"

书林司训卷

丙戌

林司训年七十九矣，走数千里谒予于越。予悯其既老且贫，愧无以为济也。嗟乎！昔王道之大行也，分田制禄，四民皆有定制。壮者修其孝弟忠信，老者衣帛食肉，不负戴于道路，死徙无出乡，出入相友，疾病相扶持，乌有耄耋之年而犹走衣食于道路者乎！周衰而王迹熄，民始有无恒产者。然其时圣学尚明，士虽贫困，犹有固穷之节；里闾族党，犹知有相恤之义。

逮其后世，功利之说日浸以盛，不复知有明德亲民之实。士皆巧文博词以饰诈，相规以伪，相轧以利，外冠裳而内禽兽，而犹或自以为从事于圣贤之学。如是而欲挽而复之三代，呜呼其难哉！吾为此惧，揭知行合一之说，订致知格物之谬，思有以正人心，息邪说，以求明先圣之学，庶几君子闻大道之要，小人蒙至治之泽。而哓哓者皆视以为狂惑丧心，诋笑訾怒。予亦不自知其力之不足，日挤于颠危莫之救，以死而不顾也，不亦悲夫！

译文

林司训，七十九岁高龄，奔走几千里路，到越地谒见我。我怜悯他既年老又贫困，惭愧没有东西能够接济他。唉！从前王道盛行的时候，分田地，发俸禄，士农工商都有各自规定好的制度。成年人修行孝悌忠信，老年人生活富足，不会背着沉重的东西奔走在路上，直至死亡也不会离开家乡。人们来来往往，以朋友相称，有了疾病，能够互相帮助。耄耋之年的老人哪里还需要为了生计而在路上奔波呢！周王室衰落后，王道便慢慢消失了，老百姓开始没有了固定的财产。然而，当时圣贤之学尚且显明，读书人虽然贫穷困苦，还具有固守穷困的气节；乡里友人、同族亲属，还知道互相救助的道义。到了后世，功利之说逐渐浸染盛行，人们不再知道有明德亲民的事实。士人们恃巧弄博来粉饰欺诈，以虚伪的道德互相规劝，因为个人的私利互相倾轧，个个外表衣冠楚楚，内心却如同禽兽，而有的人还自以为是在学习圣人之学。就像这样，还想挽救世风，恢复夏、商、周三代的王道，唉，这简直也太难了！我为此感到恐惧，因此揭示知行合一的学说，修订致知格物的谬误，思考怎么样才能正人心、息邪说，从而彰明圣贤的学问，希望以此让君子能听闻大道的关键，小人能承蒙盛世的恩泽。然而那些喋喋不休多舌的人都认为我精神错乱、丧失了理智，于是对我诋毁嘲笑以至毁谤怒骂。我也实在不自量力，每天在颠困艰危中也没有能拯救的，至死方休，这不是很可悲吗！

予过彭泽时，尝悯林之穷，使邑令延为社学师，至是又失其业。于归也，不能有所资给，聊书此以遗之。

我经过彭泽县时，曾经怜悯林司训的贫穷，让当地的县官请他做社学的老师，可是现在他又失去了这个职业。在他要离开的时候，我没有什么可以资助他的，姑且写这篇文字送给他吧。

书黄梦星卷

丁亥

潮有处士黄翁保号坦夫者，其子梦星来越从予学。越去潮数千里，梦星居数月，辄一告归省其父，去二三月辄复来，如是者屡屡。梦星质性温然，善人也，而甚孝，然禀气差弱，若不任于劳者。窃怪其乃不惮道途之阻远而勤苦无已也。因谓之曰："生既闻吾说，可以家居养亲而从事矣，奚必往来跋涉若是乎？"梦星跽而言曰："吾父生长海滨，知慕圣贤之道，而无所从求入。既乃获见吾乡之薛、杨诸子者，得夫子之学，与闻其说而乐之。乃以责梦星曰：'吾衰矣，吾不希汝业举以干禄，汝但能若数子者，一闻夫子之道焉，吾虽啜粥饮水，死填沟壑，无不足也矣。'梦星是以不远数千里而来从。每归省，求为三月之留以奉菽水，不许，则求为逾月之留，亦不许。居未旬日，即已具资粮，戒童仆，促之启行。梦星涕泣以请，则责之曰：'唉！儿女子欲以是为孝我乎？不能黄鹄千里，而思为翼下之雏，徒使吾心益自苦。'故亟游夫子之门者，固梦星之本心；然不能久留于亲侧，而倏往倏来，吾父之命，不敢违也。"予曰："贤哉，处士之为父！孝哉，梦星之为子也！勉之哉！卒成乃父之志，斯可矣。"

译文

潮州有个隐居不愿做官的读书人，叫黄保，号坦夫，他的儿子黄梦星来到越地，跟我学习。越地距离潮州几千里，梦星呆几个月，就请一次假，回去探望他的父亲。回家两三个月后，又再来越地，像这样已经往返很多次了。梦星性格温和，品性良善，非常孝顺，但是体质柔弱，好像经不起劳累。我暗自奇怪梦星竟然不怕路途险阻遥远，而不辞辛苦地来来往往。于是我对梦星说："你已经听了我的学说，可以在家里住着，在侍奉亲人的同时提高自己的品德修养，为什么一定要像这样来来去去地跋山涉水呢？"梦星坐直了说："我父亲生长在海边，很羡慕圣贤们的学说，可惜没有办法能够学到。后来得以认识家乡的薛先生、杨先生等人，从他们那儿知道了您的学术思想，了解您的学术思想后十分高兴。因此对我说：'我老了，我不指望你参加科举，求取禄位。你只要能像这几个人，懂得先生所说的道理，我即使吃稀饭，喝清水，死了以后被丢弃在沟壑之中，也心满意足了无遗憾了。'因此我不远千里来向您学习。每次回家探亲，希望能留上三个月，以侍奉父母亲，父亲都不答应；要求留下一个多月，父亲也不答应。住了不到十天，父亲就已经准备了路费和干粮，告诫随身书童和仆人，催促我出发。我哭着请求，父亲就责骂我说：'做儿女的想这样来孝顺我吗？不想着学习黄鹄，志在千里，而只想做一只翼翅下的雏鸟，这样只能使我心里更加难受。'所以，每次急着来到您这里求学，固然是我的本心；但是不能长时间留在父母旁，这样来来往往，却是我父亲的命令，我不敢违背。"我感叹道："黄先生作为父亲真是贤明；你作为儿子真是孝顺。努力吧，一定要实现你父亲的愿望，这才行啊。"

今年四月上旬，其家忽使人来讣云，处士没矣。呜呼惜哉！呜呼惜哉！圣贤之学，其久见弃于世也，不啻如土苴。苟有言论及之，则众共非笑诋斥，以为怪物。惟世之号称贤士大夫者，乃始或有以之而相讲究。然至考其立身行己之实，与其平日家庭之间所以训督期望其子孙者，则又未尝不汲汲焉惟功利之为务，而所谓圣贤之学者，则徒以资其谈论、粉饰文具于其外，如是者常十而八九矣。求其诚心一志，实以圣贤之学督教其子如处士者，可多得乎？而今亡矣，岂不惜哉！岂不惜哉！

译文

今年四月上旬，黄梦星家忽然来人告丧，说黄先生去世了。唉，可惜啊！真可惜啊。圣贤的学问，已经被抛弃很久了，连土芥都不如。假使有人谈到圣贤之学，人们就会群起嘲笑诋骂，认为是奇谈怪论。只有那些号称贤士大夫的人，才可能会互相讲求圣贤之学。但是考察他们为人处世的实际情况，以及他们平日在家庭之中教育和期望子孙的实际内容，又未尝不是急切地想着功名利禄，而所谓的圣贤之学，只是他们用来谈论和标榜自己的表面文章，像这样的人常常占十之八九。要想找真心实意、确确实实用圣贤之学教育和期望子孙的，像黄先生这样的人，能有多少呢？然而，黄先生现在去世了，太可惜了！太可惜了！

阻远无由往哭，遥寄一奠，以致吾伤悼之怀，而叙其遣子来学之故若此，以风励夫世之为父兄者，亦因以益励梦星，使之务底于有成，以无忘乃父之志。

译文

路途险阻遥远，无法前往悼念，只能远远地祭奠，来表达我悲伤的情怀。并且像这样记下他派儿子来求学的原因，来激励世间那些做父兄的人，同时也以此激励梦星，督促他务必学有所成，不要忘了父亲的殷切期望。